Miriam Alves plural

FÓSFORO

Miriam Alves plural

Teoria, ensaios críticos e depoimentos

Apresentação

Em 1978, nas escadarias do Theatro Municipal da cidade de São Paulo, surgiu o Movimento Negro Unificado (MNU), com os punhos erguidos e a intenção de jamais calar sobre o racismo de novo. "Eu sei:/ Surgiu um grito na multidão/ um estalo seco de revolta// Surgiu outro/ outro/ e/ outros/ aos poucos, amotinamos exigências/ querendo o resgate/ sobre nossa forçada/ miséria secular", esses foram os versos de Miriam Alves oito anos após a manifestação desse dia. Considerado um marco temporal para a literatura negro-brasileira — conforme denominou o poeta Cuti —, 1978 foi o ano em que o pensamento coletivo acerca da escrita de autoria negra começou a se formar, conectando escritoras e escritores em um corpo cultural a um só tempo diverso e coeso. Inserida nesse movimento, Miriam Alves passa a elaborar as vivências e subjetividades negras brasileiras e a traduzi-las em seu fazer literário, cuja grandeza foi apequenada durante quarenta anos pelo racismo estrutural que ainda hoje é motivo de combate na literatura e na sociedade.

Nascida em 1952, escritora desde a infância, Miriam Alves foi publicada somente a partir de 1982 com poemas, contos e romances de reconhecimento internacional. No Brasil, sobretudo no ambiente acadêmico, a literatura negro-brasileira se desenvolveu paralelamente a um cânone masculino, branco e classista, segundo o qual a escrita de Alves "tinha muita pele", mas que agora parece enfim ser questionado no âmbito dos estudos literários. *Miriam Alves plural: teoria, ensaios críticos e depoimentos* surge para endossar o crescente reconhecimento da literatura negra e pavimentar o caminho para aqueles que desejam atravessar a trilha de pele, faca, luta, gritos, arte, amor e desejo que a poeta construiu ao longo desses quarenta anos.

Dividida em quatro partes, esta coletânea traz análises do contexto histórico e cultural que fez emergir a literatura desta filha de Iansã, bem como sua inserção na literatura negra, brasileira, latino-americana, feminista, e as características de sua obra tanto poética quanto em prosa. Na primeira parte, Bruno Duarte Nascimento sensibiliza os leitores para a exclusão de escritoras negras no panorama brasileiro e explicita quais foram os fatores que levaram Alves a se profissionalizar, ainda que não esperasse um espaço predeterminado para tal. Em entrevista à escritora, Raffaella Fernandez indaga a respeito da interferência da identidade de mulher negra na escrita, sobre o poder de cura da literatura e sobre a participação de Alves junto aos demais escritores negros no Quilombhoje Literatura, coletivo cultural à frente da edição dos *Cadernos Negros*, publicação responsável por dar visibilidade à literatura afronacional dentro e fora do país. Já o ensaio de Selma Maria chama a atenção para o fato de a poética negra feminina questionar e desmistificar os paradigmas da beleza universalizante, rompendo com a suposta imparcialidade da narrativa mestiça ao preenchê-la com *pretitude*.

Ao contar a experiência de ter conhecido a literatura paulista periférica por meio de Miriam Alves, a amiga Sarah Ohmer traz à tona o caráter político da poeta. Segundo Ohmer, o ativismo literário dos ensaios de Alves combate a opressão e o silenciamento social imposto pela hegemonia branca ao mesmo tempo que possibilita ampliar a existência de pessoas negras dentro da literatura e do imaginário cultural nacional. Por meio de sua desobediência libertária, Miriam Alves enfrenta a estrutura vigente e a desumanização do povo negro que aquela quer incutir. E é essa rebeldia que causa inquietação nas leitoras e leitores, conforme aponta Juliana Costa. Ela escreve que, enquanto a teoria barthesiana de "morte do autor" vai de encontro com a decolonização proposta pela autoria negra, o conceito de "biografema" de Mikhail Bakhtin faz sentido para pensarmos o procedimento de ficcionalização de vidas negras que Miriam cria em sua prosa.

Finalizando a primeira parte, Cristian Sales se emaranha nas dobras da *escrevivência* — para se valer de Conceição Evaristo — intensa, transgressora e desviante do cânone de Miriam Alves em um ensaio não linear. Sales destaca trechos de poemas, contos, romances e da teoria da autora paulista para articular o argumento de que ela está sempre se reinventando e divergindo de quaisquer que sejam as normas.

A segunda parte da coletânea é dedicada aos romances *Bará: na trilha do vento* e *Maréia*, bem como à reunião de contos *Mulher mat(r)iz*. Assunção Maria Sousa e Silva envolve os leitores na ventania iansânica que também a invade ao ler Miriam Alves, realçando a necessária afirmação de que a literatura de Alves não se resume a narrativizar as mazelas da realidade da população negra brasileira, o que encarceraria os desejos e confirmaria a sua pressuposta subalternização. Pelo contrário, a literatura miriana problematiza e expande as possibilidades e, como o vento de Iansã, abala os paradigmas. É o que Giovana Xavier, por sua vez, chama de "vento de inovação". Ao concentrar-se em Bará, protagonista do romance quase homônimo, Xavier mostra o modo como Alves cria novas definições do que é ser mulher negra, repleta de saberes ancestrais e da consciência de sua intelectualidade.

Na sequência, Denise Carrascosa contribui com um depoimento afetivo construído como uma gira, em que o tempo não é linear e mescla passado, presente e futuro, indo desde os tempos em que as duas se conheceram, passando por encontros que tiveram e pelo momento em que Alves escrevia *Bará: na trilha do vento*. Carrascosa sincroniza Miriam, Bará e a si, revelando a oduscіência da intelectualidade e o poder das mulheres negras. Mirian Cristina dos Santos continua a rodar nesse sentido: retoma a ideia de bel hooks de que é preciso decolonizar o conceito proposto pelo pensamento branco hegemônico do que seria a figura do intelectual para que mulheres negras possam também figurar como tal, e ilumina os momentos em que Miriam Alves o faz no romance *Bará: na trilha do vento* ao criar uma personagem que não ocupa um lugar subalterno, mas sim o de matriz de uma história que possui ancestralidade e permanência.

Ainda nessa toada, Fernanda Miranda se utiliza da literatura comparada para analisar *Maréia*. A ensaísta insere Alves não só na tradição da literatura negro-brasileira feminina, iniciada por Maria Firmina dos Reis — e continuada por tantas, por exemplo, Carolina Maria de Jesus, Ruth Guimarães, Marilene Felinto —, como naquelas que nadam em águas afro-atlânticas, a matéria-prima de *Maréia*. O segundo bloco termina então com a análise que faz Franciane Conceição Silva (Francy Silva) das formas de representação do racismo na obra *Mulher mat(r)iz*. Focada no conto "Um só gole", Silva se detém no percurso de libertação da personagem Maria, a qual, consciente de que seu sofrimento é fruto da violência racista, passa por uma transformação ao longo da trama.

O penúltimo bloco de *Miriam Alves plural* incorpora a lógica desviante da autora e não trata especificamente de sua literatura. Miriam cede lugar a Zula Gibi, hererônimo criado em 1985. Além da própria Zula, que explica as circunstâncias de seu aparecimento, Hildália Fernandes Cunha Cordeiro se vale da técnica de colcha de retalhos para recontar a história dessa "assinatura estética" — como prefere chamar, citando Luciany Aparecida. Cordeiro ressalta que Miriam Alves, ao criar Zula, se insere na esteira de outras autoras negras que reivindicaram o direito à autonomeação, como fazem bel hooks, Toni Morisson e Alice Walker, para citar algumas. Enriquecendo ainda mais a fortuna crítica sobre Alves e Gibi, Flávia Santos de Araújo aborda o erotismo na poética de ambas. Em seu texto, Araújo utiliza a teoria de Audre Lorde de que a poesia, para mulheres negras, é uma necessidade para inventar outros horizontes possíveis e, assim, tornar-se sujeito e não mais objeto de erotização. Lorde afirma que o contato com o erótico permite às mulheres que não aceitem a impotência e a resignação.

Por fim, na seção "Missivas", leitoras e leitores encontrarão a troca de cartas entre Moema Parente Augel e Miriam Alves, em que ambas rememoram a trajetória da literatura miriana concomitante à amizade mantida à distância. Essa correspondência, para além de dar espaço aos detalhes da trajetória biográfica e literária de Alves, aos encontros acadêmicos e profissionais que as escritoras tiveram, é um exemplo de como nas encruzas conceituais e de identidade é necessária a franqueza para tratar dos *sinhazismos* e *coitadismos* e superar as disparidades entre a experiência branca e a negritude que lhe faz frente.

Por esse percurso, pode-se dar conta da pluralidade de Miriam Alves, *mulher-búfala* que com força e movimento perene tem afastado os preconceitos contra a literatura negro-brasileira, apontando para um futuro que:

[...] virá
trazendo estrelas no dedo
mel nos lábios
esperanças nos pés

Flutuará no caudal imaginário
descerá as esquinas
sem medo de ter
assaltadas as emoções

Sairá sem carteira de falsa identidade
entrará nos lugares todos
portando sorriso simples de pessoa
sua única representação

Um dia o futuro fará
realizar todas as verdades
imaginantes.

AS EDITORAS
março de 2022

PARTE I

Fatores

A presença de Miriam Alves no campo literário brasileiro contemporâneo

BRUNO DUARTE NASCIMENTO

Miriam Alves é uma das escritoras negras contemporâneas com carreira literária mais prolífica e longeva no Brasil.[1] Ela estreou na literatura em 1982 por meio da quinta edição da antologia literária *Cadernos Negros*, e completa em 2022 quatro décadas de exercício da profissão de escritora. Alves é versátil. Pratica os gêneros poesia, conto e romance. Tem 46 textos publicados em coletâneas e sete publicações individuais. E parte dessas obras está publicada em língua inglesa e alemã, o que demonstra a sua circulação para além das fronteiras do campo literário nacional.

Meu foco neste texto é a reconstituição da presença de Miriam Alves no campo literário brasileiro contemporâneo. Em outras palavras, concentro-me no que tornou possível sua inserção e construção de uma autoria negra em um espaço social que, via de regra, exclui sistematicamente escritoras negras. No momento em que observarmos os espaços com poder de consagração literária e algumas das características de personagens, autoras e autores do romance nacional, constataremos que:

a) a maioria dos escritores homens e mulheres publicada há 49 anos pelas editoras com maior prestígio no mercado nacional do livro é branca.[2] De modo igual, grande parte das personagens dos seus romances.[3] Além disso, o ponto de vista dos narradores e dos protagonistas do romance nacional é masculinizado e, sobretudo, embranquecido há quase meio século.[4]

b) há total ausência de escritoras negras e uma presença exígua de escritores negros na Academia Brasileira de Letras (ABL). Ao longo de seus 127 anos, a instituição admitiu em seu quadro de membros efetivos somente quatro homens negros escritores.[5] Atualmente, há apenas dois sócios efetivos autodeclarados negros na agremiação. São os acadêmicos Domício Proença Filho, eleito em 23 de março de 2006, ocupante da cadeira nº 28, e Gilberto Gil, eleito em 11 de novembro de 2021, ocupante da cadeira nº 20.

c) há um histórico de ausências de mulheres negras escritoras e homens negros escritores na programação da Festa Literária Internacional de Paraty (Flip) desde o seu início, em 2003.[6] A falta acentuou-se em 2016 e motivou contestações. Uma delas foi de natureza coletiva. Escritoras e intelectuais negras reuniram-se e redigiram uma carta aberta endereçada à curadoria da Flip. Nela, registraram o protesto e questionaram a exclusão.[7]

A ausência de mulheres negras como autoras, personagens e narradoras no campo literário brasileiro é produto dessas exclusões. Mulheres negras escrevem e publicam no Brasil desde a segunda metade do século 19.[8] O problema é a invisibilização de suas obras e de suas trajetórias pelo fato de escritoras brancas e sobretudo escritores brancos, que são os mais publicados pelas editoras de maior reputação, deterem o monopólio das posições privilegiadas nas narrativas do romance nacional e dos espaços com poder de consagração literária. Essa ausência diz respeito à exclusão, e não à inexistência de mulheres negras escritoras.

Diante do exposto, algumas questões se impõem: como foi possível a formação da vocação de escritora em Miriam Alves? Como ela se inseriu no campo literário brasileiro, tornou-se profissional e construiu uma autoria negra? Essas questões podem ser devidamente respondidas por meio da reconstrução de sua trajetória,[9] ou seja, por meio da reconstituição dos deslocamentos nos espaços sociais nos quais ela ocupou posições ao longo de sua vida, como família, escola, universidade e os círculos de escritores e escritoras.

A FORMAÇÃO DA VOCAÇÃO DE ESCRITORA

Há duas condições sociais para a formação da vocação de escritora.[10] A primeira é a existência de um campo literário relativamente autônomo com poder de fabricar e difundir amplamente uma *illusio* literária, ou seja, uma crença na literatura. O campo literário é "uma rede de relações objetivas (de dominação ou de subordinação, de complementaridade ou de antagonismo etc.) entre posições".[11] Além disso, esse tipo específico de *illusio* fundamenta e confere credibilidade a uma função também específica, que é a do escritor.

A segunda condição é a formação de disposições letradas constitutivas de um *habitus* igualmente letrado. *Habitus* é uma segunda natureza inscrita em um corpo biológico por meio dos processos de socialização aos quais ele se expõe. Disposições são propensões à ação, como ao ato de ler e escrever, e são adquiridas e orientadas socialmente.[12] Nessa direção, a vocação literária é a incorporação de disposições letradas para o trabalho com a linguagem por meio do exercício profissional da escrita.[13] Diante disso, as primeiras duas décadas da formação de Alves foram decisivas para a construção de sua vocação de escritora. Para isso, concorreram os entornos familiares e escolares, responsáveis pelas aquisições iniciais das práticas da leitura e da escrita e pelas primeiras capitalizações econômicas e culturais.

Miriam Alves nasceu no ano 1952, na cidade de São Paulo. Socializou-se em uma família negra, com um nível médio de capitalização econômica. O núcleo familiar era formado pelo pai, o sr. Maurício, pela mãe, a sra. Benedita, e por mais dois irmãos: Edson Maurício, o mais velho, e Vera Lúcia, a caçula. O pai foi técnico contábil e exerceu também o ofício de alfaiate. Por último, dedicou-se ao trabalho de comerciante do setor hortifrúti. A mãe exercera o ofício de empregada doméstica até que o abandonou ao casar-se. Em entrevista, Alves relata que a experiência da infância foi vivida em um entorno familiar razoavelmente próspero, o que lhe proporcionava um nível mediano de conforto material.[14]

Do ponto de vista comum, nascer rodeado de livros é uma das condições esperadas para a constituição da vocação literária em mulheres e homens. Na verdade, essa expectativa social diz respeito a um capital cultural de origem familiar, que é objetivado e transmitido na forma livro. É a esse tipo de força social, ladeada pelas características e escolhas individuais, que se deve efetivamente a formação e a materialização de vocações literárias em carreiras profissionais. A aquisição inicial de Alves de uma propensão à prática da leitura ocorreu em virtude de sua exposição a um entorno familiar com inclinação à leitura de textos e livros impressos. Nas palavras da autora: "Na minha casa eu sempre tive estímulo para ler. A gente sempre foi estimulado não só por essa família, pai e mãe, mas também pelos avós e tias, que nos davam livros e revistinhas infantis e estimulavam a nossa curiosidade".[15] A tradição livresca da família construía em Alves uma disposição ao exercício da leitura:

> Na minha casa, quando morria algum parente, aí vinha para a minha casa as caixas de livros deles. Meu avô lia [Manuel Maria Barbosa du] Bocage, então eram umas malinhas assim cheias de coisas [...] que iam parar em cima dos armários e eu subia para ler... Marquês de Sade... A minha bisavó era batista, então tinha uns livros lindíssimos da criação do mundo, segundo a Bíblia [...] Tinha um guarda-roupas na minha casa que era cheio de livros e eu me enfiava dentro... E eu li de tudo.[16]

Além disso, Alves socializou-se em um entorno familiar de contadores e ouvintes de histórias orais. O pai e a mãe foram figuras centrais no processo de incorporação desse tipo de disposição pela filha. Em entrevista, Alves conta: "Em casa a gente tinha várias práticas com relação à leitura. Uma delas era que a gente lia e depois em um determinado momento, geralmente à noite, o meu pai contava o que leu, minha mãe, a gente contava".[17] A autora afirmou que outros familiares contavam histórias oralmente para ela e seus irmãos. Segundo Alves, isso estimulava a leitura do mesmo modo que os livros impressos o faziam. Dessa maneira, a construção de uma disposição à prática da leitura em Alves ocorreu por meio da aquisição simultânea de uma propensão a ler histórias escritas — em diferentes suportes materiais — e a escutar histórias orais por meio das narrativas de seus familiares. O espaço escolar por fim sedimentou a aquisição de um conhecimento letrado. Por exemplo, nas aulas de literatura brasileira, ela estudou a obra de João da Cruz e Sousa (1861-1898), pela qual apaixonou-se.

Alves começou a escrever em cadernos e diários por volta dos onze anos. Naquele momento, para ela, isso era um modo de registrar os sentimentos infantojuvenis. Embora os pais não entendessem o sentido da prática da escrita, eles não a impediam. Longe disso: Alves conta que a mãe, a sra. Benedita, a estimulava a escrever. Contudo, o estímulo não tinha como fim último a carreira de escritora. Tratava-se somente de um exercício de linguagem.[18] Segundo Kátia Bezerra, quando o pai, o sr. Maurício, "percebeu a inclinação da filha para literatura, só lhe dava livros que, como ela confessa, eram guardados em caixotes como relíquias de família".[19]

Os estímulos maternos e paternos foram fundamentais para que Alves incorporasse a disposição para a prática da escrita. Em suas palavras: "Eu sempre gostei de escrever. E como? Sempre fui estimulada pelos meus pais. [...] eu sempre sonhava em ser escritora".[20] Ela relata em entrevista que, aos quinze anos, a figura do escritor chegava por meio de narrativas fílmicas. Segundo ela, no cinema, o escritor era "normalmente um homem branco, de cachimbo e uma máquina de escrever".[21] Alves apropriou-se da representação dominante de escritor difundida socialmente pelo campo literário. Ela começou a trabalhar aos dezoito anos. Comprou uma máquina de escrever e um maço de cigarros à custa do primeiro salário. A partir daquele momento, sentiu-se uma escritora, disse ela. A aquisição do equipamento era a primeira experiência de autorreconhecimento da vocação literária vivida por Alves nas primeiras duas décadas de sua formação.

INSERINDO-SE NO CAMPO LITERÁRIO BRASILEIRO CONTEMPORÂNEO

A escolha de Miriam Alves de um curso de nível superior foi um deslocamento importante em sua trajetória. Na época, ela fez testes vocacionais para avaliar suas inclinações profissionais. Eles revelaram uma tendência aos cursos da área de ciências humanas, entre os quais destacavam-se serviço social, letras e comunicação social, com habilitação em jornalismo. Alves optou pelo serviço social. Em suas palavras:

> Quando fiz o vestibular, fiz para três universidades — a terceira eu não lembro, mas eram três universidades particulares. Uma era a FMU (Faculdades Metropolitanas Unidas) e a outra era a PUC (Pontifícia Universidade Católica de São Paulo). Eu passei em letras na PUC e passei em serviço social na FMU. Só que aconteceu uma coisa. Para fazer a matrícula, eu tinha que despender um dinheiro razoável e tinha um prazo bem curto para isso. Os resultados da PUC só sairiam depois da FMU. Para não perder a aprovação na FMU, e fazendo parte dos meus testes vocacionais, eu me inscrevi em serviço social na FMU. Foi uma experiência muito bacana. Eu me apaixonei pela teoria e também foi o lugar onde pude estar em contato com as ideias marxistas, os filósofos, e eu gostava muito. Lá foi onde também conheci alguns militantes do Movimento Negro e comecei a militar por aí. Uma grande revolução na minha vida foi eu ser acadêmica. Eu fui militante acadêmica, fiz parte do diretório acadêmico, fui às ruas com os estudantes na década de 1970. Foi realmente um momento intenso de virada na minha vida.[22]

A inserção no curso de nível superior possibilitou-lhe a construção de uma relação com os movimentos sociais da época, especialmente com os movimentos negros e estudantis. Além disso, assegurou-lhe a continuação do processo de capitalização cultural iniciado em seus primeiros anos de aprendizado.

No final da década de 1970, Alves revisitava e organizava o que tinha escrito a partir dos seus onze anos. Naquele momento, ela tinha entre 25 e 26 anos, estava na reta final da graduação e a prática eventual da escrita, iniciada na adolescência, transformava-se em um comprometimento profissional. Ela tinha cinco cadernos com uma quantidade significativa de poemas.

Alves os recitava em encontros com os colegas da faculdade em bares onde reuniam-se para beber e tocar violão. Eles se incomodavam em certa medida com a frequência de suas intervenções nas reuniões. Em razão disso, muito provavelmente, ela buscou seus pares, mulheres e homens escritores. A chance de compartilharem seu interesse pela literatura seria maior que em um grupo constituído de universitários. Alves os encontrou em saraus e recitais. Apesar de terem em comum disposições para o trabalho com a linguagem por meio da lida com as formas literárias, o enegrecimento do conteúdo da mensagem de seus poemas os fez rejeitá-los. Nas palavras da autora:

> Eu tenho uma pilha de caderninhos, que não está aqui, está nos Estados Unidos. [...] Eu juntei e comecei a buscar edição, buscar grupo de escritores. Aqui, atualmente, a gente tem os saraus, os *slams*, e na época a gente tinha as declamações, os recitais. [...] Eu ia e encontrava normalmente escritores brancos, jovens, todo mundo lia o seu poema e eu ia e lia o meu também. Eu ficava falando sozinha, todo mundo saía de perto. [...] Geralmente as pessoas brancas diziam assim: "*Você tem problema, os seus poemas, as suas coisas têm muita pele, isso não existe*".[23]

O grupo encontrado por Alves naquele momento era formado por homens brancos escritores e mulheres brancas escritoras. O problema que eles apontavam em seus poemas era o da presença excessiva de pele. Eles não faziam referência ao órgão biológico em si, mas ao processo social de sua conversão em símbolo cultural suscetível a atribuição de significados. A ocorrência de tonalidades claras ou escuras de pele em mulheres e homens é um dos mecanismos de racialização utilizados pela sociedade brasileira que produz diferenças e desigualdades.

A retradução da racialização pelo campo literário brasileiro fez com que o conteúdo dos poemas de Alves fosse percebido por homens brancos escritores e mulheres brancas escritoras como algo relacionado somente às experiências do contingente enegrecido da população brasileira. Desse modo, eles sustentavam a autopercepção de que apenas seus próprios poemas tematizariam experiências comuns a todos os seres humanos, ou seja, seriam "poemas universais". De sua perspectiva, o enegrecimento do conteúdo dos poemas, realizado por Alves, seria um modo de particularizar a literatura. Contudo, a particularização realizada por ela só era possível em relação à universalização de uma literatura branca feita por eles. Os poemas de Alves foram rechaçados em razão da inferiorização de seu valor, construído por meio das categorias universal e particular.[24]

Além das tentativas de aproximação dos pares, Miriam Alves buscava editoras com o intuito de publicar seus textos. O que ela encontrou, porém, foi o "excesso de pele" em seus poemas, novamente colocado como um problema. Segundo a autora:

> Eu mandava meus poemas para as editoras e eles mudavam tudo no meu poema; eles queriam um preto, uma preta, uma negra, mas não queriam o meu poema — e eu também não publiquei. E tinha outra coisa também que era: "seu poema tem muita pele". Aí depois, "isso não é literatura", aquelas coisas, aquelas tragédias.[25]

Era uma situação de recusa mútua. Para Alves, significava a conquista de certa medida de independência para a sua criação literária. Naquele momento, isso era algo que ela sustentava em face da pressão dos editores pelas alterações em seus textos. Para eles, representava a manutenção de determinada diretriz editorial, que tencionava a diversificação do catálogo, mas sem a perda de certa expectativa de vendas no mercado do livro. Afinal, uma editora é uma empresa.

Como dito, Alves concluía o bacharelado em serviço social no ano 1978, e naquele momento sentia-se frustrada com as tentativas de publicação malsucedidas e com a recepção negativa de seus poemas nos saraus que frequentava. A despeito de certo incômodo com as intervenções poéticas frequentes de Alves, algumas mulheres negras universitárias a encorajaram a encontrar mulheres negras escritoras e homens negros escritores.

> Um dia, essas minhas amigas, que eu enchia tanto o saco — a gente já estava para se formar em 1978. A gente passava nesse Viaduto do Chá, pegando os *flyers*, que na época a gente chamava de filipeta. A gente pegava tudo e fazia a nossa agenda de fim de semana ou da semana. Vai ter lançamento — não, lançamento era novidade na época —, vai ter baile disso, vai ter palestra daquilo e tal. Aí, estava escrito que ia ter o lançamento de alguém chamado Cuti na União Brasileira de Escritores. "Então, você fica declamando aí — você vai com esse caderninho, você vai!" Nós fomos, aí eu cheguei assim e falei: "Cacete!" Lotado: só preto! Tinha mais de cem. Eu nunca vi tanto preto lendo poesia! [...] Nessa época eu começo a publicar em *Cadernos Negros* e lanço o meu primeiro livro — porque eu tinha encontrado um lugar que tinha poemas com muita pele, e era a minha pele.[26]

Alves encontrou-se com o grupo idealizador dos *Cadernos Negros* em 1978. Este ano foi decisivo para a emergência de espaços de produção de literaturas de mulheres e homens negros no campo literário brasileiro. Para isso, concorreram os movimentos de mulheres negras e os movimentos sociais negros da época.[27] De acordo com Petrônio Domingues (2007), ocorrências nos níveis interno e externo ao campo político brasileiro entrelaçaram-se, contribuindo para a rearticulação do protesto negro. Duas referências externas foram importantes. A primeira foi a luta a favor da libertação dos países africanos, sobretudo a dos países de colonização portuguesa, como Guiné-Bissau, Moçambique e Angola. A segunda foi a luta dos negros estadunidenses pelos direitos civis, na qual ascenderam lideranças como Martin Luther King (1929-1968) e Malcolm X (1925-1965), além de organizações negras inspiradas em ideias marxistas, como os Panteras Negras. Uma referência interna importante foi uma organização também baseada no pensamento marxista, chamada Convergência Socialista, que se tornou uma das bases do pensamento daquilo que se tornaria o Movimento Negro Unificado (MNU). Segundo Domingues:

> Ela foi a escola de formação política e ideológica de várias lideranças importantes dessa nova fase do movimento negro. Havia, na Convergência Socialista, um grupo de militantes negros que entendia que a luta antirracista tinha que ser combinada com a luta revolucionária anticapitalista. Na concepção desses militantes, o capitalismo era o sistema que alimentava e se beneficiava do racismo; assim só com a derrubada desse sistema e a consequente construção de uma sociedade igualitária seria possível superar o racismo.[28]

Um acontecimento emblemático desse período de reorganização dos movimentos negros foi uma reunião em São Paulo, no dia 18 de junho de 1978, com a presença de vários grupos e entidades negras (Centro de Cultura e Arte Negra, Grupo Afro-Latino da América, Câmara do Comércio Afro-Brasileiro, representantes do jornal *Abertura* e do jornal *Capoeira*, Grupo de Atletas Negros e Grupo de Artistas Negros). Nesse encontro, decidiu-se pela fundação do Movimento Unificado Contra a Discriminação Racial (MUCDR). A primeira ação dessa nova entidade foi a realização de um ato público no dia 7 de julho de 1978, nas escadarias do Theatro Municipal de São Paulo. A ação congregou cerca de 2 mil pessoas. Ainda segundo Domingues:

> Na 1ª Assembleia Nacional de Organização e Estruturação da entidade, no dia 23 de julho, foi adicionada a palavra Negro ao nome do movimento, passando, assim, a ser chamado Movimento Negro Unificado Contra a Discriminação Racial (MNUCDR). Neste mesmo ano, foram aprovados o Estatuto, a Carta de Princípios e o Programa de Ação. No seu 1º Congresso, o MNUCDR conseguiu reunir delegados de vários estados. Como a luta prioritária do movimento era contra a discriminação racial, seu nome foi simplificado para Movimento Negro Unificado (MNU).[29]

Em entrevista, Alves ratificou o entrelaçamento de sua trajetória com a do MNU, sobretudo no tocante a sua prática da escrita. Em suas palavras:

> Eu participei do Movimento Negro de uma forma ativa desde 1978 até meados de 1988, e este ativismo, desde a entrada e a minha permanência dentro do Movimento, nesses dez a quinze anos, influenciou a minha escrita. Inclusive, eu tenho textos poéticos inspirados em algumas atitudes de relações políticas de Movimento Negro. Alguns dos eixos temáticos dos meus contos são ambientados naquela atuação social, porque atrás de toda militância tem uma vida ativa.[30]

Apesar de as mulheres negras frequentemente ocuparem lugares impostos pelas convenções sociais de gênero, elas sempre estiveram presentes nos movimentos sociais negros desde o início de sua organização. Segundo Núbia Moreira:

> A experiência com o mundo público, ou melhor, com o mundo da rua, é vivenciada historicamente pelos homens com maior constância. Essa habilidade que é educacional engloba desde legitimidade para representação a manejo para atividades administrativo-financeiras. No interior das organizações negras das cidades do Rio de Janeiro e de São Paulo, essa mesma lógica se repete com outros contornos. Como estamos falando de instituições, às mulheres cabiam as tarefas voltadas para os bastidores; aos homens cabiam as tarefas que requeriam exposições de suas figuras.[31]

Além disso, elas travaram intensos debates sobre o lugar de suas experiências no âmbito dos movimentos feministas da década de 1970. Um episódio descrito por Kia Lilly Caldwell ilustra bem isso. Vejamos:

> A apresentação do Manifesto das Mulheres Negras durante o Congresso de Mulheres Brasileiras, em junho de 1975, marcou o primeiro reconhecimento formal de divisões raciais do movimento feminista brasileiro [...]. Porém, como o Manifesto de Mulheres Negras sugeriu, qualquer suposta unidade entre mulheres brasileiras de raças diferentes já era alvo de debate. O manifesto chamou atenção para as especificidades das experiências de vida, das representações e das identidades sociais das mulheres negras e sublinhou o impacto da dominação racial em suas vidas. Além disso, ao desmascarar o quanto a dominação racial é marcada pelo gênero e o quanto a dominação de gênero é marcada pela raça, o manifesto destacou que as mulheres negras foram vítimas de antigas práticas de exploração sexual.[32]

Atarraxadas entre as reflexões dos feminismos embranquecidos e a masculinização das lideranças dos movimentos sociais negros, as mulheres negras instituíram um novo lugar, do qual puderam romper com as amarras machistas e racistas que atavam os avanços das discussões políticas e reflexões teóricas fundamentadas em suas experiências individuais e coletivas. Tal qual nos períodos anteriores, os movimentos de mulheres negras das décadas de 1970 e 1980 estimulavam reflexões acerca do papel da mulher negra na sociedade brasileira. Porém, naquele momento, eles estavam com ideias mais amadurecidas e um tom de voz mais vigoroso. Em entrevista, Miriam Alves reafirmou as reverberações dos movimentos de mulheres em sua trajetória. Note-se que ela se alinha à posição crítica dos movimentos de mulheres negras aos movimentos feministas, que eram majoritariamente organizados por mulheres brancas e de classe média:

> Eu senti essas influências enquanto mulher, porque eu estudava na época e todo esse movimento passou a ser reflexão em sala de aula. Também pela própria vivência dentro da minha família com a participação da minha mãe. Agora eu tenho alguns questionamentos com relação às bandeiras do movimento feminista da época, porque esse movimento se considerava representante da mulher e, na verdade, representava uma segmentação social, ou seja, mulheres brancas e de classe média.[33]

O MNU exigia com frequência um debate sobre as contribuições das produções simbólicas do contingente enegrecido da população no processo de construção de uma cultura nacional. Conforme Domingues, "reivindicava-se [...] a emergência de uma literatura 'negra' em detrimento à literatura de base eurocêntrica".[34] Nessa esteira, Abelardo Rodrigues, Cuti, Hugo Ferreira, Jamu Minka, Oswaldo de Camargo e Paulo Colina fundaram os *Cadernos Negros* na cidade de São Paulo com o intuito de viabilizar a produção da literatura de homens negros escritores e mulheres negras escritoras e também de fazê-la circular.

Alves residia na capital paulista e isso contribuiu para a aproximação entre eles. Além disso, ela compartilhava com o coletivo organizador dos *Cadernos Negros* a crença no valor da literatura e de uma capitalização cultural inscrita no corpo e objetivada na forma de diploma de conclusão do nível superior de ensino. Eles integravam a fração da população jovem enegrecida que ingressara nas universidades públicas e privadas na década de 1970. Em certa medida, esses fatores concorreram para uma atração recíproca entre Alves e o grupo de homens negros escritores e mulheres negras escritoras que fazia parte dos *Cadernos Negros*.

Em 1978, o MNU consolidava-se, e os *Cadernos Negros* preparavam-se para realizar a sua primeira publicação no Festival Comunitário Negro Zumbi (Feconezu), no dia 25 de novembro de 1978, em Araraquara (SP). Alves foi convidada para participar, porém recusou o convite. Em suas palavras:

> Eu poderia ter entrado no *Cadernos Negros nº 1*, em 1978. Convidaram-me, um affairzinho meu da época, que fazia jornalismo. Ele disse: "Vamos lá! Tem um cara na biblioteca chamando o pessoal", e eu com os meus caderninhos sempre, desde os doze anos. Ele falou assim: "Cadernos Negros" e eu falei: "Não quero envolver minha literatura com essa coisa de preto". Porque fui criada, como todo brasileiro, com "literatura não tem cor", é insípida, inodora e incolor. Então, a literatura não tinha aquilo. Então eu falei "não quero me envolver com isso". Ele olhou assim pra mim... E eu já estava nessa movimentação do movimento negro, mas percebe a dicotomia que existe de pensamento? Então: movimento negro é reivindicação, agora, literatura é aquela inodora, incolor. Mas a minha ideia sobre a literatura mudou.[35]

Naquele momento, Alves encarnava esta concepção de literatura, a de uma literatura que "não tem cor",[36] ou seja, que é concebida como universal. Contudo, trata-se de uma literatura produzida por homens brancos escritores. Em outras palavras, trata-se de uma literatura produzida a partir de um lugar social particular — o de homem branco —, que foi universalizada.

Sem dúvidas, esse princípio de percepção e classificação da literatura inscreveu-se no *habitus* de Alves por meio dos processos de socialização familiar e escolar. Não sem razão, a primeira experiência de autorreconhecimento da vocação de escritora aos dezoito anos foi marcada pela referência a uma figura de escritor, que era a de um homem branco. Em 1978, aos 26 anos, tal princípio era vivido como a ambivalência de ao mesmo tempo recusar o enegrecimento da literatura realizado por homens negros escritores e mulheres negras escritoras — visto que a literatura "não teria cor" — e reivindicar a valorização das negritudes junto aos movimentos sociais negros da época. A recusa do convite para integrar a primeira publicação dos *Cadernos Negros* tinha a ver com o fato de Alves sustentar a universalização de sua obra em lugar da particularização com o intuito de conquistar valoração positiva e legitimidade literária.

Apesar de negar-se a fazer parte dos *Cadernos* naquele momento, Alves passou a acompanhar as atividades e as reuniões do grupo de homens negros escritores que os organizavam. No ano 1980, Abelardo Rodrigues, Cuti, Oswaldo de Camargo e Paulo Colina criaram o Quilombhoje Literatura, na cidade de São Paulo, com o intuito de discutir os próprios textos, que depois publicariam nos *Cadernos*. Inicialmente, eles mantinham as atividades dissociadas das dos *Cadernos Negros*, porém, em 1982 o grupo reconfigurou-se e passou a responsabilizar-se pela cadeia de produção dessa antologia literária. Foi nesse momento que Alves passou a integrar oficialmente o Quilombhoje. O grupo forneceu os suportes simbólicos e materiais para a concretização de sua vocação literária em uma carreira profissional.

De um lado, reconheceu a vocação de Alves para o trabalho com a linguagem; de outro, o rateio dos custos da publicação da antologia entre autores e autoras viabilizava a estreia literária de iniciantes, como ela na época. Some-se a isso as disposições letradas adquiridas em seus primeiros anos de formação, as quais contribuíram para a escolha do ofício da escrita. Assim, em 1982, Alves inseria-se no campo literário brasileiro contemporâneo por meio da quinta edição dos *Cadernos Negros*.

TORNANDO-SE ESCRITORA PROFISSIONAL E AUTORA NEGRA

A palavra "profissão" origina-se no vocábulo *profiteri*, que quer dizer "declarar em público". *Profiteri* é formado por *pro*, que significa "à frente (dos outros)" e *fateri*, "reconhecer, confessar sua escolha religiosa". Não à toa, o verbo "professar" e o substantivo "profissão" têm as mesmas origens. Assim, a palavra "profissão" traz consigo o sentido de uma autodeclaração e o reconhecimento desta pelo outro, o que, necessariamente, resulta em uma relação social. Sociologicamente, profissão é "uma ocupação cujas obrigações criam e utilizam de forma sistemática o conhecimento geral e acumulado na solução de problemas postulados por um cliente (tanto individual como coletivo)".[37] Uma remuneração é concedida aos profissionais em troca das soluções encontradas para os problemas a eles colocados pelos clientes. Além disso, segundo Maria Helena Machado, a formação de categorias profissionais geralmente exige algumas etapas, como a criação de espaços de transmissão de conhecimento e de treinamento.

Willy Pelletier afirma que Alain Viala rastreou o surgimento do escritor como um profissional especializado até as sociedades europeias do século 17. Apesar disso, esses profissionais ainda não consolidaram instituições de formação com o grau de especialização e legitimidade iguais ao de profissionais liberais, como médicos e advogados. Isso porque direito e medicina são cursos de formação científica oferecidos em instituições de ensino superior, cuja certificação é reconhecida socialmente. Fazer das universidades instituições de produção e transmissão de conhecimentos especializados é um dos componentes da formação de categorias profissionais.[38]

De todas as profissões artísticas, a literária apresenta-se como a menos determinada socialmente em virtude de não se basear em uma formação específica.[39] Contudo, exige-se a aquisição de certo nível de qualificação para o trabalho com a linguagem por meio da prática da escrita. Na ausência de cursos de graduação em instituições de ensino superior para esse fim, círculos letrados desempenham o papel de espaços de profissionalização literária. Nesse sentido, a integração de Alves ao Quilombhoje Literatura contribuiu para que se tornasse uma escritora profissional.

No ano 1982, as reuniões desse círculo se caracterizavam como momentos de aprendizagem sobre o enegrecimento da literatura brasileira por meio do estudo crítico de obras de homens negros escritores. Além disso, o grupo tornava-se um espaço de reflexão sobre a prática da escrita. Eles debatiam a produção literária dos *Cadernos Negros* e as obras individuais dos autores e das autoras participantes da antologia. Essas discussões eram importantes na época, pois impunham-se questões como: Como definir a literatura produzida por mulheres e homens negros no Brasil? Como nomeá-la? Como literatura negra ou afro-brasileira? O que é ser homem negro escritor no Brasil? O que é ser uma mulher negra escritora no Brasil? Em síntese, tratava-se de debates estéticos e políticos que envolviam a construção de uma autoria no campo literário brasileiro. Em entrevista, o escritor Márcio Barbosa fala das experiências de formação literária e da divisão do trabalho intelectual vividas naquele momento no grupo do qual ele e Alves faziam parte:

> Trabalho era o que não faltava. Embora só nos reuníssemos nos finais de semana, havia tarefas para todos os dias. Todos faziam um pouco de tudo. Desde escrever textos até entregar correspondências. Dávamos entrevistas para rádios e jornais ou colávamos etiquetas em envelopes de mala direta. No começo, a grande motivação das reuniões era a organização dos *Cadernos* e as discussões de textos de autores do grupo. Depois lançamos a série *Livro do autor*, cuja finalidade era possibilitar a cada um dos quilombhojeiros publicar seu livro individual. Em seguida passamos a organizar rodas de poemas (atividades de declamação de poemas entremeada com pontos cantados) e debates. Fizemos a revisitação dos seguintes autores: Cruz e Souza, Luís Gama, Lima Barreto, Machado de Assis, Aimé Césaire e Richard Wright. Organizamos discussões a respeito de livros desses escritores, promovendo uma leitura negra dos seus textos. Também duas peças foram montadas pelo Quilombhoje. Como o trabalho de organização dos *Cadernos* foi ficando cada vez mais complexo, essas atividades foram passando para o segundo plano.[40]

Alves publicou *Momentos de busca* em 1983, dando prosseguimento à carreira de escritora profissional, agora individualmente. Em suas palavras, "foi a minha estreia solo após minha estreia coletiva dentro dos *Cadernos Negros nº 5*".[41] *Momentos de busca* era uma reunião dos poemas escritos em cadernos durante a adolescência e os primeiros anos de juventude. A obra foi custeada integralmente pela autora, diferentemente da segunda obra publicada individualmente por Alves, *Estrelas no dedo*

(1985), que teve apoio coletivo por meio do projeto Livro do Autor. Em entrevista, Alves contou como viveu essa experiência:

> *Estrelas no dedo* é um livro que sai do coletivo. Como assim? É um livro individual que sai do coletivo. O Quilombhoje Literatura era responsável pelos *Cadernos Negros*, pelas coletas dos textos, entradas na gráfica etc., enfim, todo o processo burocrático era feito por esse grupo de escritores. Porque o Quilombhoje Literatura da época era um grupo de escritores. Não podia entrar no grupo quem não fosse escritor ou se não pretendesse publicar. Escritor não publicado, mas que pretendesse publicar. Essa era uma das regras de entrada no Quilombhoje. Por isso, o grupo ficou tanto tempo apenas com oito pessoas. Dentro desse processo de realização do livro coletivo, a gente se reunia para discutir várias proposições. Uma das proposições que saiu do seio do grupo foi o livro individual do autor. Existiam autores no Quilombhoje que não tinham seu livro individual. Considerava-se importante ter o seu livro individual, que era um momento importante de você estar ali. Além do coletivo, existe o seu momento individual de criador [...]. O Livro do Autor era uma proposta de proporcionar aos elementos que faziam parte do Quilombhoje o seu momento solo. Do mesmo modo que fazíamos os *Cadernos Negros* por cotização e o Quilombhoje ficava com uma parte dos livros no estoque, que era para vender e custear as despesas do próximo caderno, ficou-se decidido que, com esse dinheiro, a cada ano sortear-se-ia um elemento do grupo para ter o seu momento solo. *Estrelas no dedo* foi o meu momento solo. *Eu já estava em outro processo de escrita depois de* Momentos de busca, *que eu já estava em discussões temáticas, de estilo, processo de escrita, dentro do Quilombhoje* (grifos meus).[42]

De modo diferente de *Momentos de busca*, que era um compilado de escritos juvenis esboçados nos primeiros anos de formação de um *habitus* letrado na autora, *Estrelas no dedo* era uma obra individual de poemas, porém construída nas fases iniciais de sua profissionalização literária. Naquele momento, novas camadas de disposições letradas para o trabalho com a linguagem fundiam-se àquelas incorporadas nos anos iniciais, aumentando o grau de qualificação para a prática profissional da escrita. A lida com as formas literárias amadurecia à medida que se alargavam as experiências de aquisição do conhecimento e da prática dos gêneros textuais. Apesar de integrar o Quilombhoje desde 1982, Alves não participou da sexta edição, que foi de contos, embora tenha participado da seguinte, a sétima no ano 1984, que foi de poemas. Ela estreou como contista na oitava edição dos *Cadernos Negros* no ano 1985. Alves escreveu o primeiro conto depois de uma experiência pessoal de leitura de algumas obras de Clarice Lispector. A partir dali, ela se inspirou pelo gênero, e sobretudo autorizou-se a praticá-lo.

A autoria é o exercício da função autor. De acordo com Foucault, "um nome de autor não é simplesmente um elemento em um discurso (que pode ser sujeito ou complemento, que pode ser substituído por um pronome etc.), ele exerce um certo papel com relação ao discurso: assegura uma função classificatória".[43] Ou seja, ele "caracterizaria um certo modo de ser do discurso".[44] Autor e autoria são categorias de autorrepresentação no campo literário brasileiro relacionalmente construídas e objetivadas nas obras. Em entrevista, perguntei a Alves se ela se autodeclarava escritora negra ou escritora afro-brasileira. Ela respondeu-me o seguinte:

> Eu me declaro escritora negra brasileira de literatura negra. Isso tem um porquê. Isso começa com o meu engajamento na literatura

negra brasileira. Quando eu chego no Quilombhoje na década de 1980, eu vou encontrar um grupo de jovens entusiastas escritores, falando de literatura negra, discutindo obras tanto de brancos como de negros para construir uma proposta de se fazer uma literatura negra, de fazer uma literatura em que a gente pudesse colocar o nosso ponto de vista negro, ou uma literatura em que nós fôssemos protagonistas não só como personagem, mas um protagonismo do nosso cognitivo, de nossas interioridades.[45]

Como dito, Alves não aderiu imediatamente à categoria negro, que era então mobilizada por uma fração de homens negros escritores e mulheres negras escritoras para se autorrepresentar no campo literário brasileiro. Naquele momento, ela via o enegrecimento da literatura como uma prática ilegítima. Pouco tempo depois, profissionalizando-se escritora e construindo uma autoria, além de ter ao redor o Quilombhoje, a crença em uma universalidade intrínseca às literaturas produzidas por homens brancos escritores foi desnaturalizada.

A escolha de Alves pela categoria negro em vez da de afro-brasileiro[46] torna-se escura quando ela ao mesmo tempo as distingue e justifica a opção pela primeira em detrimento da última. Em suas palavras:

Por que eu falo negro e não afrodescendente? Ou afro-brasileiro? Por quê? Tem um motivo. Quando nós chegamos aqui nesse país nos tiraram... Eu era Banto, aí não sou mais, você é negro. Eu era Jeje, não sou mais, você é negro. Eu era Fula, eu não sou mais, você é negro. *Então depois de quase cinco séculos você é negro. Você não tem como saber de onde você veio, de quem você descende, essas coisas todas. Quais as suas histórias anteriores à escravização. Tudo isso é um apagamento. Você pega por onde te designam pejorativamente, assume isso e faz uma transformação, porque o que nós fizemos em*

> *termos de literatura negra foi um movimento. Nós nascemos junto, a literatura negra na forma contemporânea nasce junto em 1978 às reivindicações dos movimentos negros brasileiros.* Por que não falam o movimento afro-brasileiro? *Para mim a literatura é a literatura negra brasileira, que nasceu junto com isso.* Os autores foram atores da manifestação de 1978. Muitos desses atores escreveram nos *Cadernos Negros nº 1*, que foi em 1978 (grifos meus).[47]

Visto isso, pode-se afirmar que Alves constrói a sua autoria fundamentada em discussões sobre os sentidos de negritude, ou seja, em debates acerca das interpretações do que é tornar-se negro e negra. A palavra "negro" era utilizada pelos grupos humanos do continente europeu para classificar aqueles do continente africano. Assim, o embranquecimento de homens e mulheres constituiu-se ao mesmo tempo que enegrecimento de homens e mulheres. Nesse contexto geopolítico, o enegrecimento da pele, que é o resultado da presença de melanina nesse órgão, e o embranquecimento, que é o resultado de pouca ou da ausência desse pigmento, converteram-se em marcas sociais de diferenciação entre esses grupos humanos, sobretudo, de desigualação entre eles. De acordo com Kabengele Munanga:

> É importante frisar que a *negritude*, embora tenha sua origem na cor da pele negra, não é essencialmente de ordem biológica. De outro modo, a identidade negra não nasce do simples fato de tomar consciência da diferença de pigmentação entre brancos e negros ou negros e amarelos. *A negritude e/ou identidade negra se refere à história comum que liga de uma maneira ou de outra todos os grupos humanos que o olhar do mundo ocidental "branco" reuniu sob o nome de negros. A negritude não se refere somente à cultura dos povos portadores da pele negra que de fato são todos culturalmente diferentes. Na realidade, o que esses grupos humanos têm fundamen-*

talmente em comum não é, como parece indicar o termo negritude, a cor da pele, mas sim o fato de terem sido vítimas das piores tentativas de desumanização e de terem sido suas culturas não apenas objeto de políticas sistemáticas de destruição, mas, mais do que isso, de ter sido simplesmente negada a existência dessas culturas. Lembremos que, nos primórdios da colonização, a África negra foi considerada como um deserto cultural, e seus habitantes como o elo entre o Homem e o macaco (grifos meus).[48]

A experiência social brasileira configurou-se por meio dos processos de colonização e escravização. Escravização dos povos africanos pelo colonizador português. Desse modo, "toda e qualquer diferença entre colonizador e colonizado foi interpretada em termos de superioridade e inferioridade".[49] O resultado disso a longo prazo foi a naturalização da negativação de atribuições morais, psicológicas, intelectuais, físicas e estéticas aos homens enegrecidos e às mulheres enegrecidas. Ainda conforme Munanga:

> A desvalorização e a alienação do negro estendem-se a tudo aquilo que toca a ele: o continente, os países, as instituições, o corpo, a mente, a língua, a música, a arte etc. Seu continente é quente demais, de clima viciado, malcheiroso, de geografia tão desesperada que o condena à pobreza e à eterna dependência. O ser negro é uma degeneração devido à temperatura excessivamente quente. O colonizado é assim remodelado em uma série de negações que, somadas, constituem um retrato-acusação.[50]

Essas adjetivações pejorativas atribuídas ao contingente enegrecido da população brasileira são refratadas pelo campo literário do país nas obras produzidas em seu interior. Não à toa, Mário Medeiros da Silva constatou que um dos problemas centrais nos estudos sobre as literaturas negras brasileiras é o da caracterização estereotipada das personagens negras que tem sido realizada por autoras e autores não negros. Por causa disso, era tão importante para o Quilombhoje, e também para Miriam Alves, construir e reivindicar um ponto de vista autoral negro no campo literário brasileiro. Nesse sentido, Nazareth Fonseca afirma:

> A denominação "literatura negra", ao procurar se integrar às lutas pela conscientização da população negra, busca dar sentido a processos de formação da identidade de grupos excluídos do modelo social pensado por nossa sociedade. *Nesse percurso, se fortalece a reversão das imagens negativas que o termo "negro" assumiu ao longo da história* (grifos meus).[51]

Alves retirou-se oficialmente do Quilombhoje em 1989, porém continuou a participar das publicações dos *Cadernos Negros*. O Quilombhoje mantém-se reflexivo sobre suas formas de autorrepresentação. Um exemplo disso foi a discussão interna no final da década de 1990 acerca dos problemas da categoria negro mobilizada para nomear os *Cadernos Negros*. Em entrevista, a escritora Esmeralda Ribeiro escurece o debate:

> A gente colocava só *Cadernos Negros* na capa dos livros. Aí teve uma época em que a gente conseguiu um apoio da universidade. Tinha um professor de propaganda de uma amiga que falou: "Já que vocês estão fazendo estágio, façam em uma coisa de que vocês gostam". Daí reuniram-se quatro alunos do curso de Propaganda e Marketing da Faculdade Cásper Líbero e eles conversaram conosco, do Quilombhoje, aí nós falamos do livro e eles se propuseram a nos ajudar a impulsionar a divulgação do nosso trabalho, que até então a gente fazia em porta de baile, que era aquelas coisas precárias,

mas que se dava para fazer. Para a mala direta, por exemplo, eram datilografados os nomes, os endereços, os CEPs, e depois tirava cópia, recortava com a tesoura e colava nos envelopes. Esse era nosso mutirão. Esses alunos foram analisar os livros e pensar em que podiam ajudar a gente. Eles montaram uma pesquisa. Inclusive, eu e o Márcio [Barbosa] fomos a algumas faculdades de letras porque eles sugeriram que os professores universitários e os futuros professores de literatura nos dissessem o que significava para eles "cadernos negros". Os participantes não precisavam se identificar. A gente perguntava, muita gente foi solícita e respondia no momento. A gente perguntava: "O que significa para você 'cadernos negros'?". E eles respondiam: "Ah, acho que tudo que é de ruim, porque esse caderno é negro". Daí com essa pesquisa, o que a gente tirou dela, a gente levou para o grupo Quilombhoje, que até então a gente era em nove, dez pessoas, e com esse pessoal que também estava nos ajudando, conversamos. Eles nos sugeriram: "Vocês deveriam colocar alguma outra coisa na capa do livro porque só *Cadernos Negros* as pessoas não estão conseguindo saber o que é, se é poemas, contos". Então põe literatura afro-brasileira. Daí a gente começou a adotar esse nome literatura afro-brasileira. [...] A gente começou a usar na capa e na lombada do livro.[52]

Constatou-se por meio de uma pesquisa que a categoria "negro" era percebida negativamente pelos sensos comum e especializado. O Quilombhoje optou pela permanência da categoria negro no título da antologia e pelo acréscimo da categoria afro-brasileiro aos subtítulos, que, a partir daquele momento, tornar-se-iam poemas afro-brasileiros nos anos pares e contos afro-brasileiros nos ímpares. No que diz respeito às controvérsias e tensões entre as categorias de autorrepresentação — negro e afro-brasileiro —, Miriam Alves continua se autorrepresentando como uma autora negra em vez de uma autora afro-brasileira. A reconstrução de quase quatro décadas da trajetória da autora visou escurecer alguns dos lances decisivos para a construção e consolidação de sua presença no campo literário brasileiro contemporâneo. Especialmente, em que medida e como esse espaço social junto à trajetória de Alves entrelaçam-se e determinam-se reciprocamente. A presença da autora no campo literário brasileiro atual é emblemática no que toca a inserção de mulheres negras escritoras nesse espaço social, diversificando-o por meio da produção de suas autorias.

NOTAS

1. Afirmo isso com base em coleta e análise de informações obtidas em três bases de dados sobre mulheres negras escritoras brasileiras, a saber: Catálogo Intelectuais Negras Visíveis (CINV), plataforma on-line Escritoras Negras da Bahia (ENB) e Portal Literafro. A partir disso reuni um corpus de 75 mulheres negras escritoras e 487 publicações, do qual Miriam Alves faz parte. Bruno Duarte Nascimento, *Negras presenças: feminilizações e enegrecimentos de autorias no campo literário brasileiro contemporâneo*. Dissertação de Mestrado. Universidade Federal do Ceará, Fortaleza, 2021.

2. De 1965 a 1979, dos 86 (100%) autores e autoras publicados pelas editoras Civilização Brasileira e José Olympio, 80 (93%) eram brancos e brancas e apenas seis (7%) eram negros e negras. Com relação ao gênero, 71 (82,6%) eram homens e apenas quinze (17,4%) eram mulheres. De 1990 a 2004, dos 165 (100%) autores e autoras publicados pela Companhia das Letras, Record e Rocco, 155 (93,9%) eram brancos e brancas, enquanto quatro (2,4%) eram negros e negras e seis (3,6%) não foram identificados. Com relação ao gênero, 120 (72,7%) eram homens e apenas 45 (27,3%) eram mulheres. De 2005 a 2014, dos 197 (100%) autores e autoras publicados pela Companhia das Letras, Record e Objetiva/Alfaguara, 192 (97,5%) eram brancos e brancas, enquanto apenas cinco (2,5%) eram negros e negras. Com relação ao gênero, 139 (70,6%) eram homens e apenas 58 (29,4%) eram mulheres. Ver Regina Dalcastagnè, "A personagem do romance brasileiro contemporâneo: 1990-2004". *Estudos de Literatura Brasileira Contemporânea*, Brasília, n. 25, pp. 13-71, jul./dez. 2005. Disponível em: https://goo.gl/qZDXdN. Acesso em: 31 ago. 2015; Amanda Massuela, "Quem é e sobre o que escreve o autor brasileiro". *Cult*, São Paulo, 5 fev. 2018. Disponível em: https://bityli.com/t8b3a. Acesso em: 20 ago. 2020.

3. De 1965 a 1979, das 509 (100%) personagens analisadas, 387 (76%) eram brancas e apenas 32 (6,3%) eram negras. Além disso, 207 (40,7%) eram

femininas e 297 (58,3%) eram masculinas. De 1990 a 2004, das 1 245 (100%) personagens estudadas, 993 (79,8%) eram brancas e apenas 98 (7,9%) eram negras. Ademais, 470 (37,8%) eram femininas e 773 (62,1%) masculinas. De 2005 a 2014, 888 (77,9%) das 1 140 (100%) personagens examinadas eram brancas e apenas 83 (7,3%) eram negras. Além disso, 471 (41,3%) eram femininas e 663 (58,2%) eram masculinas. Ver Regina Dalcastagnè, ibid. e Amanda Massuela, ibid.

4. De 1965 a 1979, dos 49 (100%) narradores identificados nos romances estudados, todos eram brancos e, entre eles, trinta (61%) eram homens e dezenove (38,7%) eram mulheres. As mulheres negras e os homens negros não foram inseridos na posição de narradores nenhuma vez. No mesmo período, dos 113 (100%) protagonistas das tramas, 110 (97,3 %) eram brancos e 7 (6,1%) eram negros. Os homens negros foram seis vezes protagonistas das histórias e as mulheres negras somente uma vez. De 1990 a 2004, dos 164 (100%) narradores identificados, 159 (96, 9%) eram brancos e 5 (3%) eram negros. Os homens negros foram quatro vezes narradores, e as mulheres negras, uma vez. Dos 465 (100%) protagonistas, 289 (62,1%) eram brancos e vinte (4,3%) eram negros. Homens negros estiveram dezessete vezes na posição de protagonista das tramas, e as mulheres negras, três vezes. De 2005 a 2014, dos 151 (100%) narradores identificados, 147 (97,3%) eram brancos e quatro (2,6%) eram negros. Homens negros e mulheres negras ocuparam o lugar de narradores duas vezes cada um. Dos 414 (100%) protagonistas, 392 (70,5%) eram brancos e 22 (5,3%) eram negros. Homens negros preencheram o lugar de protagonistas dezesseis vezes, e mulheres negras, seis vezes . Id. Ibid.

5. Foram eles: José do Patrocínio (1853-1905), que participou das reuniões de preparação para a instalação da ABL e fundou a cadeira nº 21; Dom Silvério Gomes Pimenta (1840-1922), que foi eleito em 30 de outubro de 1919, passando a ocupar a cadeira nº 19; Octávio Mangabeira (1886-1960), que foi eleito em 25 de setembro de 1930, passando a ocupar a cadeira nº 23; Evaristo de Moraes Filho (1914-2016), que foi eleito em 15 de março de 1984, passando a ocupar a cadeira nº 40. Merval Pereira, "O negro na ABL". Disponível em: https://bityli.com/twTHi. Acesso em: 15 jan. 2021.

6. A organização não governamental Gênero e Número levantou esses dados por ocasião da Flip 2017. Para a matéria principal, ver https://goo.gl/BybPWy. Acesso em: 27 jul. 2017. Para acesso aos dados tabulados com o nome dos autores e das autoras, o gênero e a raça de cada um deles por edição da Flip, ver https://bityli.com/p7iOh. Acesso em: 22 ago. 2021.

7. Realizei *clipping* de matérias a fim de acompanhar a discussão que se estendeu de maio a julho do ano 2016, ou seja, antes, durante e depois da Flip daquele ano. O texto da carta pode ser acessado através do endereço https://goo.gl/PaS5Pd. Acesso em: 6 jun. 2017.

8. Maria Firmina dos Reis (1822-1917) foi seguramente a primeira mulher negra a publicar um texto literário no Brasil. O romance *Úrsula* foi editado e publicado pela Typographia do Progresso na cidade de São Luís no ano 1859.

Em seguida, Antonieta de Barros (1901-1952) publicou o livro de crônicas *Farrapos de ideias* pela editora SCP, na cidade de Florianópolis, em 1937; logo após, Ruth Guimarães (1920-2014) publicou o romance *Água funda*, pela Edição da Livraria do Globo, em Porto Alegre, no ano de 1946, seguida de Carolina Maria de Jesus (1914-1977), que publicou *Quarto de despejo: diário de uma favelada*, pela Francisco Alves, na cidade do Rio de Janeiro, e de Anajá Caetano (nasceu em São Sebastião do Paraíso, sul de Minas Gerais; demais dados biográficos indisponíveis), que publicou o romance *Negra Efigênia, paixão pelo senhor branco*. A partir de 1978, mulheres negras escritoras passam a publicar ininterruptamente textos literários no Brasil, o que me permite afirmar a construção de um espaço de produção de literaturas de mulheres negras no campo literário brasileiro a partir de então. Bruno Duarte Nascimento, *Negras presenças...*, op. cit.

9. Pierre Bourdieu, *As regras da arte: gênese e estrutura do campo literário*. Lisboa: Editoral Presença, 1996.

10. Gisèle Sapiro, "'Je N'ai Jamais Appris à Écrire': Les Conditions de Formation de la Vocation d'Écrivain". *Actes de la Recherche en Sciences Sociales*, Paris, v. 168, n. 3, p. 12-33, 2007.

11. Pierre Bourdieu, op. cit., p. 295.

12. Pierre Bourdieu, *Meditações pascalianas*. Rio de Janeiro: Bertrand Brasil, 2001.

13. Gisèle Sapiro, op. cit., 2007.

14. Entrevista concedida a Bruno Duarte, Fortaleza, 15 jul. 2020.

15. Id. Ibid.

16. Bienal Brasil do Livro e da Leitura. "Entrevista com Miriam Alves". *YouTube*.

17. Entrevista concedida a Bruno Duarte, op. cit.

18. Id. Ibid.

19. Kátia da Costa Bezerra, "Miriam Alves". In: Eduardo de Assis Duarte (Org.). *Literatura e afrodescendência no Brasil: antologia crítica*. Belo Horizonte: Editora UFMG, 2011, p. 87.

20. Bondelê. "Bondelê #59 apresenta Maréia, mais entrevista com a autora". *Youtube*, 4 out. 2019.

21. Bienal Brasil do Livro e da Leitura, op. cit.

22. Entrevista concedida a Bruno Duarte, op. cit.

23. Bienal Brasil do Livro e da Leitura, op. cit.

24. As categorias universal e particular são mobilizadas para atribuir significados às classificações e às hierarquizações de literaturas no campo literário brasileiro. Renato Ortiz diz que "o universal nos remete a ideia de expansão, quebra de fronteiras, 'todos', humanidade" ("Anotações sobre o universal e a diversidade". *Revista Brasileira de Educação*, Rio de Janeiro, v. 12, n. 34, pp. 7-16, jan./abr. 2007. Disponível em: https://bityli.com/qnCvA. Acesso em: 20 ago. 2020). Nas sociedades ocidentais, homens brancos detêm o monopólio interpretativo do que é tornar-se humano. Portanto, a ideia

ocidentalizada de humanidade é uma concepção autorreferenciada, particular, que é universalizada. Esse é o significado atribuído pelos homens brancos escritores às suas obras. De modo geral, classifica-se como autoria universal — ou obra literária universal — aquela que representaria literariamente uma condição humana comum a todos os seres humanos. O campo literário brasileiro refrata em seu interior essa concepção universal de humanidade, embranquecida e masculinizada, e, assim, somente homens brancos escritores falam em nome de uma literatura universal. Ainda segundo o sociólogo, "diferença associa-se a particular, contenção, limites, identidade" (Id. Ibid., p. 15). Seres humanos não brancos e não masculinos estariam marcados pela diferença e se enquadrariam em uma humanidade *outrificada* e particularizada, não universalizável. Esse é o significado atribuído pelos escritores brancos às obras de escritoras negras. De modo geral, classifica-se como autoria negra ou autoria afro-brasileira — ou obra literária afro-brasileira ou obra literária negra — aquela que representaria literariamente apenas temas relacionados à fração enegrecida da população brasileira. O enegrecimento e o afroabrasileiramento de obras é mais um dos efeitos de refração do campo literário brasileiro da *outrificação* e particularização de uma ideia de humanidade não branca e masculina.

25. Bondelê, op. cit.

26. Id. Ibid.

27. Bruno Duarte Nascimento, *Negras presenças...*, op. cit.

28. Petrônio Domingues, "Movimento Negro Brasileiro: alguns apontamentos históricos". *Tempo*, Niterói, 2007, v. 12, n. 23, pp. 100-22.

29. Id. Ibid., p. 114.

30. Dawn Alexis Duke, *A escritora afro-brasileira: ativismo e arte literária*. Belo Horizonte: Nandyala, 2016, p. 171.

31. Núbia Regina Moreira, *O feminismo negro brasileiro: um estudo sobre as organizações de mulheres negras no Rio de Janeiro e em São Paulo*. Dissertação (Mestrado em Sociologia). Programa de Pós-Graduação em Sociologia, Universidade Estadual de Campinas, Campinas, 2007, pp. 57-8.

32. Kia Lilly Caldwell, "Fronteiras da diferença: raça e mulher no Brasil." *Estudos Feministas*, v. 8, n. 2, Instituto de Estudos de Gênero da Universidade Federal de Santa Catarina, 2000, pp. 91-108.

33. Dawn Alexis Duke, op. cit., p. 171.

34. Petrônio Domingues, op. cit., p. 115.

35. Bondelê, op. cit.

36. Id. Ibid.

37. Maria Helena Machado, "Sociologia das profissões: uma contribuição ao debate teórico". In: Id. (Org.), *Profissões de saúde: uma abordagem sociológica*. Rio de Janeiro: Editora Fiocruz, 1995, p. 14.

38. Eliot Freidson, "Les Professions Artistiques Comme Défi à l'Analyse sociologique". *Revue Française de Sociologie*, Paris, n. 27, 1986, pp. 431-43.

39. Gisèle Sapiro, op. cit.

40. Leonardo Nascimento, "A força literária e política dos *Cadernos Negros*, que completam 40 anos em 2018". *Suplemento Pernambuco*, Recife, n. 145, pp. 12-6, mar. 2018, p. 14.

41. Entrevista concedida a Bruno Duarte, op. cit.

42. Id. Ibid.

43. Michel Foucault, "O que é um autor?". *Estética: literatura e pintura, música e cinema*. Rio de Janeiro: Forense Universitária, 2001, p. 277.

44. Id. Ibid., p. 278.

45. Entrevista concedida a Bruno Duarte, op. cit.

46. Uma fração de escritoras e escritores negros mobiliza as categorias de afro-brasilidade e afrodescendência para se autorrepresentarem no campo literário brasileiro. De acordo com Nazareth Fonseca, "a expressão 'literatura afro-brasileira' procura assumir as ligações entre o ato criativo que o termo 'literatura' indica e a relação dessa criação com a África, seja aquela que nos legou a imensidão de escravos trazidos para as Américas, seja a África venerada como berço da civilização. Por outro lado, a expressão 'literatura afrodescendente' parece se orientar num duplo movimento: insiste na constituição de uma visão vinculada às matrizes culturais africanas e, ao mesmo tempo, procura traduzir as mutações inevitáveis que essas heranças sofreram na diáspora". Nazareth Fonseca, "Literatura negra, literatura afro-brasileira: como responder à polêmica?" In: Maria Nazaré Lima e Florentina Souza (Orgs.), *Literatura afro-brasileira*. Brasília, DF: Centro de Estudos Afro-Orientais; Fundação Cultural Palmares, 2006, pp. 9-38.

47. Entrevista concedida a Bruno Duarte, op. cit.

48. Kabengele Munanga, *Negritude: usos e sentidos*. São Paulo: Editora Autêntica, 2009, p. 20.

49. Id. Ibid., p. 27.

50. Id. Ibid., pp. 33-4.

51. Nazareth Fonseca, op. cit., p. 24.

52. Desconcertos, "Esmeralda Ribeiro no Ressonância — Conversas Desconcertantes". *YouTube*, 26 ago. 2020.

REFERÊNCIAS

ALVES, Miriam. *Momentos de busca*. São Paulo: Edição da autora, 1983.

______. *Estrelas no dedo*. São Paulo: Edição da autora, 1985.

BEZERRA, Kátia da Costa. "Miriam Alves". In: DUARTE, Eduardo de Assis (Org.). *Literatura e afrodescendência no Brasil: antologia crítica*. Belo Horizonte: Editora UFMG, 2011.

BIENAL Brasil do Livro e da Leitura. "Entrevista com Miriam Alves". *YouTube*, 11 dez. 2018. Disponível em: https://www.youtube.com/watch?v=Y_5SgvpGhl8.
BONDELÊ. "Bondelê #59 apresenta *Maréia*, mais entrevista com a autora". *YouTube*, 4 out. 2019. Disponível em: https://www.youtube.com/watch?v=W—oD2cL_tg.
BOURDIEU, Pierre. *As regras da arte: gênese e estrutura do campo literário.* Lisboa: Editorial Presença, 1996.
_______. *Meditações pascalianas.* Rio de Janeiro: Bertrand Brasil, 2001.
CUTI (Luiz Silva). *Poemas da carapinha.* São Paulo: Edição do autor, 1978.
DALCASTAGNÈ, Regina. "A personagem do romance brasileiro contemporâneo: 1990-2004". *Estudos de Literatura Brasileira Contemporânea*, Brasília, n. 25, pp. 13-71, jul./dez. 2005. Disponível em: https://goo.gl/qZDXdN. Acesso em: 31 ago. 2015.
DESCONCERTOS. "Esmeralda Ribeiro no Ressonância — Conversas Desconcertantes". *YouTube*, 26 ago. 2020. Disponível em: https://www.youtube.com/watch?v=wiuzdpsNHqM&t=2946s.
DOMINGUES, Petrônio. "Movimento Negro Brasileiro: alguns apontamentos históricos". *Tempo*, Niterói, 2007, v. 12, n. 23, pp. 100-22. Disponível em: https://doi.org/10.1590/S1413-77042007000200007. Acesso em: 16 maio 2020.
DUKE, Dawn Alexis. *A escritora afro-brasileira: ativismo e arte literária.* Belo Horizonte: Nandyala, 2016.
FONSECA, Nazareth. "Literatura negra, literatura afro-brasileira: como responder à polêmica?" In: LIMA, Maria Nazaré; SOUZA, Florentina (Orgs.). *Literatura afro-brasileira.* Brasília: Centro de Estudos Afro-Orientais; Fundação Cultural Palmares, 2006. pp. 9-38.
FOUCAULT, Michel. "O que é um autor?". *Estética: literatura e pintura, música e cinema.* Rio de Janeiro: Forense Universitária, 2001, pp. 268-302.
FREIDSON, Eliot. "Les professions artistiques comme défi à l'analyse sociologique". *Revue Française de Sociologie*, Paris, n. 27, pp. 431-43, 1986. Disponível em: https://bityli.com/72Gb9. Acesso em: 12 dez. 2018.
MACHADO, Maria Helena. "Sociologia das profissões: uma contribuição ao debate teórico". *Profissões de saúde: uma abordagem sociológica.* Rio de Janeiro: Editora Fiocruz, 1995, pp. 13-33. Disponível em: https://bityli.com/6JNWU. Acesso em: 29 maio 2020.
MASSUELA, Amanda. "Quem é e sobre o que escreve o autor brasileiro". *Revista Cult*, São Paulo, 5 fev. 2018. Disponível em: https://bityli.com/t8b3a. Acesso em: 20 ago. 2020.
MOREIRA, Núbia Regina. *O feminismo negro brasileiro: um estudo sobre as organizações de mulheres negras no Rio de Janeiro e em São Paulo.* 2007. Dissertação (Mestrado em Sociologia). Programa de Pós-Graduação em Sociologia, Universidade Estadual de Campinas, Campinas, 2007.
MUNANGA, Kabengele. *Negritude: usos e sentidos.* São Paulo: Autêntica, 2009.

NASCIMENTO, Bruno Duarte. *Negras presenças: feminilizações e enegrecimentos de autorias no campo literário brasileiro contemporâneo.* 2021. Dissertação (Mestrado em Sociologia). Programa de pós-graduação em Sociologia, Universidade Federal do Ceará, 2021.

NASCIMENTO, Leonardo. "A força literária e política dos *Cadernos Negros*, que completam 40 anos em 2018". *Suplemento Pernambuco*, Recife, n. 145, pp. 12-6, mar. 2018.

ORTIZ, Renato. "Anotações sobre o universal e a diversidade". *Revista Brasileira de Educação*, Rio de Janeiro, v. 12, n. 34, pp. 7-16, jan.-abr. 2007. Disponível em: https://bityli.com/qnCvA. Acesso em: 20 ago. 2020.

PELLETIER, Willy; VIALA, Alain. "Naissance de l'Écrivain. Sociologie de la littérature à l'âge classique". *Revue française de Sociologie*, Paris, n. 27, pp. 584-6, 1986. Disponível em: https://bityli.com/4ztsm. Acesso em: 19 set. 2020.

PEREIRA, Merval. "O negro na ABL". Disponível em: https://bityli.com/twTHi. Acesso em: 15 jan. 2021.

SAPIRO, Gisèle. "'Je N'ai Jamais Appris à Écrire': Les Conditions de Formation de la Vocation d'Écrivain". *Actes de la Recherche en Sciences Sociales*, Paris, v. 168, n. 3, pp. 12-33, 2007. Disponível em: https://bityli.com/Olpdt. Acesso em: 19 set. 2020.

VIALA, Alain. *Naissance de l'Écrivain: Sociologie de la littérature à l'âge classique*. Paris: Les Éditions de Minuit, 1985.

"A liberdade de não ser": um diálogo desterrado com Miriam Alves

RAFFAELLA FERNANDEZ

As pessoas que nos veem enquanto negro estereotipado não imaginam que eu venho de uma família leitora. Uma família que tinha não apenas suas histórias orais para contar, mas também os livros.

Minha fala atravessa as suas certezas
Miriam Alves

Arrebatador, perspicaz, lacônico, sábio e deglutidor: assim é cada encontro com Miriam Alves, todos regados a saliva, cervejas, cafés, fumaça, ideias, poesia, orixás e horas sem-fim de muitas interrogações... Sempre que saí de encontros com a escritora, militante e iabá, parti com mais perguntas do que respostas. Miriam Alves nos surpreende e nos interroga a cada segundo, mas sobretudo nos faz interrogar sobre nós mesmos e sobre nosso lugar no mundo bem naquele instante em que a palavra não pode ser soprada ao léu. Sua existência parece ser a continuidade de sua literatura, não como mera representação da realidade, mas como reapresentação do real possível por intermédio da imaginação.

Na entrevista que segue, Miriam Alves nos conta sua trajetória na literatura, num primeiro momento solitária, depois junto aos *Cadernos Negros*, em seguida ligada à produção contemporânea de literatura negra. Esta conversa foi realizada em

2018, momento em que a autora preparava seu romance *Maréia* em sintonia com as águas cariocas, durante uma visita em que tive a chance de escutar algumas passagens desse romance em preparação. Na ocasião ela falou sobre a formação de seu projeto literário e o modo como a vida perpassa a literatura, assim como a literatura possui diversas camadas que as unem e as diferenciam em certa medida. Entre essas camadas, está a constituição da literatura produzida por mulheres negras de acordo com suas demandas e particularidades, dentro de uma percepção conceitual que não oblitera o vivido, mas caminha rumo à "liberdade de não ser",[1] contra o que a sociedade tentou impor para seu corpo e para sua literatura: "Gosto de pensar que a literatura negra é um movimento literário, temos diversidades de escrita e de tratamento estético. É algo revolucionário, não cabe nas caixinhas de denominações que colocam. É mais amplo. Existem vários fazeres dentro da literatura negra".

Miriam, poderia nos contar um pouco sobre sua história com a literatura negra?

Nasci em São Paulo, filha de Benedita Severino Alves, empregada doméstica, comerciante, minha mãe querida, que me ensinou a ser escritora. Não é a questão da alfabetização, se trata de escrever histórias. Meu pai, Maurício Alves, alfaiate, comerciante, era o cara que me dava livros. Sempre deu. E no dia que perguntei por que fazia isso, ele respondeu que os pais conhecem os filhos que têm. Nunca me esqueço de quando ele me deu um livro, eu tinha uns 15 ou 16 anos, sobre a história de uma médica americana em plena segregação oficial dos Estados Unidos; apesar da questão dos direitos civis, ela se formou como médica aos 60 anos. Meu pai comprou esse livro no sebo, deu esse livro pra mim e disse: "Isso é pra você aprender a lutar". Como se eu já não soubesse, mas achei legal ele trazer um livro com essa complexidade, "pra aprender a lutar". E é um livro muito legal, é meu livro de cabeceira junto com os *Cadernos Negros nº 1*, que está nos Estados Unidos. Quando fui dar aula lá, levei minha biblioteca. Mas me arrependi um pouco não de a ter levado, mas de a ter deixado, porque para levar foi fácil. Pra trazer de volta, as pessoas que me pagaram as bagagens na ida disseram que era muito caro, que não sei o quê... e acabou ficando lá com meu amigo... e sinto falta dessas coisas, porque eu deixava na minha cabeceira... era *Cadernos Negros nº 1* e esse livro. Enfim, mas a gente aprende a tratar isso na memória.

Fiz serviço social. Eu ia fazer letras, mas fiz serviço social porque passei nas duas universidades, só que eu tinha dinheiro para uma matrícula só, e a matrícula do serviço social era a primeira. Se eu esperasse o resultado da outra, ia perder o prazo. Então fiz o serviço social. Gostei. Aprendi pra caramba. Trabalhei no Hospital das Clínicas, onde aprendi muita coisa, conheci muita gente importante, no sentido teórico. Eu já era uma pessoa que já gostava de ler, de pesquisar e tal, foi muito legal também, muito bom.

Na época estudantil, conheci o pessoal do Movimento Negro. Antes não tinha Facebook, a gente se reunia no Viaduto do Chá, em São Paulo, era uma espécie de ponto de encontro. Para lá afluíam negros e negras de vários bairros e de vários segmentos culturais, por exemplo, os que saíam das faculdades e os que estavam indo para os bailes. Ali ficava apinhado, e todos e todas se agrupavam espontaneamente por interesse comum, numa espécie de território. Os negros de baile ficavam em frente ao Theatro Municipal, os universitários em frente ao antigo Mappin,[2] e assim por diante. Foi lá que conheci a maioria da liderança do movimento negro: Neuza Maria, Dulce Ferreira, Ivair Augusto, Hamilton Cardoso, que me falou de *Ca-*

dernos Negros quando o Cuti ainda estava os fazendo, em 1978. Hamilton disse: "Olha, Miriam, pega seus poemas... manda pra lá", no que respondi: "Ahh... eu não quero meus poemas envolvidos com esse negócio de preto, não. Meu pai disse pra não se envolver com essas coisas de militância não, que não leva a nada". Aí continuei escrevendo, procurando publicação dos meus poemas e acabei reencontrando os *Cadernos Negros* em 1982. E nesse Viaduto do Chá ficava-se sabendo dos bailes, dos eventos que iriam acontecer, divulgados por meio de filipetas, hoje conhecidos como *flyers*. Um dia, em meio a essas filipetas, havia uma que anunciava o lançamento do livro *Batuque de tocaia*, do Cuti. E o meu grupo de faculdade, composto de mulheres negras, disse: "Você fica declamando esses poemas aí... *Nós trouxemos isso aqui pra você. Nós vamos com você". E eu fui e nunca mais saí.*

A época da universidade foi muito interessante, conheci a militância do Movimento Negro não só no viaduto, mas todo um trabalho que se fazia de arregimentação, principalmente dos universitários. Tinha um evento chamado Baile do Burro Negro, que era organizado pela Wanda, um baile que reunia os calouros negros das várias universidades de São Paulo, os que tinham entrado naquele ano. E eu fui em vários. Nossa! Conheci os e as que fizeram e ainda fazem grandes coisas dentro da educação, da política e de várias outras áreas de conhecimento. Olha, não dá para ficar contando muito sobre a minha infância, todo mundo pergunta e está publicado em vários lugares.

Sempre quis ser escritora: sonhava, assistindo aos filmes hollywoodianos que retratavam a vida de escritores — sempre brancos, com um cachimbo na boca, à frente da máquina de escrever e com um olhar perdido, como quem busca a história num lugar distante. Quando comecei a trabalhar — aos dezoito anos, contra a vontade de meu pai e com o incentivo de minha mãe, que achava importante para uma mulher ter seu próprio dinheiro —, comprei uma máquina de escrever e um maço de cigarro. Meu pai e minha mãe sempre incentivaram a leitura e os estudos, tínhamos uma prática de ler, eu e meus irmãos, cinco palavras do dicionário Aurélio por dia, que ainda me é útil. Escrevia em cadernos desde os doze anos e os guardava, ainda os tenho. Quando quis publicar, deparei com a realidade do mundo editorial: diziam que meus trabalhos não eram literários porque tinham muita pele. Nessa procura, encontrei um grupo de escritores negros em 1980 que publicavam os *Cadernos Negros*, e fez a grande diferença na minha vida literária.

✷

Seja em suas reconstruções mnemônicas ficcionais, seja em suas reflexões críticas, a escritora Miriam Alves mobiliza temas e formas literárias de maneira a visibilizar positivamente o lugar das mulheres e das tradições negras do Brasil, com destaque para os romances *Bará* e *Maréia* (este surgiu enquanto escrevia aquele, conforme nos conta). Essas duas obras fazem parte de uma "quintologia", na qual a autora fabula o universo matricial a partir dos orixás, sendo quatro femininos e o quinto, a reunião dessas iabás; *Maréia* está ligado à orixá Iemanjá, e *Bará*, à orixá Iansã, dona de sua cabeça. Nesse sentido, os textos de Miriam, sobretudo *Bará*,[3] nos permitem transitar por outro tempo e espaço, ou "mundo paralelo", de um Brasil possível, por meio do universo cosmogônico de matriz africana presente nas realidades daqueles que cultivam essa ancestralidade. Cito um trecho de *Bará* em que vemos a circularidade e a suspensão do tempo:

> [...] afinal passados, presentes e futuros se misturam nas dimensões, o mundo de lá, o mundo de cá se cruzam nas conexões do tempo. Olhos fechados, Bará visionou a avó sentada, junto com as matriarcas de muitas gerações. No futuro, seria uma entre elas, o seu lugar estava reservado naquele círculo ancestral, quando chegasse o momento certo.[4]

Como vemos, em *Bará* as personagens negras pertencem à classe média e expõem suas cosmogonias espirituais de matriz africana dentro de uma lógica matriarcal afrocentrada, na apresentação de uma construção identitária de mulheres negras, forjadas sob o viés de uma concepção circular do tempo em contraposição ao tempo linear cartesiano da cultura ocidental.

A própria Miriam Alves nos explica como suas obras revelam um tipo de resistência que se completa com a representação das práticas litúrgicas, nas quais o diálogo com a cosmovisão iorubá se faz presente no processo de criação de seus romances:

> [...] eu coloco, principalmente em *Maréia*, a cosmovisão iorubá, com o propósito de reforçar a ideia de viver numa sociedade de narrativas paralelas, que já mencionei. E porque vejo como algo natural e corriqueiro na vida de muitos brasileiros negros: conversa-se normalmente em alguns círculos usando a linguagem iorubá, exercendo essa compreensão do mundo onde o visível e o invisível andam juntos. Quando proponho que minhas personagens-título, nos livros, tenham correlação com um dos quatro elementos, estou utilizando a compreensão da cosmovisão de culturas de vários países de África, cujos cidadãos foram traficados para o Brasil. Acredito que cada pessoa traz em si, quando nasce, a força dos elementos naturais, sendo um o principal, que a orienta. Uso isso para conduzir a narrativa: no caso de *Bará*, o vento; em *Maréia*,

o mar, que é berço da criação da vida, mas também os rios, as cachoeiras e as minas subterrâneas — *são eles que conduzem a narrativa. O próximo, que já estou elaborando num trabalho de anotação de argumentos e criação de personagens, é a terra.*

✷

Por que *Maréia* demorou mais tempo para ficar pronto do que *Bará*, o primeiro romance da saga?
Acredito que foi o caminho da narrativa que resolvi seguir. Optei por um argumento não autoficcional. Os personagens teriam que partir do zero, e não de minhas lembranças afetivas — porque, de certa forma, elas já estão "semiconstruídas" na minha subjetividade —, assim como o cenário desencadeado na história. Eu queria um viés histórico, da época do que se acostumou chamar de "descobrimento", inclusive oficialmente, quando a população que foi escravizada num sistema cruel e dizimador aparece em porões de navios negreiros, ou naquelas situações amplamente divulgadas nas gravuras de Debret e Rugendas, que ilustram fartamente os livros escolares; perversidade — inclusive em ficções, livros, filmes e novelas — como grandes feitos. Como escritora de literatura negra brasileira — *não aceito outra denominação para a minha escrita* —, isso me incomodava e causava angústia. Passei, como assistente social de rede pública, a ver crianças negras abandonarem a escola por isso. Forma-se a psiquê de dois tipos de brasileiros, os brancos e os negros. Algumas pessoas me questionaram a História, e a História seria: "Vocês vieram de navio". Ops! Não fomos só nós, os negros, que viemos de navio. Vieram brancos e negros de navio, era o meio de transporte da época. Então, resolvi falar a partir do convés e construir personagens brancas. Construo a narrativa como vejo a sociedade brasileira: um pa-

ralelo de realidades e de vidas. Mergulho na história do convés e na psiquê das personagens brancas sob o meu ponto de vista: mulher, negra, brasileira; e narro a família negra contando a mesma história do Brasil sob outro ponto de vista. Acho que o capítulo quinze, que tem o nome de "Paralelas", transmite a dramaticidade da minha intenção criativa.

✷

Como vemos, trata-se de uma escrita que se faz a contrapelo de uma sociedade afinada com preceitos capitalistas imbuídos da perda da sensibilidade, como veio de dominação na sociedade patriarcal, capitalista, racista e num modus operandi racional do mundo. Ao contrário, Miriam Alves nos informa que sua escrita é atravessada pela sua "interioridade", muito além de uma concepção limitada de "ponto de vista". A "interioridade" é evocação de tudo aquilo que constitui seu ser, seus afetos, sua história, suas lutas, seus desejos e a presentificação do seu corpo feminino; a escritora inclusive frisa que escreve "poemas vaginais".[5]

✷

Em que medida o fato de ser mulher negra incide sobre sua forma de escrever?

Olha, acho que o que o escritor é incide na forma de escrever, porque o que ele é, o corpo físico, a forma de inserção social, vai incidir sem dúvida na sua forma de escrever. Tem uma frase que eu gosto: "O universo cognitivo dessa pessoa vai incidir na sua interioridade". Com certeza. Amar todo mundo ama, odiar todo mundo odeia, são as emoções que saem, as emoções antagônicas de que você lança mão para escrever. Por isso que a literatura é a condição humana, mas a condição humana a partir do ponto de vista da vivência do instrumento que é o escritor. Só acho que o escritor ou a escritora é o instrumento, o instrumento que lança mão de algumas regras para poder escrever, da linguagem e da forma com que ele grafa essa linguagem, que dá a condição de comunicação das emoções para o leitor. Então, se incide? É lógico, evidentemente que sim. Eu (e não é uma questão de qualidade literária, é lógico) vou escrever completamente diferente de Clarice Lispector, Carolina [Maria] de Jesus e de Conceição Evaristo. É completamente diferente a forma com que comunico isso, e a gente vai mexer com as mesmas coisas. Por exemplo: vou mexer com a forma de inserção da mulher na sociedade; Clarice fez isso, Conceição faz isso, Carolina fez isso, eu faço isso, Esmeralda Ribeiro faz isso, Elisandra Souza faz, mas a gente faz a partir da própria interioridade. As pessoas simplificam muito ao dizer que é "a partir do ponto de vista", mas é muito mais do que o ponto de vista, entendeu?

✷

Longe das "mães pretas" ou das "mucamas" dos senhores e das sinhás, na obra de Miriam Alves os corpos das mulheres negras são ressignificados com liberdade e apresentam tecnologias de resistências históricas que desde sempre coexistiram com a luta da população negra. A autora se coloca como "descendente da negra do acarajé",[6] isto é, aquela que "tirou muitas correntes dos braços e muitos negros da senzala". Dentro do mercado editorial construído por editores negros, a obra de Miriam, junto à de Conceição Evaristo, Eliane Alves, Geni Guimarães, entre outras escritoras e escritores negros, é um dos expoentes, "libertou muitas mentes" e consequentemente muitos corpos de mulheres negras que se identificam, em especial, com o feminismo negro da autora. Um tipo de feminismo negro e literário, anunciado desde a publicação de seu visceral *Mulher mat(r)iz*[7] até o recente *Juntar pedaços*,[8] que nos oferece uma resposta aguerrida, afetiva e rizomática daquelas mulheres-mat(r)iz.

Em "O feminino corpo da negrura",[9] de 1996, Leda Maria Martins afirma que a mulher negra sempre foi marcada por três estereótipos: a "mãe negra" (ama de leite), a "mulata hipersexualizada" (mucama) e a "empregada doméstica" (escravizada). Todas elas, em geral, são trazidas pela literatura como personagens planas, com pouca complexidade, o que muda sob a produção literária de Miriam Alves, quando ela (re)estabelece o papel da mulher e da autoria negra na história das letras brasileiras, sendo *Maréia* a vingança de Bertoleza.[10]

Como ressalta Sueli Carneiro, essa opressão não é apenas de gênero, mas também racial, e por isso é necessário "enegrecer o feminismo" —[11] assim como, acrescentamos, a literatura, como veicula Miriam Alves. Em "Racismo e sexismo na cultura brasileira",[12] Lélia Gonzalez desenvolveu essas categorias citadas, que oprimem a mulher negra na sociedade brasileira, e atesta que "o lugar em que estamos situados determinará nossa interpretação sobre o duplo fenômeno do racismo e do sexismo", a tal ponto que a mulher negra só poderia se movimentar até onde os domínios permitissem.

Entretanto, as obras de Miriam Alves não apenas evidenciam esses impasses como tema, mas também confrontam as formas canônicas de representação, elevando a mulher negra ao espaço de sujeito da própria história e de sua criação literária, colocando em debate o espaço da mulher desde sua participação no Quilombhoje:

> As mulheres escritoras, de uma certa forma, eram seis ou sete, nos rebelamos. Queríamos que nossa especificidade fosse discutida juntamente com os textos, queríamos que esse item tivesse rele-

vância [...] a gente queria que fosse discutida a literatura feminina negra [...] aí começou um certo feminismo.[13]

A mulher negra vive, desde sua concepção, com uma dor suspensa, sufocada pelo medo e pela ameaça da morte que recai sob sua psique e seu corpo, do modo como vimos sob a mira-denúncia de Machado de Assis em "Pai contra mãe",[14] em que se lê "nem todas as crianças vingam" quando se trata do ventre de mulheres negras. Fato que se mantém nos dias de hoje, seja pela violência obstétrica sobre os corpos das mulheres negras, seja pelo extermínio de seus filhos, fruto do ódio social mobilizado pelo pensamento eugênico pelos processos legitimadores da dominação colonial — corroborado na obra de Miriam Alves.

No entanto, Miriam Alves vai mais além da violência sobre os corpos femininos negros, evidenciando em *Maréia* o estupro do corpo da mulher branca também, em contraposição à supremacia matriarcal das famílias negras. A autora realiza um processo de humanização do sofrimento de mulheres brancas e negras, sem perder de vista o aspecto biográfico das vidas que observa e que incidem sobre sua escrita.

✷

O que você pensa sobre a visão de quem considera que um bom autor é aquele cuja biografia está menos presente na obra?
Acho isso uma grande bosta, se você quer saber, porque a biografia sempre vai estar na escrita do autor, porque ele vai partir de um ponto de vista conhecido. Então, se eu for escrever uma autobiografia, não vai ser parecido com o romance *Bará*, porque vou contar os fatos o mais aproximado possível do lugar e da forma onde e como esses fatos aconteceram. Quando ficciono a partir de vivências, o que faço é montar a personagem,

lançando mão, por exemplo, de algumas características daquela vizinha de que gosto, ou talvez não goste, de um pouco dos aspectos daquela chefe, um tanto da frase que falou aquela menina do ônibus que nem sei quem é. Construo uma personagem, essa pessoa não existe, é uma personagem. É uma colagem? Não é uma colagem. É uma quinta pessoa, formada a partir da minha impressão. E essa quinta pessoa torna-se uma pessoa ficcional baseada na realidade, mas sem verossimilhança. Ou seja, a personagem é uma sexta pessoa que cria vida no contexto da narrativa. Então, cito como exemplo Carolina de Jesus: ela fala de uma realidade muito próxima em seus diários. Diário, quase todos nós, um dia na vida, escrevemos — eu escrevi diários. Quando se retrata no seu dia uma determinada situação, se faz a partir de uma perspectiva, já não é mais o fato, são os sentimentos, as emoções que você vai colocar. Como nesse poema, em que vou contar um fato que presenciei:

O menino morrendo ali
O menino morrendo ali...
Moço, olha! O menino morrendo ali
Moço! o menino morrendo ali
Moço... o menino morrendo ali
Moço, o senhor não liga?
O menino morreu ali
Nada posso fazer
Te verso

Eu vi isso! É minha biografia, um momento que eu estava passando. A biografia não é falar da sua vida simplesmente, é falar do que você está vendo também. É "bio" igual a vida, é "grafia" igual a escrever. Então é escrever a vida. "O menino morrendo ali" é poema? É ficção? É biografia? "O menino morrendo ali" é poema.

Nesse sentido, voltando a Carolina de Jesus, o que ela fez foi grafar a vida, não só a própria vida, mas as circunstâncias de inserção.

E o que se cobra na literatura negra, o que as pessoas andam cobrando da gente, é uma literatura que esteja muito próxima à retratação... que esteja próxima e não é de qualquer retratação não, que esteja próxima à retratação da fome, da miséria. Essa literatura, eu fiz e posso fazer de novo, mas como denúncia social, como isso e aquilo. Então, as literaturas negras ou mesmo a literatura periférica que têm mais visibilidade são "a literatura da miséria", "a literatura da fome", "a literatura da violência", parece que ficamos presos a retratar só isso.

Digo pra você que escrever *Bará* foi sair de uma crise existencial, eu pensava em deixar de escrever, porque, se a literatura negra se resumia a isso, então não quero mais fazer literatura negra; se ela vai me aprisionar ficcionalmente a um prato de comida que não tenha comida, eu tô fora. Aí surge *Bará* para me salvar. Em congressos de que participo, em algumas mesas de discussão temática, referem-se à característica da literatura negra como sendo isso. Refuto, afirmando que a característica da literatura negra é ser literatura. O que é literatura? A literatura não é uma arte? Um espaço de embelezamento? A literatura negra não é um gênero, pelo amor de Deus. A literatura negra é a literatura negra. Falo que é um movimento de literatura, não está presa em gênero literário, fica explícito no prefácio de *Cadernos Negros nº 1*. Em outras palavras, não é nem forma simples, nem forma rebuscada, nem de rimar, nem de desrimar. É uma forma de conceber. É uma discussão muito presente no livro *Criação crioula*.[15] Não é monotemática, está sempre em movimento de re-re-re-pensar, e estamos aí, publicando há mais de quarenta anos, tomando como base *Cadernos Negros*.

Quando começamos, lá em 1970, 1980, descobrimos que a classe é racializada, que a concepção de sociedade de classe de

Marx não passa pela ideia da racialização da sociedade. Quando o movimento de literatura periférica surge, baseado na noção de classes sociais, abarcando brancos e negros moradores de bairros periféricos, traz a compreensão de que as questões de classe igualam os periféricos. Só que os negros e as negras participantes da literatura periférica vão percebendo na pele a racialização de classe. Nesse sentido, poetas como Raquel Almeida, Jenyffer Nascimento, Elizandra Souza, Alan da Rosa, Michel Yakini assumem que há uma literatura periférica negra, afirmam que estão bebendo nos mais velhos, lendo *Cadernos Negros*. Percebem que a questão epidérmica, num primeiro momento, nos impele a afirmar que "escrevo literatura negra porque sou negro", mas não é só isso, tem negros que fazem literatura, mas não fazem literatura negra e não querem nem ser identificados com isso. Literatura negra é uma concepção, é uma ação, é a revisão de lugar e espaço, é rever discurso hegemônico, é construir outro imaginário para o cenário da nação brasileira.

✷

Miriam Alves rompe com os estereótipos da tradição literária hegemônica, na medida em que suas personagens não ocupam o lugar do exótico, nem servem de ilustração do mero detalhe narrativo, ou então pertencem apenas aos espaços da subalternização extrema e do sofrimento, onde comumente tentam encerrar os corpos negros. Ao contrário, suas personagens esmiúçam diversas formas de violência experienciadas pelos seus seres para humanizá-los e humanizar aqueles que as leem. Ademais, a caneta da autora possibilita a ocupação da população negra em outros lugares na sociedade relacionados ao prazer, à união, à proteção e ao acolhimento do modo como vemos a vida das famílias negras de *Bará* e de *Maréia*. Miriam Alves desmobiliza as representações privilegiadas do segmento social branco ao colocá-las em situações de violência, resultante do patriarcalismo, sobretudo na predominância masculina da família branca em *Maréia*. Nessa via, a escritora ecoa as palavras de sua companheira Conceição Evaristo, para quem "a nossa escrevivência não pode ser lida como história de ninar os da casa-grande, e sim [como] para incomodá-los em seus sonos injustos".[16] Acrescento, ecoando as palavras de Miriam Alves, que a escrevivência também não pode ser lida para satisfazer as expectativas do leitor branco à espera de uma literatura negra que, supostamente, vai tematizar tão somente a subalternização dos negros brasileiros dentro de determinadas categorias conceituais de enquadramento dessa produção literária. Miriam Alves nos provoca a pensar a branquidade desde a temática e o modo como mobiliza as personagens brancas em sua literatura, em sua reflexão crítica.

✷

Como você avalia a representação dos brancos nas obras de autores negros?

Até onde sei, não tem muita, não. Esse é o diferencial de *Maréia*: a representação de uma família branca por uma escritora de literatura negra brasileira. Isso fez com que os editores da Malê se interessassem em publicar quando eu ainda estava desenvolvendo o argumento da narrativa. Um dos autores negros que fez isso (representou pessoas brancas) não era considerado negro — e sim mulato ou mestiço; foi branqueado nos livros de literatura e agora é redescoberto como autor negro. Machado de Assis enfocou e ironizou comportamentos da sociedade branca da época. Na literatura negra que estamos fazendo, esse não é o enfoque. O enfoque é na personagem negra. Como gosto de desafios e acredito que faço literatura negra mesmo tratando de personagens brancas no enredo da história, mandei o primeiro capítulo de *Maréia*, "Herdeiro", em forma de conto para os *Cadernos Negros nº 40*, e foi publicado. Recebi depois um comentário, via rede social, de uma leitora dizendo que havia achado muito interessante falar do escravocrata e do período escravista sem colocar personagens negras em supliciamento.

✷

Tanto a literatura de Miriam Alves quanto seu posicionamento crítico sobre a literatura advogam em nome de lugar epistemológico e artístico para os negros brasileiros, cuja literatura valoriza os elementos étnicos e de gênero em suas construções na defesa de uma poética negra que ultrapassa as representações depreciativas dos negros brasileiros, onde também atua o marcador de gênero bem como a liberdade formal e temática. Sua literatura expressa categoricamente uma (re)existência contra a sociedade androcêntrica, classista e racista na busca de novos recomeços e multiplicidade da subjetividade do sujeito negro. É nesse sentido que a escritora afirma que "literatura negra não é sinônimo de literatura afro-brasileira",[17] conceituação revista por ela e que negaria a particularidade da existência dos negros no contexto brasileiro, pois África refere-se a uma amplitude de um continente.

✷

Você categoriza sua literatura?

Sim, categorizo minha literatura como negra feminina — aí aquela questão do "a" e do "o" — porque, dentro de tudo isso, a literatura negra é nossa resistência e existência, que vai, remodela e refaz, sem deixar de ser. Se questiona, entre nós mesmos, se você for pegar lá o tal do elefante branco,[18] o quanto a gente se questiona, o quanto a gente se cobra um ao outro, e a partir disso você repensa, reformula, sem deixar de ser você, sem deixar de ser a sua forma de ler e de escrever, inclusive. Então, é a coletividade, mas é a coletividade sem absorver e anular a individualidade e a forma própria de dizer essas coisas.

Então, quando eu falo: "eu faço literatura negra feminina", aí já tem outra discussão, que começa em 1985, mas se estende em outras questões, em outros momentos. Em 1985, nós — Roseli Nascimento, Marisa Tieta, Esmeralda Ribeiro, Sônia Fatima da Conceição... Quem mais? Tinha outras que eu não lembro — paramos de publicar. Dentro dessas discussões nos encontros de escritores, a gente começou a querer discutir as especificidades da nossa escrita, qual é essa especificidade, se existe ou não existe. E a gente encarou o machismo literário — as escritoras da periferia têm trazido essa questão também atualmente, porque parece, infelizmente, que não evoluiu. Então a gente começou a questionar, mas sempre foi visto que esse tipo de discussão iria desarticular, que era um tipo de discussão menor. Era-nos permitido discutir literatura, mas não a literatura feita por nós, mulheres negras escritoras. Discutíamos Machado de Assis, mas não estávamos discutindo Carolina Maria de Jesus.

Acho que é no livro *Criação crioula* que tem um texto da Roseli Nascimento sobre Carolina. A noção que se tinha, na época, dentro do nosso próprio movimento, era que, do jeito que falam da escrita de Carolina, corríamos o risco de esperarem que nossa escrita fosse igual à dela.

✶

A literatura negra passa a existir a partir de 1978 como um movimento literário que traz algo revolucionário. Trouxe para o campo literário brasileiro uma visão de nação até então impensável: autores negros e autoras negras sujeitos da própria história e narrativa, numa ação intencional, refletida. Lemos autores negros e brancos, discutimos ideologias das escritas. Nossa atitude fez com que alguns pesquisadores resgatassem negros que escreviam em séculos passados, mas, até onde sei, esse ato de criação em torno de uma coletividade se deu no final da década de 1970. São públicas as divergências da função da escrita em Lima Barreto e Machado de Assis. Na Flip, em intervenção numa das mesas, eu disse que é difícil para a academia, para a crítica, seja a literária, seja de quaisquer outros meios, assumir a denominação que fizemos na efervescência do movimento negro e do surgimento de *Cadernos Negros*. Porque assumir literatura negra brasileira, assim mesmo como eu disse, é assumir que existe a outra literatura — a do branco, canônica, que traduz uma visão parcial e excludente de brasilidade.

✷

Voltando um pouquinho à discussão da literatura negra como movimento. Você parte sempre do Quilombhoje, mas, pensando no que veio antes, será que a gente poderia inserir Maria Firmina dos Reis, Castro Alves, o próprio Machado de Assis nesse movimento? Talvez o dândi negro, João do Rio, que faz uma crônica totalmente diferente da do Lima Barreto? Você considera que esses que antecederam o movimento do Quilombhoje também podem ser considerados literatura negra?
Um belo dia, eu estava assistindo a uma palestra no Centro Cultural da Juventude, em São Paulo, em que estavam Márcio Barbosa, formado em filosofia, Esmeralda Ribeiro, jornalista, Cuti (Luiz Silva), doutor em literatura brasileira; eu já tinha até saído do Quilombhoje. Alguém na plateia fez uma pergunta

parecida com essa, no que Cuti explicou que o que nós fizemos acabou nomeando os escritores do passado, mas a literatura negra brasileira, como chamamos, tem um marco temporal, que seria 1978. Refleti sobre isso e concluí que estamos fazendo o movimento de literatura negra brasileira, que em última análise acaba renomeando os escritores negros do passado. Machado de Assis e Cruz e Sousa já estavam nomeados pela literatura brasileira, mas não como literatura negra, ou coisa que a valha. No caso de Cruz e Souza, era chamado de Cisne Negro, o que se subentende que é um negro que se destacou na ninhada de cisnes brancos. E Machado de Assis foi branqueado para caber nos moldes de uma literatura brasileira voltada para a Europa.

Então, o que acontece a partir de 1978, qual é o diferencial? O diferencial não se dá por uma coisa que todos somos. O que todos somos? Negros que escrevem. O diferencial se dá de outra forma, pela discussão coletiva. Existe um coletivo de escritores negros, lendo, pensando coletivamente sobre a literatura que escrevem e refletindo por escrito e publicando o resultado disso — ainda que alguns desses textos continuem inéditos e outros tenham sido apostilados com distribuição limitada.[19] Fizemos encontros de escritores e fomos, com as nossas diferenças e as nossas semelhanças de ser negro e de vivência, discutindo essa literatura negra. Fizemos com que o cânone se interessasse pela literatura negra, mas ainda baseado no princípio de que literatura não tem cor, não tem gênero e que não a restringíamos à questão étnica, ou seja, "fazemos literatura negra por sermos negros". Sim, mas não só. Depois, no afã de nomeá-la num sentido restritivo, não se atentou para a autoanunciação de seus, digamos, criadores. E aí vemos uma gama de tentativas de nomeação: literatura de autoria negra, afroliteratura, literatura afrodescendente e por aí vai, perdendo de vista o principal diferencial: a literatura que fazemos surge de um pensar coletivo.

E simplifico dizendo: na aula que dei em 2010 na Escola de Português do Middlebury College [em Vermont, nos EUA], fiz dois mapas do Brasil. No primeiro, coloquei alguns poucos pontos pretos esparsos sobre um fundo branco, para representar a presença de escritores negros no cenário da literatura brasileira antes de 1978, ilustrando o que seriam os escritores provavelmente que vivenciavam certo isolamento, como um cisne negro numa ninhada de cisnes brancos — veja bem, Cruz escreveu sobre esse isolamento, Lima escreveu sobre esse isolamento. No segundo mapa, o fundo branco é salpicado por vários pontos pretos, que somos nós, para ilustrar a mudança desse cenário pós-1978.[20] A fala do isolamento se transforma em uma fala coletiva que agrega várias vozes; acredito que a diferença é essa. A literatura negra brasileira tem a construção de todo um arcabouço de ideias, que se estende, faz e se refaz.

Voltando à questão da literatura negra feminina: *Cadernos Negros*, com a sua força, começou a aglutinar a escrita feminina negra; Esmeralda Ribeiro fomentava e fomenta as escritoras para publicar. No lançamento de *Cadernos Negros nº 13*, em São Paulo, Conceição Evaristo ficou hospedada na minha casa e conversamos muito sobre a escrita de mulheres negras. No dia seguinte ao lançamento, as escritoras que tinham publicado em *Cadernos* — Lia Vieira, Esmeralda Ribeiro, Sonia Fatima da Conceição — vieram à minha casa. Começamos a conversar, lógico que sobre literatura, ríamos ao pensar em nós cinco como uma confraria. Então surgiu a ideia de fazermos as *Cartas Negras*, *Confraria das Cartas Negras*. Nós escreveríamos cartas umas para as outras, faríamos seis cópias, porque convidamos Geni Mariano Guimarães, colocaríamos no correio e as responderíamos. Fizemos pelo menos quatro rodadas, escrevíamos a mão, tirávamos cópia e enviávamos. Foi uma loucura, porque aquilo não parava de chegar pelo correio. O conteúdo dessas cartas era muito interessante: de uma forma ficcional, fazíamos confidências, falávamos de amor, sexo, maternidade.

E por fim, publicaram as cartas?
Essas não. Quando Conceição Evaristo foi homenageada no Itaú, nós conversamos (Conceição e eu) e resolvemos não editar aquelas cartas. A proposta era fazer um novo convite, incluindo escritoras da nova geração: Ana Maria Gonçalves, Elisandra Souza, Mel Adun, Lívia Natália, Debora Almeida, Jenyffer Nascimento, Cristiane Sobral.

Então, perceba que *Cadernos Negros* é uma ideia em movimento de literatura negra, aglutina a possibilidade de outras ideias, reflexões e discussões, uma ideia que vai além do que se idealizou. Existe sempre uma ideia a ser discutida, ampliada, modificada ou abandonada. Não faço uma literatura negra feminina porque sou mulher e negra, mas porque tenho as ideias para isso.

A literatura tem poder de cura, de resistência ou de outras naturezas?
Sim, a literatura também é lugar de sonhar com possibilidades. Não só a cartografia da dor ou do racismo que hoje ganha mais visibilidade, quase quarenta anos depois de, em 1978, o Movimento Negro Unificado ter alardeado a falsa democracia racial. Os fatos atuais ocorridos no Brasil, transmitidos em redes sociais, não deixam dúvida disso. Há quarenta anos, nós denunciamos isso. Para a literatura que escrevo, agora é hora de traçar caminhos, nem que sejam ficcionais, para resgatar dignidade por meio da construção de memória. "Memória", aqui, eu uso não só como o ato de recordar detalhes de infância ou da vida para a autoficção, que também é importante, mas como a coletividade nela imbricada.

*

Por fim, saio deste breve diálogo com Miriam Alves mais uma vez desterrada de mim mesma, talvez um pouco em sintonia com a leitura que se dá ao olhar do outro, também atravessado por essa obra torrencial e pela biografia de uma intelectual tão instigante. Quantas pessoas saíram e sairão ressignificadas, armadas, desarmadas, alvoroçadas, sem chão, nutridas e tantas outras instâncias mobilizadas após um encontro com essa literata e sua literatura? Com elas e através delas, estamos diante de uma configuração pessoal e artística que tanto pode curar ferindo como ferir curando, estancando ou deixando germinar tudo aquilo que precisa ser revolvido, pensado e disseminado. Desde aqui, seguimos as pegadas da escritora na trilha dos seus ventos, dos seus mares, das suas terras, dos seus fogos e do seu éter, sempre a alarmar nossas ideias e nossos sentimentos, na constância ávida por sua palavra-navalha, resguardada pelo seu ativismo racial e literário fundamental para a urdidura da literatura negra brasileira.

Cuidado! Há navalhas

As palavras de concessões
são navalhas
retalham minha pele
diluem meus sentimentos
soltam-nos ao ar
feito partículas poluidoras
não diluídas

Palavras de concessões
são mordaças

aveludam os sons do passado
ensurdecem sentimentos
forçam minha negação
pressionam o meu ser

Navalhas querem podar
nas veias
o jorro das emoções
ligando-as nos tubos de mentiras virulentas

As navalhas das concessões
quebrar-se-ão, quebrar-se-ão
no fio lento
da minha dura vivência.

Miriam Alves

NOTAS

1. Afirmação registrada em depoimento. Ver Itaú Cultural, "Miriam Alves: a imagética de possibilidade dentro da literatura. Encontros de Interrogação". *YouTube*, 2020. Disponível em: https://www.youtube.com/watch?v=GgKm3sFitfY&ab_channel=Ita%C3%BACultural. Acesso em: 12 jun. 2021.

2. Mappin foi uma empresa fundada em 29 de novembro de 1913 na cidade de São Paulo como uma loja de departamentos, sistema muito utilizado nos países europeus. Em 1939, inaugurou a sua famosa unidade na Praça Ramos de Azevedo, em frente ao Theatro Municipal de São Paulo, em uma das extremidades do Viaduto do Chá; no lado oposto do viaduto, fica a Praça do Patriarca.

3. Miriam Alves, *Bará: na trilha do vento*. Salvador: Ogum's Toques Negros, 2015.

4. Id. Ibid., p. 204.

5. "Live com Miriam Alves. História de luta e conquista da mulher na literatura". *YouTube*. 23 mar. 2021. Disponível em: https://www.youtube.com/watch?v=KL49qMy-rx4. Acesso em: 20 dez. 2021.

6. Ibid.

7. Miriam Alves, *Mulher mat(r)iz*. Belo Horizonte: Nandyala, 2011.

8. Id., *Juntar pedaços*. Rio de Janeiro: Malê, 2021.

9. Leda Maria Martins, "O feminino corpo da negrura". In: *Aletria — Revista de Estudos de Literatura*. Belo Horizonte, v. 4, pp. 111-21, outubro de 1996.

10. Cristiana Tolomei, "A força da palavra: literatura negra brasileira com a escritora Miriam Alves". *YouTube*. Disponível em: https://www.youtube.com/watch?v=xf1Mcr_riT4&ab_channel=AVozLiter%C3%A1ria-CristianeTolomei. Acesso em: 9 fev. 2022.

11. Sueli Carneiro, "Enegrecer o feminismo: a situação da mulher negra na América Latina a partir de uma perspectiva de gênero". In: Empreendimentos Sociais Ashoka; Cidadania Takano (Orgs.), *Racismos contemporâneos*. Rio de Janeiro: Takano Editora, 2003.

12. Lélia Gonzalez, "Racismo e sexismo na cultura brasileira". In: Luis Augusto Silva, *Ciências sociais hoje*, n. 2. ANPOCS, 1983.

13. Cultine, "Literatura negra — Miriam Alves". *YouTube*. 18 dez. 2021. Disponível em: https://www.youtube.com/watch?v=_BnhsrDFgs8&t=36s&ab_channel=CultneAcervo. Acesso em: 25 maio 2019.

14. Machado de Assis, "Pai contra mãe". *Obra completa*. Rio de Janeiro: Nova Aguilar, 1997, v. 2.

15. Miriam Alves; Cuti (Luiz Silva); Arnaldo Xavier (Orgs.), *Criação crioula, nu elefante branco*. São Paulo: Imprensa Oficial/IMESP, 1986.

16. Conceição Evaristo, "Da grafia-desenho de minha mãe: um dos lugares de nascimento da minha escrita". In: Marcos Antônio Alexandre (Org.), *Representações performáticas brasileiras: teoria, práticas e suas interfaces*. Belo Horizonte: Mazza Edições, 2007, p. 21.

17. Leda Maria Martins, op. cit.

18. Miriam Alves, Cuti (Luiz Silva), Arnaldo Xavier (Orgs.), op. cit.

19. Cito por exemplo: Quilombhoje (Org.), *Reflexões sobre a literatura afro-brasileira*. São Paulo: Conselho de Participação e Desenvolvimento da Comunidade Negra Brasileira do Estado de São Paulo, 1995; e Miriam Alves, Cuti (Luiz Silva), Arnaldo Xavier (Orgs.), op. cit.

20. As ilustrações se encontram em Miriam Alves, *BrasilAfro autorrevelado: literatura brasileira contemporânea*. Belo Horizonte: Nandyala, 2010.

Escritura feminina preta: quarenta anos de Miriam Alves

SELMA MARIA DA SILVA

A linguagem é o fator de humanização, ou de entrada na ordem da cultura, do pequeno animal humano.

Lélia Gonzalez[1]

A escrita de Miriam Alves performa em seu corpo autoral e seduz o leitor por nos envolver numa leitura íntima sem rodeios e não me toques. É uma relação sem conflitos? A alma gêmea idealizada? Sim e não. Sim, porque o gozo permitido é o desejado êxtase. Não, porque o gozo é partilha e, como leitores egoístas, são poucas as vezes que nos desnudamos sem pudor frente a frente com a escritora, sem rodeios, para revelar nosso encantamento, nossas lágrimas, nossas gargalhadas.

A escrita feminina preta seduz e interroga com deferência e referência ancestral do tempo banhado por águas doces e salgadas, rios, mares, oceanos, ventres e sepulcros. O tempo a parir sorrateiro imagens poéticas, sonoridades audíveis de tambores, cheiros e sabores com temperos de lá e daqui. "Cumé que é?",[2] indaga a leitura também empretecida. O encontro entre a autora e o leitor é provocativo, por isso sua escrita move e é movente de sensações, memórias de nossa corporeidade ancestral, memórias presentes a semear futuros escritos e leitores. A passagem a seguir destacada corrobora nossa reflexão:

> O corpo estremeceu. A boca cresceu. Enorme, com enormes dentes, que, como lanças, se agarravam às extremidades dos monstruosos apêndices protuberantes. Insana, decidida, devorei-me a todas as rebarbas. Medo protuso foi o último. A enorme boca, fora de mim, lutou e comeu tudo. Na luta alguns pingos, como chuva, respingaram, em meus pés e mãos, o líquido armazenado nele, desde a primeira vez que me arrastei. Nada caiu sobre minhas costas ou cabeça.
>
> Magicamente, a boca diminuiu, tomou o seu lugar no meu rosto. Arrotei fundo, como trovoada. As nuvens gargalharam em corisco, começou a cair chuva do céu. O rio movimentou-se em seu curso. Em pé, olhei-me, novamente, no espelho. Não rastejava mais. Não portava mais inconvenientes corcundas. Soltei-me em emoções à vida. Caminhei.[3]

Eis a poética do incômodo sutil com os paradigmas do belo literário e os referenciais de análise, das produções literárias ditas universais. São realmente universais? Então, como denominar as narrativas poéticas sob a perspectiva discursiva, de autorias distintas do "universal" hegemônico, fundado sob o percurso histórico imperialista, base de uma estética e ética, cuja existência definiu a civilidade sob padrões hierárquicos homogêneos, nos quais os não iguais são subalternos?

Os modelos civilizatórios sob a égide imagética de humanos e sub-humanos produziram narrativas lineares, pois a temporalidade demarcou uma historiografia de ótica horizontal. Assim, as narrativas cantam feitos de uma terra plana, sem curvas.

A escritura preta estremece e arrepia seus leitores ao narrar memórias de sua subjetividade cotidiana redescoberta por meio do letramento preto. Ela cria e possibilita uma leitura que, interrogada, questiona as belas-letras, a linearidade da linguagem literária. Pois, através da escrita e da leitura preta de si, passa a se reconhecer sujeito autoral de sua existência. Nesse sentido, compreendemos como ilustra a citação:

> Identificar uma linguagem literária como negra implica em diversos questionamentos, os quais são atravessados por elementos íntimos da própria condição humana, arbitrariamente negada aos negros ainda na atualidade. [...] A ruptura se efetiva na nomeação e no entendimento da escrita negra brasileira como um fato político, afirmativa que pode soar como radical, mas necessária. Essa afirmativa diz respeito ao incômodo continuamente imposto pelo racismo institucionalizado, por relações políticas e sociais genocidas da existência objetiva de cidadãs e cidadãos negros. A representação de personagens negras como marginais, iletrados como resultados de abolição que não deu certo, é palatável. Porém, quando a narrativa se produz pela escrita negra, há bem mais do que uma mudança de ponto de vista. As palavras são ressignificadas pela autoria, de um eu poético negro, de um narrador negro, de personagens negras, todas e todos completamente distintos das perspectivas caricaturais de uma escrita demarcada pelo ponto de vista eurocêntrico hegemônico, privilegiado nos meios de editoração e publicação de livros e afins.[4]

A escrita de Miriam Alves proporciona aos seus leitores e críticos literários o romper com os paradigmas instituídos pela historiografia universalizante. Há encontros, um convite ao ler-se e se reconhecer em pretuguês, porém há mais perguntas que resposta, como por exemplo

> *Enfim... nós* não tem respostas aos vários questionamentos formulados sobre a nossa escrita, e provavelmente amplie a controvérsia de conceituação da literatura negra, que por sinal tem levado a vários equívocos e forjado armadilhas. Sendo talvez a mais séria, confundir literatura com tema, lugar bastante apertado para conviver com a liberdade de criação.
>
> *Enfim... nós* expõe, sem falsos pudores, intimidades nuas e de sentimentos aguçados em curvas ágeis, lânguidas e sensuais. Revolta-se

na ação poética, retomando para si a propriedade do corpo, passando a ser sujeito do desejo e prazer, descoisificando-se. A escrita feminina negra, com esta atitude, avilta a noção corrente da passividade da mulher negra, chamada de mulata, que é sempre retratada como objeto de prazer, numa prostituição constante e sem outras perspectivas.[5]

Firma-se, assim, um acordo tácito de formularmos e elaborarmos reflexões historiográficas a partir da escritura negra, principalmente aquela produzida pela autoria de Miriam Alves, em seus mais de quarenta anos de escrita feminina preta.

LITERATURA NEGRA BRASILEIRA

A literatura negra brasileira compreende uma das expressões das manifestações negras em território brasileiro, com suas particularidades estéticas e éticas, elaborada por escritoras e escritores pretos, aqueles que como agentes culturais, sociais e políticos dão materialidade estética e distinta às percepções subjetivas de suas autorias.

A palavra poética negra, nesse aspecto, não difere daquela tratada pelo cânone literário, pois também é revestida de plurissignificação, e almeja uma realização literária capaz de gestar em seus leitores uma reinterpretação dos rótulos que estigmatizam os africanos escravizados no Brasil. Esse fazer literário tem por objetivo romper com o silêncio, com a ausência, isto é, com a invisibilização de homens e mulheres negros e negras. Há aqui, de forma explícita, a inserção dessa expressão cultural, repudiando qualquer tratamento crítico em que sejam qualificados como excepcionais ou folclóricos.

Podemos afirmar que existe de fato uma literatura brasileira como parâmetro e síntese de uma identidade cultural brasileira, ao tomarmos como referência o conceito de literatura[6] de Afrânio Coutinho, que em síntese compreende a literatura como fazer literário através da língua, como criação e recriação do real discursivo. A diferença com a literatura negra brasileira, que também se vale da língua portuguesa para criar discursivamente o real, reside no fato de expressar pela língua portuguesa as tensas relações culturais da sociedade brasileira, em especial o projeto de nação hegemonizado e elaborado pelo ideário eurocêntrico, que exclui ou subalterniza as manifestações culturais distintas destoantes do paradigma literário universal hegemônico.

O cânone literário brasileiro, a fim de dar veracidade ao seu ideário, recriou uma atmosfera idílica e paradisíaca para o "índio" travestido de cavaleiro medieval, corajoso, nobre e de bons princípios morais, como Peri, personagem do romance *O guarani*, de José de Alencar. Como há também a personagem e título do poema épico *I Juca-Pirama*, de Gonçalves Dias. Em ambos os textos, as personagens protagonistas não brancas sintetizam a nobreza europeia, e os valores morais e culturais de que essas personagens estão investidas pouco dizem respeito às sociedades indígenas ou mesmo às práticas culturais dos povos indígenas, ainda hoje pouco conhecidas pela sociedade brasileira.

Neste cenário literário, as expressões culturais, como as relações políticas, têm a marca da exploração econômica a serviço da acumulação de bens e produtos, em proveito de pequena parcela da sociedade. Mesmo hoje, em pleno século 21, num cenário bastante diverso do passado escravocrata e ditatorial, as relações interétnicas vivem sob o fantasma das práticas culturais hierárquicas e discriminatórias.

Nas narrativas sob o signo da escrita negra, os acontecimentos adquirem uma perspectiva bastante distinta do canto condoreiro de Castro Alves, quando se tem como temática o tempo da escravidão. Por exemplo, as histórias de cativeiro contadas por Vó Rosária:

> Naquele dia nenhum moleque matava passarinhos, nenhuma criança fazia traquinagens. É que a velha Rosária contava-nos histórias incríveis do tempo do cativeiro e todos queriam ouvi-la e não perder nenhum detalhe dos fatos. Vovó Rosária colocava o porretinho num canto, sentava-se num banquinho de madeira e, quase de olhos fechados, enchia o cachimbo de fumo.
>
> Era a hora esperada. Ela ia nos contar as histórias tristes, mas cheias de lances emocionantes.
>
> Ai de quem ousasse atrapalhar! Recebia logo um pontapé no traseiro ou um beliscão na nuca que era para aprender a ouvir coisas bonitas sem encher a paciência de ninguém.[7]

A recriação da "aparência" das personagens é uma das estratégias e dos mecanismos para sobrevivência das manifestações culturais de ascendência africana. Forjaram-se signos, a seduzir e significar o vazio. A literatura negra brasileira cumpre, neste espaço vazio, a função de representação e expressão de memórias de tempo e lugar de "ser negro" na diáspora negra brasileira. Muitos elementos e fundamentos culturais de ascendência negra foram estigmatizados na literatura brasileira canônica, ao não reconhecer, no silêncio, a presença objetiva da cultura: o vazio povoado pela presença da cultura negra que seduz corpos, sabores, sons e ritmos, a subverter a linguagem com relação à memória de "país sem memória". O mito do país sem memória está e esteve a serviço do silenciamento, como se fosse possível colocar debaixo do tapete os mais de três séculos da presença e participação dos africanos e de seus descendentes no processo histórico brasileiro.

Coube, na perspectiva da dinâmica das relações culturais e políticas entre os diversos grupos culturais brasileiros, pautar a reflexão e análise crítica de uma sociedade de iguais, sob a ótica das diferentes expressões culturais que alicerçam o cenário cultural literário brasileiro. Neste sentido, a literatura negra brasileira movimenta-se em direção radicalmente oposta ao olhar enviesado, sabendo-se que ser negro no Brasil é

> [...] pois, com frequência, ser objeto de um olhar enviesado. A chamada boa sociedade parece considerar que há um lugar predeterminado, lá embaixo, para os negros e assim tranquilamente se comporta. Logo, tanto é incômodo haver permanecido na base da pirâmide social quanto haver "subido de vida".
>
> Pode-se dizer, como fazem os que se deliciam com jogos de palavras, que aqui não há racismo (à moda sul-africana ou americana) ou preconceito ou discriminação, mas não se pode esconder que há diferenças sociais e econômicas estruturais e seculares, para as quais não se buscam remédios. A naturalidade com que os responsáveis encaram tais situações é indecente, mas raramente é adjetivada dessa maneira. Trata-se, na realidade, de uma forma de apartheid à brasileira de modo que, futuro próximo, ser negro no Brasil seja também ser plenamente brasileiro no Brasil.[8]

Ao afirmarmos e defendermos a literatura negra brasileira distinta e diversa de classificações como literatura afro-brasileira ou literatura afrodescendente, compreendemos a nossa reflexão em um território de disputa. Não por uma nova hegemonia, mas por combate a qualquer perspectiva etnocêntrica e unicentrada. Também não propomos o liberalismo político, que relativiza as relações e propõe uma igualdade com o cerceamento das diferenças, como também não defendemos a multiplicidade entre iguais. Acreditamos na multiplicidade entre diversos, por isso não utilizamos conceitos como afro-brasileiro, afrodescendentes, entre outros que atualizam, em nossa análise, as mesmas práticas racistas do universo ideológico de defesa de uma sociedade de mestiços. Defendemos a radicalidade expressa na escrita negra brasileira, apesar de ser um lugar pouco confortável para aqueles que se identificam como "mestiço", "mulato", "marrom bombom", entre outras e muitas classificações apontadas pelo IBGE como indicativos de cor/raça.

A radicalidade, na maioria das vezes, no campo da produção do conhecimento e da pesquisa, é lida como inapropriada, pois a paixão pelo "objeto de pesquisa" impede o distanciamento e prejudica o resultado. A imparcialidade criou e fundamentou práticas racistas, machistas e sexistas por vários anos. Visto que os estudos sobre literatura negra brasileira ainda são recentes, acreditamos que possamos nos permitir os arroubos da juventude ou, como diriam muitos de nossos antepassados, é preciso respeitar os mais velhos; o continente africano é o berço da humanidade. Escutamos o "Conselho", de Geni Guimarães:

> Conselho
> Quem estanca o sangue
> que escorreu?
> Quem sutura a língua e a boca
> arrancadas no meio da fala?
>
> Quem devolve o feto primeiro
> da esperança trabalhada?
> Quem resgata o tempo
> e anula a doença
> quem comeu a saúde da África?

Vai um alerta:
Não me procure para anular delitos,
que eu não quero, por ser vítima,
agasalhar memórias.
Não vou velar a insônia de ninguém.[9]

A literatura negra brasileira escreve e inscreve-se na e pela voz autoral de homens e mulheres negros, em um território que é continuamente produto do movimento diaspórico de negros e negras. As memórias não podem simplesmente ser apagadas para amenizar o desconforto do ideário racista brasileiro. O estado escravocrata deixou como um dos legados para a literatura brasileira a denúncia das mazelas vividas no passado opressor. Entretanto, além de denunciar a opressão, o flagelo e violência institucionalizada, no sistema escravocrata, esta literatura busca dar objetividade autoral, materializada pelo protagonismo de seus sujeitos produtores.

A expressão literária negra instiga e contextualiza sua presença ativa e participativa na dinâmica das relações sociais brasileiras nos campos da escrita e da leitura.[10] Cabe destacar que a escrita e a leitura são compreendidas em seus aspectos mais amplos, abarcando a corporeidade e a oralidade, isto é, compreendem um ser negro e um querer-se negro como signo, e um fenômeno literário construtor de uma escrita literária brasileira negra, para romper com os paradigmas estético-literários instituídos e instituintes de uma literariedade[11] brasileira.

A escrita negra literária elabora imagens e relações sob o aspecto do corpo negro dos pés à cabeça, conjugando suas idiossincrasias performadas no território literário brasileiro. Constitui-se em ação estratégica para sublevação dos modos canônicos de representação do lugar das expressões estéticas negras, portanto, um contínuo movimento diásporo da invenção de ser negro no Brasil.

Há uma memória latente desses saberes que insistentemente foram alvo de práticas racistas que imponham o silêncio. Destarte, o amordaçado silêncio de tocaia sempre se fez audível na escuta afetiva e efetiva da re-existência de negros e negras e assim obtém como resultado uma produção literária empretecida no conteúdo e na forma. Recorro a Lélia Gonzalez como fundamento.

> E a voz desse povo taí, na fala de Tietra, Cunha, Maciel, Esmeralda, Mesquita, Kibuko, Regina Helena, Minka, José Alberto, Miriam, Márcio, Cuti. Taí, nesse esforço conjunto de jovens poetas que, enfrentando as dificuldades materiais, enfrentam sobretudo o silêncio ressentido da cultura dominante. Afinal, a voz do poeta é a fala do sujeito; com suas metáforas, ela diz muito além do que a consciência (dominante) se esforça por afirmar e fazer crer, justamente porque seu compromisso essencial é com a verdade.[12]

O presente nos brinda com a pretitude da literatura negra brasileira, e a cada dia novos véus são desvelados. Nossos ancestrais sopram sonhos, paixões, desejos de sermos corpos pretos vivos em movimento, escrevendo através de nossos corpos o tempo — o tempo presente como eco do passado, seduzido pelo futuro por "palavras jongadas de boca e boca".[13]

A linguagem poética negra brasileira delineia uma postura estética crítica à linguagem enquanto discurso singular, lugar do privilegiado do não negro. O monólogo da nação mestiça a servir de instrumento de opressão, imposição e silêncio. As nomeações atenuadas por vocábulos de menor poder ofensivo não podem retirar do passado as condições subumanas a que foram submetidos os povos africanos escravizados. E, na atualidade, a discriminação, o racismo e as opressões de gênero e classe insistem em conformar as relações estéticas em nomeações-síntese como diversidade cultural, entre outras expressões que querem fazer crer que basta identificar as diferenças, esquecendo-se do necessário diálogo entre os diferentes, o que não significa o silenciamento de diversas vozes para impor um paradigma a ser seguido por todos.

Por conseguinte, a poética negra impõe-se como fenômeno estético sem atenuar a nomeação das coisas, dos acontecimentos históricos e os fatos científicos. A nomeação é parte integrante deste processo de construção estética, ao estabelecer uma nova dinâmica com a conjuntura histórica local.

CONSIDERAÇÕES FINAIS

Somos o Encanto das Águas.[14]

O cânone nacional brasileiro, no intuito de defender uma identidade mestiça, porém seguidora de modelos e normas do paradigma eurocêntrico, não punha em questão as práticas de subalternização de expressões culturais não europeias. A organização de expressões culturais em superiores e inferiores não era vista como preconceituosa ou discriminatória, haja vista a representação de personagens negros nas principais obras literárias do romantismo brasileiro (principalmente na segunda metade do século 19), período considerado, para alguns críticos literários, como o do surgimento da literatura brasileira com uma cor local.

A escrita adquire um significado bastante particular e específico, pois existe um "sentir" coletivo, a inserir diferentes e diversos sujeitos como agentes coletivos de um mesmo projeto estratégico de nação que, ao mesmo tempo, questiona as estratégias de subalternização que desqualifica a presença/existência da cultura negra brasileira.

Ao longo desses muitos anos, Miriam Alves e eu concordamos, discordamos, bebemos, falamos alto, gargalhamos, sim, gargalhamos alto, sacudimos bem nosso corpo — como ela sacudiu as publicações; lembro o espaço marcante e o acontecimento histórico que foi a I Mostra Internacional de Literatura Negra, no Centro Cultural Vergueiro, em São Paulo: a troca de olhares cúmplices entre pretas e pretos escritores, a ousadia de ser literatura negra, escrita e publicada por pretos. É, a memória seletiva não recorda quem eram os negrófilos entusiasmados presentes, que acreditavam (e alguns ainda acreditam!) ter gerência sobre a existência estética literária de autoria de negras e negros. Eu não reivindico para mim a exclusividade de ser leitora negra, isto é, a especialista em análise crítica sobre a literatura negra brasileira. Entretanto, acredito que, ao longo dos atuais quarenta anos de carreira como escritora, Miriam Alves tem empreendido em sua trajetória autoral estratégias poéticas para elaboração de suas distintas e diversas produções escritas que abarcam diferentes gêneros: romance, conto, poesia, ensaios etc. Com maestria rege temas, constrói personagens, desenvolve enredos.

Agradeço a oportunidade de escrever sobre a obra de Miriam Alves, pois ela, com ousadia radical, poética e revolucionária, é a escritura feminina preta dos nossos ancestrais e dos nossos descendentes.

Axé!

NOTAS

1. Lélia Gonzalez apud Raquel Barreto, "Aquela 'neguinha' atrevida: Lélia Gonzalez e o movimento negro brasileiro". In: Daniel Arão Reis; Jorge Ferreira, *Revolução e democracia*. Rio de Janeiro: Civilização Brasileira, 2007, p. 24.

2. Lélia Gonzalez, *Primaveras para as rosas negras*. São Paulo: Diáspora Africana, 2018, p. 14.

3. Miriam Alves, *Juntar pedaços*. Rio de Janeiro: Malê, 2021, pp. 86-7.

4. Selma Maria da Silva, *A escrita feminina negra: lugar de memórias na obra literária de Geni Mariano Guimarães*. Tese de doutorado em Políticas Públicas e Formação Humana, Universidade Estadual do Rio de Janeiro (UERJ), 2017, p. 107.

5. Miriam Alves; Carolyn Durham (Orgs.), *Finally Us: Contemporary Black Brazilian Women Writers / Enfim... nós: escritoras negras brasileiras contemporâneas*. Colorado: Three Continental Press, 1995.

6. "A literatura, como toda arte, é uma transfiguração do real, é a realidade recriada através do espírito do artista e retransmitida através da língua para as formas, que são os gêneros, e com os quais ela toma corpo e nova realidade. Passa, então, a viver outra vida, autônoma, independente do autor e da experiência de realidade de onde proveio. Os fatos que lhe deram às vezes origem perderam a realidade primitiva e adquiriram outra, graças à imaginação do artista. São agora fatos de outra natureza, diferentes dos fatos naturais objetivados pela ciência ou pela história ou pelo social." (Afrânio Coutinho, *Notas de teoria literária*. Rio de Janeiro: Civilização Brasileira, 1978, pp. 9-10).

7. Geni Guimarães, *Cadernos Negros nº 4*. São Paulo: Quilombhoje, 1981, pp. 37-8.

8. Milton Santos, "Ser negro no Brasil hoje: Ética enviesada da sociedade branca desvia enfrentamento do problema negro". *Folha de S.Paulo*, São Paulo, domingo, 07 maio 2000. Disponível em: https://www1.folha.uol.com.br/fsp/mais/fs0705200007.htm

9. Geni Guimarães, *Da flor o afeto, da pedra o protesto*. Barra Bonita: Edição do autor, s/d.

10. A leitura e a escrita produzida pelo corpo e pela mente.

11. O foco está no uso da palavra, da forma de expressão. A forma discursiva é rica na expressão, o que se pretende mencionar vai ter um discurso atraente e muito original — as palavras vão ser escolhidas propositalmente para dar um sentido de recriação da realidade. Quando há literariedade o plano de conteúdo é expresso de forma literária, isto é, numa linguagem literária.

12. Lélia Gonzalez, *Primaveras para as rosas negras*, op. cit.

13. Miriam Alves; Cuti (Luiz Silva); Arnaldo Xavier (Orgs.), *Criação crioula, nu elefante branco*. São Paulo: Secretaria de Estado da Cultura, 1987.

14. Miriam Alves, *Maréia*. Rio de Janeiro: Malê, 2019.

REFERÊNCIAS

ALVES, Miriam. *Juntar pedaços*. Rio de Janeiro: Malê, 2021.

______. *Maréia*. Rio de Janeiro: Malê, 2019.

______; Cuti (Luiz Silva); XAVIER, Arnaldo (Orgs.). *Criação crioula, nu elefante branco*. São Paulo: Secretaria de Estado da Cultura, 1987.

______. *Cadernos Negros nº 4*. São Paulo: Quilombhoje, 1981, pp. 37-8.
BARRETO, Raquel. "Aquela 'neguinha' atrevida: Lélia Gonzalez e o movimento negro brasileiro". In: REIS, Daniel Arão; FERREIRA, Jorge. *Revolução e democracia*. Rio de Janeiro: Civilização Brasileira, 2007.
COUTINHO, Afrânio. *Notas de teoria literária*. Rio de Janeiro: Civilização Brasileira, 1976.
GONZALEZ, Lélia; RIOS, Flávia; LIMA, Márcia (Orgs.). *Por um feminismo afro-latino-americano: ensaios, intervenções e diálogos*. Rio de Janeiro: Zahar, 2020.
______. *Primaveras para as rosas negras*. São Paulo: Diáspora Africana, 2018.
GUIMARÃES, Geni. *Da flor o afeto, da pedra o protesto*. Barra Bonita: Edição do Autor, s/d.
MARTINS, Leda Maria. "A oralitura da memória". In: FONSECA, Maria Nazareth Soares (Org.). *Brasil afro-brasileiro*. Belo Horizonte: Autêntica, 3. ed., 2010, pp. 61-87.
SILVA, Selma Maria. *A escrita feminina negra: lugar de memórias na obra literária de Geni Mariano Guimarães*. Tese. Doutorado em Políticas Públicas e Formação Humana, Universidade Estadual do Rio de Janeiro (UERJ), 2017.
SOUZA, Neusa Santos. *Tornar-se negro*: ou *As vicissitudes da identidade no negro brasileiro em ascensão social*. Rio de Janeiro: Edições Graal, 1983, 2. ed.

"O ato de escrever é político": a narrativa existencialista desobediente e a solidariedade como ativismo na vida e obra teórica de Miriam Alves

SARAH OHMER

> *Eu acho que não existe uma escrita fora da realidade social.*
>
> Miriam Alves[1]

> *Joaquim Nabuco já disse que a África civilizou o Brasil porque lhe deu um povo... E a voz desse povo taí, na fala de Tietra, Cunha, Maciel, Esmeralda, Mesquita, Kibuko, Regina Helena, Minka, José Alberto, Miriam... nesse esforço conjunto de jovens poetas que, enfrentando muitas dificuldades materiais, enfrentam sobretudo o silêncio ressentido da cultura dominante.*
>
> Lélia Gonzalez[2]

É com muito orgulho que escrevo um texto para esta coletânea, e para vocês leitoras e leitores. Miriam Alves, para quem a conhece, é uma poeta, escritora e presença de muita inspiração por muitas razões, mas, sobretudo, por nos ensinar a ser fiéis à nossa autenticidade. Na presença da Miriam, nunca senti que deveria me encaixar nas normas heteronormativas, sexistas, racistas das sociedades americanas e da nação brasileira. A trabalhadora social, autora e líder comunitária nos ensina que a verdade antirracista, antissexista, anti-homofóbica e anticapitalista é a mesma verdade com que temos que escrever. A escritura de Miriam Alves nos ensina isso com metáforas, neologismos e narrativas que nos confrontam com a verdade de maneira "desobediente".

Neste ensaio lhes apresento a Miriam Alves que conheci no começo do século 21 em São Paulo, depois em Pittsburgh, EUA, e então novamente em um ano em São Paulo. Com referências ao prefácio escrito por Lélia Gonzalez para os *Cadernos Negros nº 5*, às transcrições do primeiro encontro de poetas e ficcionistas negros brasileiros de setembro em 1985,[3] ao livro organizado por Dawn Alexis Duke e à entrevista feita por ela com Miriam Alves em 2016,[4] proponho reconhecer os aportes teóricos da escritora negra paulistana e as características de sua prosa e poesia.

Como explica Lélia Gonzalez na epígrafe deste ensaio, o compromisso essencial da poeta negra que enfrenta todas as dificuldades materiais é enfrentar o silêncio ressentido da cultura dominante e fazê-lo com a verdade. É evidente para mim que, juntos, os textos de Miriam Alves oferecem uma maneira de combater as múltiplas opressões da sociedade brasileira e do capitalismo global por meio de um ativismo literário que apresenta a verdadeira realidade atual e, ao mesmo tempo, propõe uma possibilidade de existir dentro da literatura, do imaginário nacional e da sociedade. Assim, a obra de Miriam nos deixa ver uma maneira de agitar o mundo através da escrita da mulher negra.

PRIMEIROS ENCONTROS: PAIXÃO, ÂNIMO E CONEXÕES

Conheci Miriam durante a minha primeira viagem ao Brasil, num hotel no bairro da Liberdade, em São Paulo. Ela veio me visitar e me ofereceu de presente *Estrelas no dedo*.[5] No dia seguinte, peguei vários ônibus para chegar até ela, no bairro de Vila Nova Cachoeirinha, e comemos e bebemos num boteco com a professora Dawn Alexis Duke. Desde o princípio, Miriam ficou muito interessada na minha pesquisa de jovem mulher negra doutoranda com uma tese sobre mulheres negras escritoras brasileiras. A sua personalidade era pura paixão, o que se traduz em um interesse feroz para falar de literatura, dos sistemas de opressão contra as mulheres negras em São Paulo, do feminismo negro e de seus encontros com mulheres negras. Foram momentos breves que seguem me impactando e me motivando até hoje a dedicar-me a ajudar outras jovens mulheres negras. Pratico o que aprendi com Miriam em todos os encontros que tenho com ativistas, escritoras, estudantes. E, quando estou em outro país, visito os bairros mais longe do centro "seguro", como fiz quando conheci Miriam, a fim de expandir meus horizontes.

No ano seguinte, eu estava de volta ao programa de doutorado em letras latino-americanas em Pittsburgh, sob direção do Dr. Jerome Branche, quando Miriam Alves compareceu a um festival de literatura em Nova York. Chamei-a para conhecer a Universidade de Pittsburgh. Como ela já tinha dado aulas no Arizona e em outras partes dos Estados Unidos, decidimos convidá-la para ministrar um curso de escrita criativa para os estudantes de português da pós-graduação. Nessa oportunidade conheci mais da paixão da Miriam, a sua língua que corria para me contar e me ensinar tudo o que podia em só três dias. Ali aprendi a sempre aproveitar os encontros transnacionais — não sabemos quando poderão acontecer de novo — e que a melhor educação vem das pessoas que não estão na sala de aula: as escritoras negras e as ativistas, que lutam dia a dia nas realidades que enfrentamos e escolhemos esquecer quando temos o privilégio de não vivê-las.

Quase dez anos depois do nosso primeiro encontro, tive a chance de viajar para São Paulo e ficar dez meses na cidade, durante o ano de 2014. Na ocasião visitei a casa de Miriam no bairro da Casa Verde, conheci a cachoeira, o jardim. Pude compreender a relação íntima entre a escrita, a vida e a espiritualidade. O som da água na fonte na sala da casa e a construção da cachoeira no jardim do terreiro de umbanda liderado por sua irmã, Vera Alves, atraíam uma presença ancestral e reverenciavam os orixás presentes na pouca natureza que logravam recriar na periferia de São Paulo.

Nessa época, Miriam não parava de fumar, apesar das preocupações das suas companheiras mais jovens, como Juliana Costa e Franciane Conceição Silva (Francy Silva). E a língua seguia correndo. Assim aprendi verdadeiramente a escutar bem e a beber todas as palavras como se fossem água da cachoeirinha. A sabedoria, as histórias e as brincadeiras satisfaziam uma sede que eu nem sabia ter. Uma necessidade de hidratar a minha conexão com minhas irmãs brasileiras e com minhas ancestrais da diáspora africana. Em uma dessas conversas hidratantes, Miriam sugeriu — quer dizer, afirmou de maneira muito direta — que, se eu quisesse saber quem eram as mulheres escritoras negras de São Paulo, eu deveria ir para todas as partes da periferia de São Paulo e conhecer os saraus. Afirmou que não havia outra maneira de fazer esse tipo de pesquisa e que — assim eu entendi — a literatura negra feminina em 2014 se produzia nos saraus das periferias, e não nos livros, nas bibliotecas, nos *Cadernos Negros*.

E com o mesmo ânimo que mostrou em nosso primeiro encontro, me acompanhou ao Sarau Elo da Corrente, em Pirituba, para conhecer Raquel Almeida, que estava terminando seu primeiro livro de poemas, *Sagrado sopro*.[6] Depois do sarau, sentamo-nos as três numa biblioteca, e entre cervejas Raquel e Miriam batiam papo sobre a situação das jovens escritoras negras em São Paulo. De novo, Miriam ia dando avisos e conselhos, motivando Raquel, e as duas se afirmavam e apoiavam uma à outra numa conversa de coconspiração afrofeminista.[7] Havia ali uma cópia do livro que estava por sair, com prefácio escrito por Miriam, que retratava a escritora mergulhando nas palavras da poeta:

> Sou corpo inundado por sensações. As sílabas grafadas por Raquel, agora são os poros por onde o sopro penetra. E me vejo de dentro para fora, me percorro sem resistência, sem as amarras sociais que impedem no dia a dia de sermos, de nos revelarmos e nos rebelarmos e que nos levam, sem que percebamos, ao embrutecimento. E neste momento vou sem medo "afagar leões".[8]

Da mesma maneira que ela conversava com Raquel e comigo, e da mesma maneira que ela sentia o seu corpo na poesia da jovem poeta, o prefácio de Miriam Alves convidava os leitores a se perderem e se deixarem penetrar, conhecer a escrita de mais uma mulher negra escritora, porque era necessário para a nossa existência, para a nossa transformação: "Transformada em brisa passo a vislumbrar e a me refazer com 'As pétalas que restam de mim' (p. 57), e os convido a participar desse diálogo e deixar o *Sagrado sopro* penetrar".[9] Então, devolvendo o favor, agora convido vocês a mergulhar comigo na escrita de nossa querida Miriam Alves.

DESOBEDIÊNCIA EXISTENCIAL NA LITERATURA DE MIRIAM ALVES

A desobediência é um conceito originado na palestra da poeta Jenyffer Nascimento, na universidade de Howard em Washington, D.C., em novembro de 2019. Nessa, Nascimento apresentou um discurso literário contemporâneo no Brasil que desafia todos os outros discursos. A partir disso, entendo a escrita desobediente como um discurso sem escusas, que confronta o machismo do movimento negro, a heteronormatividade da literatura negra feminina, o racismo do feminismo brasileiro, o classismo da cena literária negra e os mecanismos opressivos da literatura periférica paulista.

Na desobediência, há luta e resistência internas para desfazer e desprogramar as imagens negativas de mulheres negras alojadas nas partes mais profundas do coração, da alma, da mente. Na entrevista a Dawn Alexis Duke, Miriam Alves revela a dificuldade de produzir a escrita desobediente:

> Porque as armadilhas dos condicionamentos sociais nos pregam peças e, na hora de escrever, às vezes, somos traídos e acabamos transmitindo visões discriminatórias. Os preconceitos estão tão entranhados em nós que vão de mansinho, sem que percebamos, até fazer parte da linha e das entrelinhas do texto.[10]

A escrita negra desobediente vai contra a corrente dominante que justifica a morte dos brasileiros sob o pretexto de que são criminosos, marginais, negros. Essa corrente nos afeta dentro de nós mesmas, e na escrita desobediente confrontamos os dilemas profundos para criar metáforas e narrativas opostas às políticas de morte do Estado e às políticas de morte alegórica na escrita.

Da onde vem essa desobediência? O prefácio de Lélia Gonzalez ao quinto volume dos *Cadernos Negros* descreve a importância da produção literária negra e nos ajuda a compreender as origens da escrita desobediente de Miriam Alves. Nele, Gonzalez atesta: "o sistema capitalista vigente se apropria da produção cultural negra, transformando-a em mercadoria geradora de lucro; mas os produtores culturais continuam violentamente reprimidos".[11] O enfrentamento do sistema capital vigente e da cultura dominante, para Miriam Alves, começou aos oito anos, quando ela começou a ser exposta à literatura brasileira. Isso aconteceu graças a sua mãe, que lia na biblioteca dos seus patrões ao trabalhar como empregada doméstica. Nesse momento, quando começou a ler literatura brasileira, Alves sentiu um fenômeno de "autorrejeição".[12]

Na sua infância, Miriam sentiu o "silêncio ressentido da cultura dominante" que Lélia Gonzalez descreve no prefácio. Esse sentir teve um impacto psicológico e espiritual no seu sentido de ser. Na entrevista com Dawn Alexis Duke, Miriam explica a sua leitura da literatura brasileira:

> A minha interpretação era bem crítica, principalmente porque não refletiam a realidade em que eu estava inserida e porque eu sentia que a maioria deles tinha sido escrito numa época diferente. Refletiam uma realidade diferente, distante, estereotipada, longe de todos os conceitos nos quais eu acreditava. Quando existiam personagens negros, não refletiam os sentimentos e o ambiente, seja de harmonia ou de desarmonia, no qual eu vivia, ou meus antepassados viveram. Em suma, transmitiam uma visão mediada por conceitos e preconceitos que, apesar da beleza dos textos, me causavam desconforto emocional.[13]

A partir desse desconforto, que vem do silêncio da cultura dominante, a escritora cria uma narrativa baseada nas realidades sociais que redirecionam o que ela chama de autorrejeição: "Eu sentia e sinto uma necessidade muito grande de ver alguma coisa na ficção e na poesia próxima a essa vivência, alguma coisa próxima a uma imagem emocional humana sem chamá-la de realismo. Porque não seria realismo, seria um existencialismo mesmo".[14]

Entre o silêncio da cultura dominante, o desconforto e a autorrejeição, surge uma narrativa que revela as realidades sociais que demanda a vida digna.[15] Aqui, o existencialismo não tem a ver com questões existenciais no sentido literário europeu; tem a ver com sobrevivência, dignidade, resistência e re-existência,[16] ou para Miriam Alves, "versificar reconstruir o ser estar"[17] duma mulher negra diante da desumanização: "Eu quero existir. Eu quero existir no pensamento ficcional e imaginário. Eu quero existir no coletivo imaginário deste país na forma que eu sou".[18] Do silêncio da cultura dominante, do desconforto, da autorrejeição surge uma narrativa desobediente que revela a realidade social e demanda dignidade para se colocar no nível do imaginário nacional.

A partir daí, o ato de escrever começa também a servir como uma ferramenta de identificação num mundo onde somos invisíveis e assassinados. Na mesma entrevista, Miriam Alves explica que, "para ser escritora negra, a gente tem que ser existencialista, porque precisamos ainda escrever e refletir muito sobre a nossa existência. Porque aquele espelho que nos invisibiliza vai ter que nos fazer existir dentro e fora do espelho".[19] É imprescindível, no contexto do imaginário nacional brasileiro, se afirmar como negra e refletir sobre a própria identidade, e a escrita permite fazer esse exercício.

No ensaio "A representação da morte nos contos de *Cadernos Negros nº 34*",[20] Miriam Alves analisa exemplos de existencialismo em relação com a morte. Ela conclui a análise afirmando que há "a presença explícita de um questionamento existencial".[21] O questionamento revela "uma maturidade literária" que trata o tema da morte de maneira heterogênea, rica e contínua. A análise feita por Miriam nos deixa ver o impacto do exercício de se fazer existir dentro e fora do espelho. Oferece um panorama de experiências, imagens, personagens e contextos para as leitoras e os leitores se encontrarem, e também reflete o mundo exterior que fica invisibilizado na literatura brasileira: "a escrita e a conquista de espaços, apertado ainda, mas que vamos alargando com a insistência de nossos verbos e a robustez de nossas vivências substantivas".[22]

Então, como explica Gonzalez no já citado prefácio, o compromisso essencial da poeta negra que enfrenta todas as dificuldades materiais é enfrentar o silêncio ressentido da cultura dominante, e o enfrentar com a verdade, para se afirmar como ser humano, como mulher, como mulher negra, e para chamar a atenção aos mecanismos que nos invisibilizam e nos impedem de existir. Miriam foi inspirada pelas ativistas dos anos 1970 e 1980 que ela via na imprensa e sobre quem aprendeu depois:

> As mulheres que não estavam diretamente refletidas na bandeira do Movimento Feminista, que eu chamo de Movimento Feminista das classes brancas, estavam [...] lutando pela comida na mesa, exigindo creches e asfaltamento das ruas, escola pública de boa qualidade para os filhos. [...] a maioria dessa população que se manifestava nas ruas, batendo as panelas e exigindo alimentação, eram mulheres e negras.[23]

A verdade que a Miriam Alves conta é a mesma verdade que as mulheres negras denunciavam nos anos 1970 e 1980. Para descrever sua escrita, Miriam Alves se qualifica como uma escritora que está enredada nas realidades sociais:

> A nossa vivência em sociedade é a matéria-prima de onde eu extraio e lapido os meus textos, sejam eles poéticos, ensaísticos, narrativas longas ou curtas. A abordagem ficcional dessa realidade social e o que eu uso desse realismo social é que, basicamente, faz a diferença da vivência pura e simples em sociedade. Seleciono desta realidade as vivências da população negra porque têm a ver comigo, com a minha formação.[24]

Com prosa, poesia, conto, romance, poema e performance é que se representam as verdades das dificuldades sociais das mulheres negras no Brasil.

"O MEU FALO É A FALA": A FALA DO SUJEITO NA LITERATURA DE MIRIAM ALVES

Um dos célebres poemas de Miriam Alves transforma o símbolo patriarcal, o "falo", em um jogo de palavras, uma característica de sua poesia, que também me lembra da sua conexão com o poeta Cruz e Sousa. Por meio do jogo de palavras, ela inventa novas palavras, neologismos, e cria uma realidade e uma verdade que se encaixam na sua existência, nos seus sonhos, nas possibilidades que ela vê para si mesma e para a sua filha, Dandara Alves. O "falo" de Miriam Alves é a sua agência poética, a sua fala. Nesse caso, a fala cria também uma quebra com as normas sexuais e o binarismo de gênero. O falo é a fala. E a fala torna possível a criação de um sujeito que confronta a cultura dominante, o falo patriarcal branco de classe alta. Quer dizer, é imprescindível ter uma fala em vez do falo, porque o falo não dá vida; a fala sim.

Se Lélia Gonzalez na década de 1980 apresentava a importância da poeta negra, hoje em dia não é diferente, e a literatura de Miriam Alves segue sendo importante: "Afinal, a voz da poeta é a fala do sujeito; com suas metáforas, ela diz muito além do que a consciência (dominante) se esforça por afirmar e fazer crer, justamente porque seu compromisso essencial é com a verdade".[25] A "fala do sujeito" de Miriam Alves tem a ver com a definição de cidadão brasileiro, da qual até há pouco o sujeito negro ficava de fora, na literatura brasileira. Ela explica a Dawn Alexis Duke:

> O negro ainda é visto — nesse imaginário da literatura que eu lia naquela época e, ainda hoje, até nos programas de televisão — como o antifamília, o antibrasileiro, o anticidadão, o antitudo. E quando não é assim, é tratado como coitado, o eterno pobre que necessita da caridade alheia. Para ser cidadão brasileiro na ficção, ele deixa de ser negro.[26]

Para concluir, gostaria de resumir o que apresentei aqui e fechar o ensaio com as palavras de Miriam. Este ensaio foi um exercício de criar uma conversa com leitoras e leitores, e com a própria escritora-tema. Em vez de colocar a minha voz de crítica literária no centro do texto, queria nos aproximar da teoria da autora, que é o enfoque deste livro. E, em vez de um texto tradicional de análise literária, desejei me aproximar da escrita de Miriam Alves de acordo com suas próprias palavras, abrindo uma janela sobre as relações que ela tem com a sua comunidade de mulheres negras. A vontade maior era deixar que os leitores e as leitoras ouvissem a voz silenciada da poeta, que tem vários textos teóricos e muitas palestras sobre literatura brasileira, literatura afro-brasileira e escrita da mulher negra no Brasil. Ainda há poucos pesquisadores que citam os conceitos de Miriam Alves ao tratar da literatura afro-brasileira, do Movimento Negro e das mulheres negras escritoras no Brasil.

Espero que este ensaio ajude a mudar esse cenário, e espero ter mostrado uma perspectiva da reflexão da ativista no espelho realista e existencial que vocês ainda não tinham visto. Finalmente, como Miriam Alves fez comigo e com tantas outras mulheres negras, espero que este texto inspire vocês a começar ou a seguir escrevendo. Porque o ato de escrever é militância:

> A ação de militante maior de um escritor é escrever, produzir textos. A ação do dia a dia passa a ser matéria-prima de reflexão. Ser militante não é o fim da ação de um escritor. Você pode ser militante político do Movimento Negro, do Movimento Feminista, do Movimento Gay, mas é a ação de escritor a que é política, porque a sua escrita está refletindo tudo isto. Escrever é uma ação política.[27]

Então, a escrever e produzir textos, gente! Vamos lá!

NOTAS

1. Miriam Alves, "Entrevista". In: Dawn Alexis Duke (Org.), *A escritora afro-brasileira: ativismo e arte literária*. Belo Horizonte: Nandyala, 2016, p. 173.
2. Lélia Gonzalez, "Prefácio." In: *Poesia Cadernos Negros nº 5*. São Paulo: Quilombhoje, 1982, p. 6.
3. Miriam Alves, Cuti (Luiz Silva), Arnaldo Xavier (Orgs.), *Criação crioula, nu elefante branco*. São Paulo: Secretaria de Estado da Cultura, 1987.
4. Dawn Alexis Duke (Org.), *A escritora afro-brasileira: ativismo e arte literária*. Belo Horizonte: Nandyala, 2016.
5. Miriam Alves, *Estrelas no dedo*. São Paulo: Edição da autora, 1985.
6. Raquel Almeida, *Sagrado sopro*. São Paulo: Elo da Corrente Edições, 2014.
7. Aurora Vergara Figueroa; Katherine Arboleda Hurtado, "Feminismo Afrodiaspórico. Una agenda emergente del feminismo Negro en Colombia". *Universitas Humanística*, [S. l.], v. 78, n. 78, 2014.
8. Miriam Alves, "Diálogo com o sagrado sopro". In: Raquel Almeida, *Sagrado sopro*, op. cit., p. 9.
9. Id. Ibid., p. 10.
10. Miriam Alves, "Entrevista". In: Dawn Alexis Duke (Org.), op. cit., p. 174.

11. Lélia Gonzalez, op. cit., p. 4.

12. Miriam Alves, ibid., p. 173.

13. Id. Ibid.

14. Id. Ibid.

15. Vicenta Moreno Hurtado. *Entre la dignidad y la muerte: mujeres negras, dominación patriarcal y estrategias espaciales de resistencia en un barrio popular de Santiago de Cali.* Tese de doutorado. Instituto de Educação e Pedagogia. Santiago de Cali: Universidad del Valle, 2018.

16. Id. Ibid.

17. Miriam Alves, ibid., p. 174.

18. Id. Ibid., p. 173.

19. Id. Ibid., p. 176.

20. Id., "A representação da morte nos contos de *Cadernos Negros nº 34*". In: Dawn Alexis Duke (Org.), op. cit., pp. 180-91.

21. Id. Ibid., p. 189.

22. Id. Ibid., p. 190.

23. Id., "Entrevista", op. cit., p. 172.

24. Id. Ibid., p. 173.

25. Lélia Gonzalez, op. cit., p. 6.

26. Miriam Alves, "Entrevista", op. cit., p. 174.

27. Id. Ibid.

REFERÊNCIAS

ALMEIDA, Raquel. *Sagrado sopro.* São Paulo: Elo da Corrente Edições, 2014.

ALVES, Miriam. "A representação da morte nos contos de *Cadernos Negros nº 34*". In: DUKE, Dawn Alexis (Org.). *A escritora afro-brasileira: ativismo e arte literária.* Belo Horizonte: Nandyala, 2016, pp. 180-91.

______. "Diálogo com o sagrado sopro." In: ALMEIDA, Raquel. *Sagrado sopro.* São Paulo: Elo da Corrente Edições, 2014, pp. 9-11.

______. "Entrevista". In: DUKE, Dawn Alexis (Org.). *A escritora afro-brasileira: ativismo e arte literária.* Belo Horizonte: Nandyala, 2016.

______. *Estrelas no dedo.* São Paulo: Edição da autora, 1985.

______; DURHAM, Carolyn (Orgs.). *Finally Us: Contemporary Black Brazilian Women Writers / Enfim... nós: escritoras negras brasileiras contemporâneas.* Colorado: Three Continental Press, 1995.

______; LIMA, Maria Helena M. *Women Righting: Afro-Brazilian Women's Short Fiction / Mulheres escrevendo: uma antologia bilíngue de escritoras afro-brasileiras contemporâneas.* Londres: Mango, 2005.

DUKE, Dawn Alexis (Org.). *A escritora afro-brasileira: ativismo e arte literária.* Belo Horizonte: Nandyala, 2016.

GONZALEZ, Lélia. "Prefácio". In: *Cadernos Negros nº 5*. São Paulo: Quilombhoje, 1982, pp. 3-6.

MORENO HURTADO, Vicenta. *Entre la dignidad y la muerte*: *mujeres negras, dominación patriarcal y estrategias espaciales de resistencia en un barrio popular de Santiago de Cali*. Tese de doutorado. Instituto de Educação e Pedagogia. Santiago de Cali: Universidad del Valle, 2018. Disponível em: https://bibliotecadigital.univalle.edu.co/bitstream/handle/10893/12758/7405-0525846.pdf?sequence=1. Acesso em: 10 fev. 2022.

VERGARA FIGUEROA, Aurora; ARBOLEDA HURTADO, Katherine. "Feminismo Afrodiaspórico. Una agenda emergente del feminismo Negro en Colombia". *Universitas Humanística*, [S. l.], v. 78, n. 78, 2014. Disponível em: https://revistas.javeriana.edu.co/index.php/univhumanistica/article/view/6404. Acesso em: 30 jan. 2022.

Biografemas coletivos na literatura negra brasileira: as escritas de Miriam Alves

JULIANA COSTA

A escrita de Miriam Alves provoca desassossegos, já que por meio das representações literárias afronta as imagens estereotipadas sobre tudo aquilo que perpassa a dimensão coletiva da nossa existência negra. Ora é possível escutar, durante a leitura, o grito indignado e humano sobre os martírios impostos pela sociedade às pessoas negras, em especial às mulheres negras; ora o desencadeamento dos fatos em si faz com que o leitor ou leitora queira verbalizar em alto tom os efeitos que a narrativa produz na consciência.

Além disso, a produção literária é composta por representações literárias que nos restituem da nossa humanidade, a qual é alvo constante da animalização e da objetificação. Ainda, observamos na construção narrativa e poética a ruptura com o trágico, a complexificação da vida, na qual a alegria também existe apesar da vivência marcada pelas opressões, principalmente a opressão racial.

Desde a primeira produção, *Momentos de busca*,[1] até a mais recente, *Juntar pedaços*,[2] é perceptível na trajetória literária de Miriam Alves que cada obra envolve um projeto literário específico, pois possui estilo único que configura a voz da autora no espaço discursivo da literatura brasileira. Ademais, o labor estético soma-se a outras produções literárias negras e constituem o movimento negro literário, isto é, a arte em dialética com o ativismo antirracismo, antimachismo e anticolonialidade imperante nas relações cotidianas.

Nestes quarenta anos de produção literária, a autora de *Maréia* proporcionou aos seus leitores, e também a pesquisadores, uma vasta teia de expressões literárias, cuja catarse não tem intenção de instruir nem de agradar, que na hora da recepção guia-nos para as lógicas decoloniais da narrativa ou do poema. No meu caso, o texto miriano, além de objeto de estudo, também é uma ferramenta de luta, tanto no cenário da crítica literária, que ofusca perspectivas não canônicas sobre a literatura, quanto nas salas de aula, onde contribui com uma pedagogia antirracista.

Quando tive o primeiro contato com a escrita miriana, na leitura de *Mulher mat(r)iz*,[3] de início fiquei apenas no exercício contemplativo da foto da autora, pois era a primeira vez que me deparava com uma escritora negra, pele e cabelo iguais aos meus. Em seguida, a leitura fez com que a representação ganhasse imagens em minha mente. Sofri com Esmeralda e acompanhei o olhar de Alice, quis salvá-las, mas não pude, o que aumentou a minha indignação com relação ao sistema de opressão heteronormativo racista.

Ao conhecer outras obras de Miriam Alves, cada uma com um empenho artístico e discursivo específico, percebi que tudo que está em processo não pode ser definido — refiro-me à escrita miriana; embora cada trabalho expresse características próprias e tenha os seus limites interpretativos, nenhum resume a escrita dessa autora em termos de estilos e modos de representar, o que exige do(a) pesquisador(a) teorias escurecidamente viáveis a tal realidade criativa.

LITERATURA E DISCURSO: IMAGENS E IMAGINÁRIOS

Algumas teorias elaboradas no fim do século 19, entre elas a de Roland Barthes,[4] anunciaram a morte do autor com base na noção de que, durante a leitura, isto é, no momento de recepção, a narrativa existe por si mesma; assim o autor "desaparece" e a enunciação literária é o foco do(a) leitor(a). E as interpretações em torno dessa premissa teórica levaram à errônea noção de que a figura do autor não importa para pensar o texto literário; a arte, então, era percebida por si mesma.

Até certo ponto, isso é interessante, no entanto, é necessário ponderar sobre o fato de que todo discurso produzido nos dá pistas sobre quem escreve. Em vez de morte, utilizo o termo "ocultamento" do autor, pois, quando o leitor ou a leitora é puxado pelo fluxo narrativo e poético, o texto se torna potente, o dito se torna mais relevante do que quem diz. Mas quem diz o faz a partir dos esquemas de pensamento e percepções que adquiriu ao longo das interações em sociedade, e assim pode ser conivente ou questionador das ideologias que pairam o nosso imaginário.

No que se refere à literatura negra, as teorias sobre "a morte do autor" não são suficientes, pois são configuradas com foco em uma autoria privilegiada socialmente que se quer como parâmetro universal. Por conseguinte, enclausurar produções em perspectivas que não são pautadas na realidade de quem escreve, no caso a do sujeito negro feminino, contribui para o epistemicídio em vez da decolonização da crítica literária brasileira, a qual cristalizou o conceito de arte e de literatura, determinando aspectos estéticos do texto embasada nas produções de pessoas brancas, majoritariamente homens.

O autor, por ter uma existência empírica, com interações perpassadas de concepções, ao utilizar a linguagem, mesmo em sua função poética, não é capaz de ocultar totalmente as implicações ideológicas na construção da representação literária. Desse modo, o uso literário da linguagem não consegue ser neutro, pois o que observamos é a "sutileza" de como as ideologias aparecem na escrita. Também é possível pensar na intencionalidade, se a autoria quer manifestar ideologias; é o caso de Machado de Assis em *Memórias póstumas de Brás Cubas* (1881), cujo narrador-personagem relata a sua trajetória de vida após a morte, e, a partir do que é narrado, observamos a crítica machadiana ao sujeito social, burguês e branco.

De acordo com Cuti, o discurso literário alimenta e configura o imaginário, além de ser uma forma de poder.[5] No entanto, há fatores que impedem o pleno exercício desse poder pelas autorias negras, dado que a circulação e o reconhecimento das produções desses sujeitos são controlados por mecanismos de poder oriundos dos dispositivos de poder, sobretudo o de racialidade, conforme mostra Sueli Carneiro;[6] logo, escritores(as) brancos(as) têm mais reconhecimento do que escritores(as) negros(as) no Brasil.

ESTILO, DISCURSO E LITERATURA

De acordo com os intelectuais brancos Lilie Chouliaraki e Norman Fairclough, o discurso compõe um dos momentos da prática social, em dialética, com os outros momentos: atividade material, relações sociais e fenômeno mental.[7] Nesse sentido, o discurso se articula com outros constituintes da prática, que medeia a estrutura e os eventos sociais. Outra questão é que o sujeito que escreve está posicionado socialmente, por isso adquire e investe crenças e valores em suas interações desde o momento em que começa a compreender a linguagem, que é vista como um potencial semiótico com múltiplas semioses e sentidos.

Ainda, Fairclough considera que só haverá uma mudança social mediante uma mudança discursiva, e afirma que perpetuações de ideologias estereotipadas ou excludentes enrijecem o imaginário social;[8] desse modo, é possível considerarmos a literatura em geral enquanto discurso em constante dialética com a sociedade, já que valores e crenças da época em que o texto é produzido podem ser percebidos na produção literária.

Entretanto, como podemos analisar tais posicionamentos na materialidade linguística do poema e da prosa? Fairclough, ao discutir a construção do eu no discurso, preocupa-se com como as identidades são manifestadas, mas, principalmente, como "são construídas (reproduzidas, contestadas e reestruturadas) no discurso".[9] Ao observar o texto literário negro, esse "eu" pode estar representado enquanto narrador, ou eu-lírico, pode ser percebido pelas escolhas discursivas das(os) autoras(es), coexistindo dois "eus": o eu-narrador, ou eu-lírico, e o eu-escritor. Essas formas de identificação no discurso, frutos da escolha, são denominadas por Fairclough como estilos.[10]

Dialogando com essa concepção, Cavalcanti, ao refletir sobre a estilística literária, considera a necessidade da estilometria hermenêutica, que relaciona a expressão ao conteúdo, além de explicitar o estilo no discurso, dado que reconhece o vocabulário ou a sintaxe de cada texto como relevantes para compreender os saberes do imaginário da escritora ou escritor, e assim permite interpretar os estilos.[11]

De acordo com Bakhtin,

> a linguagem da literatura, cuja composição é integrada pelos estilos da linguagem não literária, é um sistema ainda mais complexo e organizado em outras bases. Para entender a complexa dinâmi-

ca histórica desses sistemas, para passar da descrição simples (e superficial na maioria dos casos) dos estilos que estão presentes e se alternam para a explicação histórica dessas mudanças faz-se necessária uma elaboração especial da história dos gêneros discursivos (tanto primários quanto secundários), que refletem de modo mais imediato, preciso e flexível todas as mudanças que transcorrem na vida social.[12]

Assim, os estilos fazem parte da representação literária, e uma análise profunda pode permitir uma melhor compreensão do texto literário, em especial o de autoria negra, cuja interpretação muitas vezes é reduzida ao tema e não ampliada para seus aspectos linguísticos e discursivos. Segundo Cavalcanti, o estilo individual deve ser levado em conta nos estudos literários, pois corresponde ao estilo do autor, e a literatura reflete os estilos da linguagem de época.[13] Sendo assim, a literatura, enquanto gênero de discurso, possibilita uma análise do texto contextualizada ao momento de produção.

A literatura tem papel importante na sociedade, não somente como arte, mas também como forma simbólica que veicula ideologias e imagens, tanto acerca de corporeidades como de comportamentos. As relações de poder que perpassam tais veiculações envolvem um controle imagético que sustenta hegemonias em diferentes aspectos identitários: gênero, raça, sexualidade, entre outros. Até mesmo a circulação dos textos literários é perpassada pelas logísticas das relações de poder, principalmente a sua entrada nas escolas como componente das ementas, já que "essa disponibilidade de um livro ou qualquer outro material de leitura também é resultado de um ou vários filtros. Filtrar significa reter algo e permitir que algo passe".[14] Assim, tais filtros impactam o modo como a literatura negra brasileira é vista na sociedade, por vezes reduzida a uma autoria e algumas características que vão servindo de moldes para outros textos produzidos por escritoras(es) negras(os), como se a literatura de pessoas negras tivesse sempre os mesmos aspectos estilísticos.

Comumente, a análise do discurso literário de autoras(es) negras(os) foca o tema, sem considerar as escolhas estilísticas, isto é, o modo como a linguagem é mobilizada para alcançar efeitos de sentidos que sigam determinados propósitos de comunicação. Tal situação é preocupante e sustenta a ideia de que a literatura negra seja panfletária, negligenciando o labor linguístico da arquitetura textual de muitas obras, em especial as contemporâneas. Aliás, essa é a motivação para esta pesquisa: pensar o texto não como algo fechado, e sim como estrutura complexa composta de escolhas discursivas, cujas finalidades podem, entre outras, provocar a reflexão do leitor ou contestar o próprio imaginário social.

BIOGRAFEMAS NEGROS: A EXPERIÊNCIA COLETIVA

O conceito de biografema foi cunhado por Roland Barthes para se referir aos traços biográficos presentes nos textos literários.[15] De modo geral, diz respeito à ficcionalização de fatos presentes ou experienciados na vida de quem escreve, o que dialoga com a ideia de escrevivência, que compõe o projeto literário da escritora Conceição Evaristo, e com a teoria de Diana Klinger sobre a escrita de si.[16]

Em *Juntar pedaços*, uma multiplicidade de sujeitos é representada, e o olhar narrativo se fixa nos sentimentos dessas pessoas com relação aos outros e à sociedade. O enredo dos textos tem como enfoque o interior dos personagens, embora seja narrado em terceira pessoa, e a representação de corpos, com alma, que padecem de questões físicas e psíquicas as quais acometem seu bem-estar ou sua dignidade. Os biografemas coletivos negros são mobilizados na construção da narrativa, e assim observamos uma escrita de um NÓS que é também EU e vice-versa.

Ainda, ao mobilizar biografemas coletivos, a escritora negra ou o escritor negro provoca uma reflexão do(a) leitor(a) para essas experiências. No caso dos romances de Miriam, a narrativa projeta possibilidades existenciais, apesar das circunstâncias, em que sujeitos negros também têm "finais felizes".

Em *Bará: na trilha do vento* e em *Maréia*, observamos respectivamente o foco na infância feliz de uma criança e na trajetória de sucesso de um musicista. As problemáticas sociais aparecem no enredo; todavia a dimensão ontológica é o que marca essas narrativas, ainda que de modo diferente em cada uma delas.

A literatura negra brasileira, embora ainda precariamente abordada pela crítica branca, dá margem para uma série de abordagens analíticas que comprovam o seu status de arte e luta, ou melhor, de arte pela luta.

Pensar a escrita negra a partir das teorias brancocêntricas é um grande desafio para os(as) pesquisadores(as), principalmente quando somos pessoas negras em um ambiente acadêmico onde essas perspectivas epistemológicas são intocáveis, pois são sustentadas pelo epistemicídio da intelectualidade negra. Este ensaio parte de inquietações analíticas sobre essas teorias e também é uma tentativa de pensar se cabe a pesquisadores negros e ativistas adaptá-las ou apontar a sua ineficácia para pensar os projetos literários que compõem a literatura negra.

Assim como o conjunto de obras de Miriam Alves, e a literatura de autoria negra em termos gerais, são subanalisados por intelectuais brancos, algo que não podemos considerar mera incapacidade, e sim intencional. Ainda, a invisibilidade e deslegitimação imposta a intelectuais negros e negras na crítica literária já pode ser vista como um artifício epistemicida para a manutenção do controle discursivo das pesquisas cujo foco é o texto literário.

As teorias de Roland Barthes, embora ele seja um homem branco francês, são um excelente ponto de partida para serem adaptadas à questão do pensar a literatura negra brasileira. Decerto que referenciar Barthes dá credibilidade a qualquer pesquisa, não por ser branco, claro, mas por ser um intelectual brilhante de fato. A noção de biografemas negros coletivos surge dele, apesar de o referido autor não ter colocado cor em seu conceito.

Ao revermos as teorias canônicas, aquelas que todos nós devemos mencionar em nossos trabalhos porque é regra de uma academia branca, observamos que elas não dão conta de explicitar as tessituras poéticas de autores(as) negros(as). Por isso, o foco no tema da narrativa é predominante em vez da observação das estratégias artísticas feitas com a linguagem na construção estética de textos literários negros.

Nesse sentido, as entrelinhas deste ensaio apontam a necessidade da ampliação do campo teórico, dentro da crítica literária, para a análise das obras de autoria negra em seus aspectos intrínsecos, estruturalistas, porém sem o olhar francês. Aliás, ainda percebe-se uma dependência teórica das teorias literárias produzidas na França para pensar o contexto da literatura brasileira, ficando de lado as produções das Américas e também a de intelectuais negros(as).

O conjunto de obras de Miriam Alves precisa da mesma atenção analítica que se dá às obras de escritores brancos. De forma geral, observa-se que dificilmente há uma pesquisa direcionada ao estudo das obras completas de escritores(as) negros(as). Como desculpa, fala-se na dificuldade de encontrar tais obras nas livrarias, em especial quando a produção é limitada, caso das edições de autor. No entanto, graças à tecnologia, é possível ter acesso a essas produções, nem que seja para consulta.

Enfim, as perspectivas teóricas precisam ser descentralizadas no intuito de possibilitar a ampliação das perspectivas metodológicas e analíticas.

NOTAS

1. Miriam Alves, *Momentos de busca*. São Paulo: Edição da autora, 1983.
2. Id., *Juntar pedaços*. Rio de Janeiro: Malê, 2021.
3. Id., *Mulher mat(r)iz*. Belo Horizonte: Nandyala, 2011.
4. Roland Barthes, "A morte do autor". In: *O rumor da língua*. 1. ed. Trad. de Mário Laranjeira. São Paulo: Martins Fontes, 2004, pp. 57-64.
5. Cuti (Luiz Silva), *Literatura negro-brasileira*. São Paulo: Selo Negro, 2010.
6. Sueli Carneiro, *A construção do outro como não-ser como fundamento do ser*. Tese de doutorado — Universidade de São Paulo. São Paulo, 2005, 339f.
7. Lilie Chouliaraki; Norman Fairclough, *Discourse in Late Modernity: Rethink Critical Discourse Analyses: Textual Analysis for Social Research*. Londres, Nova York: Routledge, 1999.
8. Norman Fairclough, *Discurso e mudança social*. Trad. de M. I. Magalhães. Brasília: Editora da UNB, 2001.
9. Id., *Analysing discourse. Textual analysis for social research*. Londres: Routledge, 2003.
10. Id. Ibid.
11. Camillo Cavalcanti. "Da crítica estilística à estilometria literária". *Matraga: Revista do Programa de Pós-Graduação em Letras da UERJ*, [S.l.], v. 20, n. 32, jun. 2013, pp. 90-103.
12. Mikhail Bakhtin. *Estética da criação verbal*. Trad. de Paulo Bezerra. São Paulo: Martins Fontes, 2003. 4. ed., pp. 267-8.
13. Camillo Cavalcanti, op. cit.
14. Cuti (Luiz Silva), op. cit., p. 46.
15. Roland Barthes, *Aula*. Trad. de Leyla Perrone-Moisés. São Paulo: Cultrix, 1988.
16. Diana Klinger. *Escritas de si, escritas do outro*: *o retorno do autor e a virada etnográfica*. Rio de Janeiro: 7Letras, 2007.

REFERÊNCIAS

BAKHTIN, Mikhail. *Estética da criação verbal.* Trad. de Paulo Bezerra. São Paulo: Martins Fontes, 2003. 4. ed.

BARTHES, Roland. *Aula.* Trad. de Leyla Perrone-Moisés. São Paulo: Cultrix, 1988.

______. "A morte do autor". In: *O rumor da língua.* 1. ed. Trad. de Mário Laranjeira. São Paulo: Martins Fontes, 2004, pp. 57-64.

BENTO, Maria Aparecida Silva. "Branqueamento e branquitude no Brasil". In: *Psicologia social do racismo: estudos sobre branquitude e branqueamento no Brasil.* Petrópolis: Vozes, 2002. 2. ed. pp. 25-57.

BOURDIEU, Pierre. *O poder simbólico.* Trad. de Fernando Tomaz. Rio de Janeiro: Difel, 1989.

CAVALCANTI, Camillo. "Da crítica estilística à estilometria literária". *Matraga: Revista do Programa de Pós-Graduação em Letras da UERJ,* [S.l.], v. 20, n. 32, jun. 2013. Disponível em: https://www.e-publicacoes.uerj.br/index.php/matraga/article/view/19843/14275. Acesso em: 15 out. 2021.

CHOULIARAKI, Lilie; FAIRCLOUGH, Norman. *Discourse in Late Modernity: Rethink Critical Discourse Analyses: Textual Analysis for Social Research.* Londres, Nova York: Routledge, 1999.

CHRISTIAN, Barbara. "A disputa das teorias". Trad. de Liane Schneider. *Revista Estudos Feministas.* v. 10, n. 1. Florianópolis, jan. 2002.

CUTI (Luiz Silva). *Literatura negro-brasileira.* São Paulo: Selo Negro, 2010.

DALCASTAGNÈ, Regina. *Literatura brasileira contemporânea: um território contestado.* Vinhedo: Horizonte; Rio de Janeiro: UERJ, 2012.

EVARISTO, Conceição. "Literatura negra: uma poética da nossa afrobrasilidade". *Scripta,* v. 13, n. 25, pp. 17-31, Belo Horizonte, 2º sem. 2009.

ISER, Wolfgang. *O fictício e o imaginário: perspectivas de uma antropologia literária.* Trad. de Johannes Kretschemer. Rio de Janeiro: Eduerj, 2013. 2. ed.

KLINGER, Diana. *Escritas de si, escritas do outro: o retorno do autor e a virada etnográfica.* Rio de Janeiro: 7Letras, 2007.

LIMA, Maria Nazaré; SOUZA, Florentina (Orgs.). *Literatura afro-brasileira.* Salvador: Centro de Estudos Afro-Orientais; Brasília: Fundação Cultural Palmares, 2006.

PROENÇA FILHO, Domício. *A linguagem literária.* São Paulo: Ática, 2007. 8. ed.

Miriam Alves: nas dobras da escritura negra feminina latino-americana

CRISTIAN SALES

> *Nos anos 1970 e 1980, na minha literatura, eu fiz uma opção consciente por fazer algumas discussões inspiradas* na vivência da mulher afro-brasileira, *porque eu me sentia muito sem fala, sem voz, em todos os lugares pelos quais passei... Quando se cria um texto, é fatal que tal sensibilidade vai acabar lá nas linhas do texto.*
>
> Miriam Alves (grifos meus)[1]

DOBRAS, DOBRADURAS E ITINERÁRIOS

Ao transitar pelas dobras da escritura de Miriam Alves, deslizo em diferentes direções de seu viver/pensar/escrever, mobilizando combinações inusitadas e imprevistas cujos pensamentos se entrelaçam e se entrecruzam.[2] Pela liberdade de rasurar, surgem outras preocupações que circundam essa reflexão, e elas me guiam a fazer um registro além do meramente biográfico.

De alguma forma, habitando linhas em verso e prosa, parece-me fundamental advertir que abandono o apontamento biográfico e encarno outro exercício de fruição, porque a escritora se inventa e reinventa o tempo todo. Não bastasse isso, cada texto literário, teórico e ensaístico, à sua maneira transgressora e contemporânea, transita da experiência individual à coletiva para fazer ecoar as mais diversas cenas, indagações e provocações etc.

A despeito da intensidade e vivacidade da sua escrita, excedo as fronteiras e os limites tradicionalmente atribuídos a um ensaio. Aqui, num fluxo natural das ideias, as noções de fronteira e limite não guardam o mesmo sentido. Por sua vez, de escrever-viver entre as linhas, várias memórias discursivas e afetivas compostas de intertextos, histórias, fragmentos e saberes ligados à produção literária e existencial dificultam qualquer afã pela precisão.

Curiosamente, tudo isso simboliza o meu desejo de escolher uma rota que, certamente não retilínea, comparece assinalada por diversos movimentos. Encarando, então, as evidências por meio de signos destituídos dos significados totalizadores, navegamos entre as possibilidades de escrever, reler e reescrever. Constata-se, sobretudo, que, associado às novas feições da literatura negra de autoria feminina, o pensamento crítico ressalta a expansividade dos textos publicados por Miriam Alves: a originalidade, a inventividade e a insurgência.

De igual modo, para expandir essa narração, busco tecer as tramas de uma escritura negra feminina que se compõe de fluxos provisórios e, a cada instante, realiza novas investidas e experimentações na vida, na arte e na escrita literária. Em jogos textuais, códigos específicos, enxertos e colagens diversas, arquiteta outros tempos da literatura negra brasileira. Por meio dessa constatação, a autora inventa um estilo inconfundível.

Neste ponto, podemos afirmar que, de certa maneira, sustentando-me em uma espécie de viagem ao inesgotável, não tenho ambição de sistematizar uma narrativa sobre Miriam. É pertinente salientar que, anotando indícios de vida/trajetória, num movimento de abertura de sentidos e pistas, busco me conectar com os seus escritos. Assim sendo, desdobro uma série de esforços de leitura e interpretação que envolvem acionar várias fontes e obras.

Em outras palavras, trago junto a essas fontes e obras uma voz negra feminina latino-americana que se faz presente em diversos contextos da vida artística e cultural brasileira, em que passam a ter significado suas ações e decisões políticas, a própria trajetória pessoal e carreira literária. Para além do aspecto estritamente descritivo, faço um movimento de ida e volta, quase circular, para elaborar toda uma rede de possibilidades, de encontros e desencontros com Miriam.

Em sua dimensão discursiva, ao lado da trajetória literária, noto uma escritora negra que se apresenta no estilo de jogos de cenas (mulher, negra, escritora, poeta, feminista negra etc.) e, por isso, desconstrói qualquer tipo de pacto com a tradição. É também, talvez, que das/nas obras de Miriam transbordem diversos aspectos: o vivido, o biográfico, o experiencial, o experimental, o factual, o histórico, o memorialístico etc. E, portanto, as formas mais comprometidas com causas políticas no combate "à colonialidade do poder, do saber e do ser".[3]

Por sua vez, nessa tarefa radical, mobilizando as encruzilhadas e, ao mesmo tempo, costurando fios de sentido, esforço-me a fim de não fixar o meu olhar em um único ponto, uma obra, um gênero, um tema. Nas dobras da invenção e subversão, mediante imagens e múltiplas dicções, "conta das contas" que não se curvam, vou correndo todos os riscos para margear as diferentes formas de enunciação da escrita negra feminina de Miriam.[4]

Com tal objetivo traçado, debruçando-me sobre um universo labiríntico que se organiza entre encenações do existir/agir/escrever, extraindo algumas singularidades e tendências, componho um mapa com entradas e saídas imprevisíveis, recorrendo a trechos de poemas, contos, romances, entrevistas, depoimentos etc. Nesse tom e nesse lugar, dobra a dobra, ao devir de uma leitura, lanço-me às diversas camadas do projeto poético, político e intelectual de Miriam.

Em consonância com essa ideia, tentando delinear uma espécie de mapa-guia, reviso o meu roteiro e busco pensar na ideia de um recorte. Desse modo, as coisas situadas e as formas-forças me impulsionam a seguir com outra experimentação estética. Sob a influência dos escritos de Miriam, o ritmo possui um tempo que explora a repetição, a descontinuidade e a circularidade. Diante de suas possíveis intenções, mesmo que nas entrelinhas, de modo a reafirmá-la, a escritora impossibilita a contemplação de uma dobra única.

DOBRAS, JOGOS E CENAS DE ESCRITURA

É nos meus versos que me vejo.
Miriam Alves

Na produção de uma escrita-potência, Miriam realiza várias experimentações de si a partir de sua forma de perceber o mundo, seja se deslocando ou desviando da tradição, seja inventando uma linguagem própria através da literatura negra brasileira. Diante disso, com mais intensidade, a sujeita-autora maneja a escrita negra lítero-poética rompendo com a expectativa dos leitores e leitoras tanto no que se refere à estrutura do texto como quanto ao sentido.

Na criação estética como estratégia de superação dos limites, no desregramento de formas e sentidos, as dobras na escritura ressaltam uma enorme vontade de transgressão, reencontros e desvios. Suas dicções poéticas não possuem traços do cânone representativo. Ao contrário, nos textos arquitetados e autoconscientes, notamos que a metalinguagem e metanarrativa operam um questionamento acerca dos conceitos de arte, literatura e autoria.

De maneira similar, ao escavar rastros deixados pelo caminho, nesses textos procuramos preambular às caligrafias de si. Nas dobras e redobras, nas alegorias, nas metáforas e nas imagens que deixam visíveis rasuras e insurgências, na voz de uma poeta negra brasileira, acompanhamos uma mudança de estado de alma, uma revolução interior, um trabalho de reconstrução de seus afetos. Contudo, a autora se esforça no desvio de uma imagem de si fixa:

> [...]
> *Mulher—retalhos*
> a carne das costas secando
> no fundo do quintal
> presa ao estendal do seu esquecimento
> (grifos meus)[5]

De tal modo, renascendo plenos de significação, em sua multiplicidade e na dispersão do eu, os textos de Miriam instituem um mundo amplo e a um só tempo particular para criar diálogo entre as experiências de quem escreve e as experiências de quem os lê/sente. Isso permite pensar acerca das questões que nos atravessam e que nos convocam a agir coletivamente.

> *Mulher—revolta*
> agito-me contra os prendedores
> que seguram-me firme neste varal
> (grifos meus)[6]

Ao experimentar a liberdade da escrita negra feminina, a mulher-retalhos, a mulher-revolta e o eu mulher se entrelaçam de maneira a atingir uma fragmentação e, simultaneamente, a sua completude. Por essa razão, Miriam traz à cena as dores e os traumas que ficaram registrados nos corpos e nas memórias de mulheres negras. E também por isso notamos uma marca política na criação inventiva que se coloca a serviço de sua poética.

Eu mulher
arranco a viseira da dor
enganosa.
(grifos meus)[7]

No traço-dobra, viver/pensar/escrever são traduzidos em sons, gestos, afetos, sonhos, desejos, esperanças, os quais aparecem em combinações de variadas cores, texturas, melodias e sonoridades. A partir disso, tecendo outras existências, é no fio que, dobrando-se ao infinito, Miriam compõe um tecido literário negro-feminino multifacetado e profundo, e externa medos e gritos de dor, angústias, buscas e conquistas:

Mães, irmãs, esposas
Anônimas mulheres guerreiras
Força que move pensamentos passos
Gerações foram às ruas
Lutas
Sustento
Sonho melhor
Avós, mães, tias
Aves Marias
Aves marinhas
(grifos meus)[8]

Na sua literatura, Miriam conversa com as questões sociais e individuais da sociedade brasileira. Nessas dobras alcançadas, assinala laços mais estreitos com a realidade e, ao dar forma aos objetos ou quaisquer outros elementos que se tornem verossímeis, se coloca publicamente como uma mulher negra. Dessa maneira, ao afirmar-se como sujeito e objeto de sua escrita, tem-se uma voz que se insurge aos padrões impostos pelo patriarcado e que nega a submissão e a subjugação atribuída aos corpos negros.

> Silêncio e anonimato
> Presença
> Voz de contínuas esperanças
> Banir pesadelos
> Da vida do país.[9]

Consequentemente, apesar das discriminações e estereótipos, mulheres negras desempenham diferentes papéis sociais. Nos textos de Miriam, elas são "Mães, irmãs, esposas / Anônimas mulheres guerreiras". São forças que movem pensamentos para "banir pesadelos da vida do país": racismo, sexismo, homofobia, feminicídio etc.[10]

Com poder próprio, os seus instrumentos de escrita se misturam aos mais diferentes objetos, coisas e figuras, os quais adquirem vida ao serem incorporados aos enredos e às tramas. Por meio de resíduos de impressões pessoais, o mistério, o segredo, o sagrado, o tempo, o espaço e o "reencantamento do mundo" vão em busca dos olhos do leitor e da leitora para impor de maneira ímpar a experimentação de linguagem.[11]

> A dupla consciência, desencadeada por desconhecido fenômeno, a mantinha no limiar de dois mundos. O infantil sobrepujava o

adulto. Trocar as horas para confundir o tempo, para ouvir o tririm, tririm que desadormecia o sono. Às vezes, interrompia bons sonhos, outras vezes espantava pesadelos. O pensamento voava solto. Tririm, tririm, por outro mundo só seus.[12]

Para realizar tal tarefa, as palavras-imagens surgem misteriosas e fecundas em movimento, cujos sentidos cravam visões e audições tão singulares de nossas histórias/memórias afrodiaspóricas. Na sua alteridade radical, quando o discurso narrativo se encaminha conectado à linguagem poética, a escrita de Miriam Alves não cessa de resistência, resiliência e visualidades. Nessas fronteiras, a poesia lírica se apresenta não mais como objeto fechado e acabado:

O que procuro?
[...]
O que oculto?
— não sei
As labaredas esquentam-me,
fazendo ferver o meu corpo
[...]
O que eu procuro?
o delírio?
o sonho?
a imagem?[13]

Por causa disso, nos próprios textos, a voz poética faz provocações aos críticos e aos seus leitores. A escritora negra brasileira provoca desordem no território da literatura canônica latino-americana com a abertura para novas fronteiras e sensibilidades. Sendo assim, "o canto da senzala embala" a leitura dos diversos discursos no poema, no conto, no romance, no ensaio:[14]

O canto da senzala embala
meus sonhos
ainda
As lanças dos Quilombos
armam minhas palavras
ainda
Vamos cultivar nossa roça
ainda
A poesia brota em várias formas
sempre
(grifos meus)[15]

Num caminho à margem da tradição literária brasileira, entre o texto e o tecido, a rebeldia e a abertura, tal qual um rio que se dilui ao desaguar no mar, Miriam entrega uma maneira de ser, escrever e estar no mundo que reinventa os caminhos da crítica literária. Para conseguir transformar, cuidadosa com as palavras, a poesia dita esse ritmo e passagem: "As lanças dos Quilombos / armam minhas palavras [...] A poesia brota em várias formas".[16]

Certamente, quando tudo, no mundo, existe para nele desaguar, na poesia e na prosa, acompanhamos os desdobramentos, o fortalecimento e os antecedentes históricos que sustentam a sua carreira. Do mesmo modo, Miriam escancara as dificuldades, os desafios e os obstáculos enfrentados pelas mulheres negras brasileiras para se tornarem escritoras.[17]

> As palavras eram e são até hoje a minha sobrevivência e o resguardo da minha humanidade e sensibilidade frente às várias adversidades que é viver e ser mulher e negra. [...] Esta realidade por si só já revela a complexidade e o significado desta vivência e a necessidade de ser, lutar e vencer as adversidades, os constrangimentos,

as discriminações e as barreiras duplamente impostas para toda uma população afro-brasileira, na qual me incluo de *corpo, alma e histórias*. (grifos meus)[18]

Dito isso, por meio de depoimentos e entrevistas, revisitamos as dobras de uma escrita-vida e os seus itinerários, conexões e conjunções históricas como quem abre portas e revela os bastidores, como quem monta um retrato do passado. De repente, coloco-me diante de rostos e gestos que se fundem nas memórias-imagens: "desde a entrada e a minha permanência dentro do Movimento nesses dez a quinze anos, influenciaram a minha escrita".[19]

Ao serem recontadas, sem pedir licença, as lembranças de Miriam invadem o tempo, coisa que vai além de uma simples digressão: "Eu participei do Movimento Negro de uma forma ativa desde 1978".[20] Do ir além do limite, tempos fragmentados, passado que se entranha nas forças do contemporâneo e se estende nas paisagens do presente. Por suas lentes, veem-se os vestígios, os indícios de afetos e as recordações operadas tanto pela linguagem como pelo pensamento.

Na escritura-dobra de Miriam, de certa forma, está tudo ali, em algum verso, estrofe, na trajetória de uma personagem, nos enredos e nas tramas — o que é um modo de articulação entre as maneiras de fazer e dizer e as coisas que não estão condicionadas a nenhum modelo ou norma. De qualquer maneira, por traços específicos, cada ponto é composto de uma inflexão que transborda de contornos próprios. Por conseguinte, reverberam uma estratégia inventiva que resguarda o passado e outra em que faz o presente para descolonizar vários discursos.

Aliada a esta tarefa, Miriam evidencia uma linhagem literária para recontar o próprio percurso como escritora. Quando se partilha entre mundos e entre-lugares, em alguns momentos ela retoma o contexto vivido sempre articulado a uma profunda reflexão. E, nesse contexto, em primeira pessoa, histórias sem-fim são narradas inúmeras vezes para afirmar um lugar, uma voz, um pertencimento: "É muito emocionante, sabe? você saber que você é fruto de uma trajetória".[21] "[...] Eu poderia ter entrado nos *Cadernos Negros nº 1*, em 1978."[22]

Em outra perspectiva, Miriam sinaliza um começo feito de silêncios, gritos e recusas. Nessas marcas-lembranças, a autora evoca as suas memórias para construir uma narrativa de si, labiríntica, que aciona um conjunto de gatilhos — pontos de passagem de um elemento narrativo a outro. Da poeticidade por colocar em ação, as palavras expressam todo um contexto político, social e artístico: "Quando se cria um texto, é fatal que tal sensibilidade vai acabar lá nas linhas do texto".[23]

Por certa atmosfera, capturamos os gritos, o absurdo, a solidão, a leveza, os ruídos do cotidiano, a denúncia social, a inconformidade, a dimensão histórica e as promessas de um porvir feito por mãos negras. Mãos femininas! Antes de tomarem forma, cravados pelo tempo-espaço, mediante a velocidade lenta ou acelerada da voz lítero-poética, os elementos de enunciação extraídos da negritude coexistem no jogo das palavras/metáforas:

> O que eu procuro?
> o delírio?
> o sonho?
> a imagem?[24]

Por outro lado, o caos, a fome, a miséria, além de tantas outras mazelas que afetam a vida das classes menos favorecidas, são colocados em uma mesma encruzilhada. Assim sendo, vemos que, na escrita literária dessa autora, surgem outras angústias, questionamentos e preocupações, sobretudo, com as formas de violência produzidas pelo racismo:

As fomes subsistem
ainda
estômagos raquíticos analfabetos
roncam
ainda
Temos sede
Sempre
As inundações desmoronam nossos barracos
desarmam
nossos sonhos
ainda
(grifos meus)[25]

Por vezes, para cada coisa que Miriam percebe/interpreta/capta para pensar o mundo, a escrita propõe todas as metáforas que podem alcançar porções sempre mais complexas de realidade. Na amplitude e na liberdade estética, a literatura negra brasileira aflora da necessidade de articular alianças em prol da reinvenção de modos de existência. No meio da agitação de sentimentos e da autoafirmação, da fruição ao dissabor, entre tantas coisas, o olhar negro carrega, transporta e multiplica paisagens indigestas:

Somos muitos de vários pesadelos
Os apelos crescem sob o sol sempre
Nossos olhos estatelados em esperanças e revoltas
Povoam o noticiário das seis
ainda
As palavras brotam nas hortas

sempre
Temos fome ainda
As notícias faturam sobre nossa miséria
ainda[26]

Com uma intensidade própria, prenhe de subjetividades, Miriam constrói as dobras na escritura para chegar ao fio condutor do enredo poético, os potenciais gestos de criação com muita rebeldia nos discursos, nas figuras, nas imagens: "Os apelos crescem sob o sol sempre / Nossos olhos estatelados em esperanças e revoltas".[27] Tendo isso em vista, na propagação infinita dos signos, observamos os impactos trazidos pela singularidade e pela renovação na sua escrita literária.

Temos sede
Sempre
As inundações desmoronam nossos barracos
desarmam
nossos sonhos
ainda
(grifos meus)[28]

Na escritura-dobra dos afetos, as possibilidades nunca hão de se extenuar, tendo em vista que compõem uma série de pontos para experienciar o prolongamento de sentidos e potencialidades de sua enunciação. Nesse caso, as variações de sintaxe se entrelaçam, mesclam-se, confundem-se para produzir a cena da linguagem do fundo ao avesso do mundo. Sob essa perspectiva, no espaço aberto entre o olhar e o desejo, a poética de Miriam mira nas inquietudes, na falta, na ausência. Por outro lado, ao modificar o registro, se necessário, concentra-se na liberdade e na emancipação do corpo-voz:

Segurar esta fantasia
Ouvir o vento
a voz do tempo
a voz no tempo
dizendo-me: — "vai"
Subir os degraus
escada invisível
fazer o impossível
realizar-se de repente[29]

No relato da experiência, localizamos a luta de um corpo negro feminino que, se antes não tinha lugar, agora finalmente, ao que tudo indica, encontra espaço para existir através da literatura. Escrita-corpo-literatura. E, nesse passo e compasso, por meio de seu rosto/voz, entre o que vemos e o que nos olha e o que sentimos, emana uma espécie de energia, um curso de sua existência entrelaçada por recordações da infância-adolescência:

> [...] escrevo desde os onze anos de idade, a princípio de uma forma compulsiva. O pessoal da casa não entendia nada do que eu estava fazendo e nem por que estava fazendo. Eu também não entendia nada, só entendia que aquilo me dava prazer [...] eu escrevia e jogava num canto com um desafogo. Depois eu comecei a retomar aquilo que escrevia. *Sou uma mulher negra escritora, não por escolha, mas porque não deu para parar* (grifos meus).[30]

Desde a pré-adolescência, a poeta já mostrava inclinação para se tornar escritora e descobriu que a literatura fazia parte de sua vida: "era a forma de registrar sentimentos, as coisas que as crianças não podiam dizer".[31] Percebemos, então, que toda essa atmosfera feita de rastros-memórias tem o projeto de servir a algo maior. Miriam faz a transposição do vivido de modo muito instigante, e o faz de modo a manifestar a história da literatura negra brasileira.

Nessas memórias-imagens, cuidadosamente selecionadas durante o fervor criativo, está a ambição de se autoexteriorizar pela escrita: "eu escrevia e jogava num canto com um desafogo". Sobre isso, a autora destaca o importante papel no seu acesso à escrita até chegar a ser publicada somente nos anos 1980. No desejo imperioso e imprescindível de ser uma escritora, e no imaginário de criança, revela: "sou uma mulher negra escritora, não por escolha, mas porque não deu para parar".[32]

DOBRAS, ASTÚCIA E TRANSGRESSÕES

Quando escrevo, existo por inteira.
Miriam Alves

Nascida em 6 de outubro de 1952, em São Paulo, mãe de Dandara, Miriam Aparecida Alves é assistente social, professora, ensaísta, escritora e poeta. Integrou o Quilombhoje Literatura de 1980 a 1989.[33] Dessa maneira, nas vivências e experiências forjadas nos movimentos negros, podemos perceber o ativismo, a militância e as escolhas políticas feitas pelas escritoras e escritores negros brasileiros da geração dos anos 1970 e 1980.

Ademais, em seus exercícios, de forma mais explícita, Miriam afirma que a intenção era confrontar a historiografia literária brasileira acerca do silenciamento e do apagamento dos textos de autoria negra. Além disso, com os efeitos e acontecimentos, em sua profundidade, a escritora revela que a sua geração também assumiu a tarefa de potencializar uma literatura negra brasileira: "Naquele momento, a África servia de parâmetro para as categorias: a de exploração e a de rebeldia". Inspirados, nesse devir, os autores diziam fazer da negritude, exposta em poesia, instrumento da luta contra a exploração social.[34]

Parafraseando Miriam, as autoras e os autores negros abriram as trancas, furaram as cercas, pularam muros e invadiram o campo literário "para ampliar o território da fala de homens e mulheres".[35] Paralelamente a isso, estavam interessados em erguer a cabeça, ouvir e tornar as suas vozes audíveis, mas também em utilizá-las para falar sobre o que incomodava. Ao formar uma contiguidade por todos os lados, "nos anos 1970 e 1980", nesse flanco aberto, a pensadora revela que fez uma opção política consciente por "algumas discussões inspiradas na vivência da mulher afro-brasileira".[36]

Diante de tantas tessituras, notamos que a escritora negra compartilha as marcações e os contornos históricos do processo de emergência da literatura negra produzida no Brasil. Nesse sentido, ao mencionar seus antecedentes, assinala os momentos de ebulição em que os escritores negros e as escritoras negras decidiram traçar novos rumos para questionar e rasurar os cânones literário e historiográfico. Para ela, organizaram "a fala através do coletivo" e promoveram mudanças epistêmicas e culturais.[37]

Sob uma chave anticolonial e antirracista, Miriam Alves rememora que escritores negros e escritoras negras "que já existiam, que já vinham, dentro da geração mimeógrafo", insubordinam-se aos padrões estéticos vigentes.[38] Em outras palavras, essa geração de autores e autoras começa a se comunicar a partir das décadas de 1960 e 1970, começam a se reunir, a compartilhar textos e, por conseguinte, estabelecer um novo canal de partilhas para diálogos entre autoria negra e mercado editorial, com publicações coletivas de antologias poéticas ou de contos, parcerias em peças de teatro e textos críticos. Em suas passagens-memórias, a autora relembra:

> É muito emocionante, sabe?, você saber que *você é fruto de uma trajetória*. Então os *Cadernos Negros*, ele surge dessa *ebulição*. Os escritores negros que já existiam, que já vinham, dentro da geração mimeógrafo — a literatura marginal e tal — nesse movimento, já tinha os escritores negros que escreviam seus mimeógrafos e distribuíam, principalmente no Viaduto do Chá [...] Eu poderia ter entrado no *Cadernos Negros nº 1*, em 1978 (grifos meus).[39]

Segundo Miriam Alves, "não se tratava, simplesmente, de uma aglutinação de pessoas com o desejo de escrever".[40] Nesse caso, a autora acrescenta que se rebelavam "contra a perpetuação do negro como segmento mais atingido nas formas de exploração social".[41] Ante tal situação, organizaram uma agenda antirracista que desencadeou caminhos de uma insurgência política e literária para atingir as esferas dominantes da sociedade brasileira e evidenciar todas as contradições, pleiteando transformações radicais "nos valores estéticos e éticos".[42]

Mesmo diante do duro caminho, continuaram e continuam lutando com muita coragem. Num discurso de resistência e reivindicação, podemos reconhecer o panorama histórico e social que resultou no surgimento dos *Cadernos Negros* e na criação do Grupo Quilombhoje Literatura, assim como revisitar os itinerários que decorreram da organização, da afirmação e da consolidação do movimento literatura negra brasileira contemporânea.[43]

Nas cenas e encenações de seu discurso, Miriam performa sonhos, medos, perdas, ganhos, realizações, ousadias e conquistas da geração 78 do século 20. No ato de narrar como uma troca de experiência, pelo desejo constante de contar histórias e trazer às memórias, a autora aborda o passado que nos possibilita entender também o presente, não só no âmbito literário e crítico, mas também em todo o contexto social:

> [...] *Tive aquela ilusão de poeta*. Só porque eu escrevia alguém iria publicar. Procurei amigos e outros poetas e as respostas não foram positivas. Quando estava pensando em desistir, encontrei um Grupo. [...] Quando estava pensando em desistir, encontrei o Cuti, encontrei um grupo. Encontrei Abelardo Rodrigues, Paulo Colina e outros. [...] Havia encontrado pessoas, escritores que falavam a minha língua, uma língua afrodescendente, *cheia de significados que me significavam* (grifos meus).[44]

Ao entrarem em cena, os escritores Cuti (Luiz Silva), Abelardo Rodrigues, Paulo Colina, Miriam Alves, entre outros/as, embaralharam e enfraqueceram as estruturas dominantes, rasuraram e propuseram novos conceitos/modelos de arte, literatura e crítica. Posta a questão, vê-se que Miriam faz parte de uma geração de autores/as negros/as que, além de promover saraus e divulgar os textos, publicava os próprios livros e criava, inclusive, os próprios selos literários: "Tive aquela ilusão de poeta. Só porque eu escrevia alguém iria publicar".

Foi assim que denunciaram as hierarquias, as regras, os modelos impostos pelo mercado editorial brasileiro, onde eram "barrados e discriminados por trás de discursos de má qualidade, subliteratura e desinteresse dos leitores". Ao falar de rejeição, a autora se recorda: "Aí nossos livrinhos foram recusados várias vezes (a esquerda nos olhava com seus olhos canhestros)".[45]

Lidas sob esta perspectiva, não por acaso, na medida em que se ampliam, as memórias afetivas se transformam em arquivos históricos. Entre outras coisas, essas reminiscências invadidas por fragmentos são conectadas a diversos contextos sócio-históricos na África, na América Latina e no Caribe. Dando cabo à nossa leitura, colocam as visões e os interesses em cena, onde o passado pode ser presentificado, retomado e revivido pelas escritoras e escritores negros de gerações mais recentes. Igualmente, as novas gerações podem desfrutar do empoderamento político e literário: poetas, contistas, cordelistas, romancistas, *slammers* etc.

Em meio às descobertas, além de refletir sobre si mesma, Miriam revela toda a plenitude de suas escolhas e intenções políticas que foram sendo enriquecidas pelo olhar crítico. Também compartilha os desafios enfrentados para exercer a sua escrita literária: "[...] Havia encontrado pessoas, escritores que falavam a minha língua, uma língua afrodescendente, cheia de significados que me significavam".[46] Por meio das experimentações, considera importante ser reconhecida como uma escritora negra brasileira. E assevera: "E não é rótulo. É uma atitude política".[47]

Assim, podemos constatar que, do olhar negro brasileiro, "debatendo-se contra as amarras da linguagem, as mordaças ideológicas e as imposições históricas", a escritura de Miriam Alves "propicia uma reflexão revelando a face de um Brasil afrofeminino, diferente do que se padronizou" pela historiografia literária latino-americana.[48]

NAS DOBRAS E REDOBRAS DA AUTORIA NEGRA FEMININA

> *Os temas que me interessam e sempre me interessaram são os sentimentos e os relacionamentos humanos de forma geral. Eu praticamente enfoco todos eles na minha escrita,* partindo sempre da minha inserção social, ou seja, de mulher negra (grifos nossos).[49]

Segundo Luiz Rufino,[50] a dobra é a "astúcia" daquela que "enuncia para não ser totalmente compreendida", não pela falta de sentido, mas pela "capacidade de produzir outros [sentidos] que transgridam as regras de modo normativo, racista e capitalista". Desse modo, no texto literário, transbordamos a realidade visível e imaginada e podemos flagrar esses elementos estéticos atravessando a escritura, o corpo, o discurso e a pele da autora.

Ao aprofundar a reflexão e oferecer várias camadas do viver aos seus leitores, autoras negras contemporâneas escrevem crítica e poeticamente sobre temas do universo das mulheres negras. A escrita de Miriam cria jogos, refaz narrativas, discursos, personagens, dá-lhes vozes, histórias e protagonismos, e assim se insurge diante das "regras de um modo normativo, racista e capitalista".[51]

Por descobrir-se poeta, Miriam encontra a potência afirmadora da vida e a escrita negra feminina, que junta os pedaços do impensável e imprevisível, "tirando de si o abismar-se", multiplica-se em grafias, referências, textualidades e sentimentos.[52] Por esse motivo, e por libertar a sua força no "lento/ vai e vem", enquanto se dobra nas melodias e nos sons das palavras compostas por suas próprias matérias, descobrimos outras trilhas da autoria: "Vou/ ondas de mar/ outra hora voo ao céu".[53]

Quando assumimos a sina de mulher-escritora junto com Miriam, passamos a seguir os rastros de uma trajetória que completa quatro décadas de romances, contos, poemas dramáticos e textos críticos e teóricos publicados. Com o intuito de partilhar os códigos, Miriam se inscreve nas múltiplas dimensões de ser mulher-negra-escritora para repercutir a consciência de sua existência através das palavras: "Eu praticamente enfoco todos eles na minha escrita, partindo sempre da minha inserção social, ou seja, de mulher negra".[54]

A partir dessa constatação, no mundo criado graças ao poder das letras pretas, como a plenitude, Miriam marca o poder da imaginação sem limites de poeta-escritora — a liberdade alcançada para rasurar o cânone literário — de escrever entre as linhas desordenadas e insurrectas. E, devido a isso, sua poética ressignifica a tradição como um todo, e suscita novas composições para olhar e fotografar a realidade da população negra brasileira.

A partir de então, cada forma mergulha aos poucos nas cenas do existir/pensar/escrever. Seguindo em passos firmes, a voz se liberta e parece ganhar uma cadência própria. Tudo parece se diluir ou, ao menos, transformar-se em coisas mais fluidas com as mais diversas associações: "entre os traços/ que faço/ refaço/ introduzo/ re-introduzo [...] Faço/ refaço laços/ nas fitas de minhas cores muitas".[55]

Diante desses vestígios, na possibilidade de se reinventar e reconstruir a própria existência tanto no texto literário como ensaístico, Miriam aposta nas ressonâncias e reverberações de uma escrita negra para promover questionamentos, estranhamentos e inquietudes de toda ordem. Por isso, em partículas poéticas, há construções e combinações a partir de jogos de atravessamentos e experimentações na/da linguagem: "Venha/ Vamos bailar no noturno/ celeste/ plantando na loucura/ na lucidez".[56]

Miriam também possibilita atravessar simplesmente um rio, uma ponte ou nadar em mar aberto. Vida e escrita se apresentam em bifurcações e metamorfoses com anseios, erros, acertos e desvios, certezas e incertezas, desequilíbrios, provocações e frustrações. Em consequência, ao fazer com que a sua escrita ultrapasse as barreiras do tempo, a escritora negra invade as fronteiras dos gêneros literários para saciar a sua fome de verso e prosa.

Ao que me parece, mais profundamente, nas quebras aparentes do texto, numa atmosfera de sensibilidade e delicadeza, em movimentos equilibrados e taciturnos, textualmente tudo se desloca e escapa ao padrão canônico. Em linhas gerais, no estado de coisas que a circunda, a escritora feita no/pelo texto expressa tudo aquilo que não pode ser dito de outra maneira. A partir de um trabalho cuidadoso com a linguagem, com os vários elementos que a constituem como autora, Miriam responde ao desafio de constituir a prosa poética:

> Armada de guerra...
> refeita a garganta doída...
> gritei pra mim:
> — Vou à luta!!!
> Vou lutar!!!

Diante desses duelos, em pormenores a arte, a poesia, a ficção e a crítica nascem da escritura negra feminina que se quer, às vezes, ensaística ou literária para novas e inventivas aberturas que se descortinam perante os nossos olhos. Sob todas as coisas, de uma linha à outra, de uma página à outra, "armada de guerra, empunhando uma espada" em que se desdobra grafia e pensamento, Miriam instaura uma forma de fruição da negritude:

> Defendo um ideal.
> Real verdadeiro.
> sair
> empunhando espada
> legado
> d'um passado[57]

Por meio de outros saberes e assentando conhecimentos herdados de nossas antepassadas, Miriam propaga a sua impressão entre o visível e o dizível, entre o visível e o invisível para repercutir a experiência negro-africana na diáspora. De toda maneira, nos contos e romances — que estão cheios de dobras —, a escritora expressa princípios e valores combinados com sua visão de mundo. Todavia, tudo isso possui fundamento na ancestralidade:

> Ya disse que, para manter o equilíbrio com a vida, as obrigações eram necessárias, os orixás ajudariam sempre. Eu, às segundas-feiras apanhava as folhas no quintal, macerava e me banhava. Colocava as ervas para secar, recolhia as secas, preparava e misturava para defumação. Refletia sobre os cuidados que nos mantiveram vivas. *As que vieram antes ensinaram as que vieram depois, até chegar a mim* (grifos meus).[58]

Misturando passado e presente, cintilando a vida pela água e pelo barro ancestral, os textos propõem "um novo lócus de compreensão" a partir de um processo de "desconstrução onde ficamos excluídas da estética nacional". Tal como a experiência de escritura, memórias, saberes ancestrais e vivências fundamentam a tessitura de suas narrativas literárias, há um código sociocultural que consegue desvendar mistérios e romper barreiras da exclusão, fazendo-nos pensar em outra lógica que não a eurocêntrica.[59]

Imediatamente, nas interações sociais, mulheres negras têm a habilidade de ver a outra realidade que pressupõe uma reconexão com a ancestralidade, espiritualidade e religiosidade negra africana. Ao partir do projeto de descolonização do pensamento, a escrita negra feminina contemporânea evoca outros campos de saber que formam posicionamento político e produzem novas epistemes: "Ya disse que, para manter o equilíbrio com a vida, as obrigações eram necessárias, os orixás ajudariam sempre".[60] Epistemes negras femininas feitas de saberes ancestrais presentes nas folhas, ervas e plantas etc., do barro de Mãe Nanã e da sabedoria de nossas Ya.

Por isso, nos pontos de singularidade desenhados nas dobras da escrita de Miriam Alves, assentamos os saberes e reverenciamos a nossa ancestralidade negra africana. Ao criar um universo para abrigar as suas personagens, temos uma potência criativa em que as trilhas sonoras e as letras são bebidas nas múltiplas sabedorias de nossas antepassadas: "[...] Eu, às segundas-feiras apanhava as folhas no quintal, macerava e me banhava. Colocava as ervas para secar, recolhia as secas, preparava e misturava para defumação".[61]

Ao escavar a língua e a linguagem, Miriam Alves provoca fendas nas formas homogeneizantes que capturam e aprisionam as expressões vivas e alegres da escrita literária negra feminina. Ao nos depararmos com a sua imensidão, notamos uma autora que desafia e problematiza as engrenagens da literatura canônica e historiografia literária latino-americana. Prontamente, arma-se nas trincheiras da literatura negra brasileira, compõe os fluxos de grafias e estratégias para produzir dobras no pensamento ocidental.

Nos atos de criação ética e estética, Miriam provoca rachaduras, fissuras e abre as sendas a fim de tecer novos ângulos para olhar para si e para outras mulheres negras diaspóricas. Dando tom de outros acordes, invertendo e desativando os mecanismos de saber e poder, a autora compõe e recompõe tempos tramados por fios de lembranças oriundas do Atlântico. Logo, tudo isso afeta diretamente o ponto de vista da narração: "Vá, banha-se e venha sentar com a sua Ya".[62]

Calando o verbo da dor, oscilando entre a insurgência e a revolta, Miriam propõe um elenco diverso de personagens femininas, o que permite a essas a expressão de seus desejos, de suas insatisfações e de sua libertação. Em seguida, elas restituem a sua humanidade violada, recuperam o seu protagonismo e passam a existir na plenitude de suas existências:

> [...] Mãe Nanã, senhora dos orixás, mãe das mães, cuida de minha mãe, a embale, faça reviver a vida que sei que está de lá adormecida. [...] Eu a via, me via. Num determinado momento, a senhora, em meus sonhos, levantou-me, banhando-me em águas frescas...[63]

Nesse sentido, evocamos a imagem do rio-mar que atravessa física e metaforicamente as palavras, as metáforas, as melodias, entre outros, e estabelece correlações (ou traduções) entre os mundos diversos nas formas de linguagem, discursos e saberes. Ao colocar um olhar experiente do presente sobre o acontecimento passado, podemos desvendar alguns mistérios no amor, na natureza, na magia e no desencadear de suas narrativas.

Poeta, contista, romancista, ensaísta e dramaturga, Miriam Alves faz com que, nas suas obras, tudo oscile entre a estabilidade e a instabilidade de temperatura e movimento. Ela desliza sentidos para recorrer às condensações e, simultaneamente, aos deslocamentos de si. Por essa razão, a escritora impõe como tarefa desvendar as palavras e todos os seus significados. Assim, sem se revelar para leitoras e leitores não iniciados, as metáforas se tecem nas águas paradas e na terra úmida: "Mãe Nanã, senhora dos orixás, mãe das mães, cuida de minha mãe, a embale, faça reviver a vida que sei que está de lá adormecida".[64]

Em um jogo permanente de forças, as palavras se multiplicam e tornam-se mais do que simples termos: os escritos de Miriam demonstram a habilidade de inventariar temas e personagens. Em termos semânticos, para fazer explodir uma realidade abrangente, a autora escreve sobre assuntos polêmicos e tabus, e abarca processos de lutas e reivindicações. É importante dizer que o sujeito poético torna tudo único, original e inesquecível: "[...] Eu a via, me via. Num determinado momento, a senhora, em meus sonhos, levantou-me, banhando-me em águas frescas".[65]

Mais do que renovar a linguagem, promove uma incessante movência de formas, gêneros e produção de subjetividades negras. Um querer desvendar o mundo através da imaginação que transcende os limites pré-fixados pelo cânone e pela tradição. Na dobra-escritura, além do mais, existe uma pluralidade de significados e, consequentemente, uma arquitetura ambígua que dificulta a sua decifração:

> A alma flutua
> solta lenta liberta
> sem linhas geográficas
>   geométricas
>   horizontais ou verticais
> E o mundo é este
> o da liberdade imaginativa
> o espaço do ser (de ser)
> sem limites...[66]

Em *Momentos de busca*, a preservação da liberdade poética se instala na reconstrução do real, na vida, na arte e no ativismo. No interior das dobras, cada poesia é um território amplo e perigoso, um labirinto existencial do eu, um espaço autoconsciente que se desdobra num mundo dentro de outro para expressar o seu funcionamento e a sua movimentação. O sujeito literário possibilita a ressignificação de si e de suas antepassadas.

Em *Estrelas no dedo*, a cena recriada na poesia remete a um fato vivenciado pela autora, o qual constitui-se como possíveis dobras da escrita. Mas nada impede que sua encenação embaralhe as referências e coloque a verdade biográfica em suspenso. Cheias de armadilhas, as poesias adquirem proporções ilimitadas do feminino negro. Do fazer literário, diante das tentativas de desumanização, o corpo negro se humaniza.

Seguindo a leitura das obras/dobras, *Momentos de busca* e *Estrelas no dedo* operam as maneiras sensíveis de viver/pensar/escrever de Miriam Alves. Sem perder o caráter lírico, as antologias refutam a ótica colonizadora e extrapolam o espaço-temporal. Na tônica de criações dessas poéticas, como forma de resistir ao racismo e à invisibilidade, desenraízam-se os sentimentos e monta-se uma engrenagem complexa do ser-mulher-negra.

> Ninguém grita o tempo
> todo
> Ninguém.
> O tempo todo não grito
> nas manhãs descanso
> Calo...
> Aguço os ouvidos[67]

Em *Mulher mat(r)iz*, estão assentadas diferentes perspectivas estéticas nas variadas dimensões do amor, bem como nas outras dimensões da vida social de mulheres negras brasileiras. Em geral, nessa obra, temos uma forte percepção existencial do "eu" e "nós" que deriva com suas potencialidades e ambiguidades. Nessa coletânea, as personagens ilustram/gritam angústias existenciais, medos, incertezas e solidão, aceitação, relações familiares, amizades, identidades e discriminações, entre outras.[68]

De outra parte, mulheres negras e lésbicas partilham densas camadas de sentimentos e trazem à tona um acúmulo de experiências e tendências que se desdobram em flagelos, esperanças, desejos, erotismo e resiliência para enfrentarem o racismo, o sexismo, a homofobia, a lesbofobia etc. Por outro lado, a ousadia das cenas eróticas permite ultrapassar limites impostos e estabelecer distanciamento dos estereótipos e depreciações colocados pelo cânone colonial: "os olhares que trocaram continuam o calor de um abraço, a entrega de um beijo, a suavidade e as delícias de mãos indo e vindo".[69]

Cada narrativa é, portanto, uma expressão do desejo feminino que se liberta do silenciamento e do aprisionamento. De toda forma, da inventividade que emana da produção literária de autoria negra feminina, as manifestações de afeto e vivências lesboafetivas como exercício da sexualidade apresentam-se como resultados de vivências nossas: "Neste clima, estava difícil para elas manterem o controle, apesar de não gostarem. Foram ao banheiro e beijaram-se, língua com língua".[70]

No conto "A cega e negra: uma fábula", quando pretende encenar tessituras afroafetivas, nas "acrobacias" do existir/sentir de mulheres negras e lésbicas, observamos uma cumplicidade da autora-narradora com as suas personagens: "Ela e Flora faziam acrobacias do viver, dependuradas num fio aparentemente tênue da vida. Fio invisível, resistente, frágil".[71]

Na sua força de ressonância e de resistência, a escritora descortina as múltiplas faces, emoções e cotidianos do feminino negro para provocar possibilidades infinitas de afetividade, desejo, erotismo e sexualidade como questões políticas e sociais que escapam ao controle e à vigilância. Por esse motivo, o corpo, o erotismo, a sexualidade feminina e a lesboafetividade emergem como outros catalisadores de seu projeto estético-literário.

Diante dessas assertivas, no conto "Tamborilar", no movimento de ser, viver e criar, ao encontrar sentido para a nova realidade que se apresenta, na dobra e redobra na escritura negra, Miriam narra o amor entre iguais evocando a "melodia da pele arrepiada":

> Tereza era minha chefe. [...] As conversas eram banais e triviais. [...] Com a mão espalmada, alisou meu ombro, não resisti, me apaixonei, a beijei, seus afagos tamborilavam minhas costas. Hoje, acordei em sua casa, em sua casa, ela me dedilhando.[72]

Na natureza da dobra afroafetiva, Miriam Alves lembra, acerca dos temas que saíam em *Cadernos Negros*, que em geral se tratavam de "temas de lutas, temas sociais, de contestação, mas não havia espaço para o amor, o erotismo, o homoerotismo". Portanto, ela tomou uma decisão:

> Por que você não escreve? Daí eu escrevi um conto chamado "Abajur", que tem uma menina bissexual, outra lésbica e um rapaz, e assinei como Miriam Alves. Então, resolvi criar um heterônimo e continuar escrevendo sobre essa situação que acontece, é verdadeiro, é literatura.[73]

Por essa concepção e por meio do impulso erótico e da afetividade que envolvem as suas personagens, Miriam e Zula Gibi (seu heterônimo) modificam os rumos da narrativa nos *Cadernos Negros*. Em função dessa nova perspectiva, referindo-se ao corpo e à sexualidade, no entrecruzamento de opressões de raça, gênero e sexualidade, a literatura de autoria negra feminina passa a refletir sobre aspectos interditados pelo racismo, pelo sexismo e pela homofobia.

NAS TRILHAS E DOBRAS DA ESCRITORA-ROMANCISTA

> *O ciclo se completa. O que parece fim abre-se para outros começos. É espiral do* "Akoko", *dos movimentos circulares infinitos* (grifo da autora).[74]

É preciso pensar na arte da composição narrativa dos romances de Miriam Alves. Isso implica dizer que as estratégias da romancista revitalizam o campo da literatura negra brasileira contemporânea. O ato e o modo de narrar configuram-se como importante estratégia na produção de subjetividades negras. Por outro lado, "as formas narrativas de autoria negra trabalham para reescrever a história negra feminina nas Américas".[75]

Nas trilhas e dobras da escritura de Miriam, citamos dois romances até aqui: *Bará: na trilha do vento*, publicado pela editora Ogum's Toques (2015), e *Maréia*, pela editora Malê (2019). Primeiro romance de Miriam, *Bará* narra a trajetória de uma família negra cuja protagonista é Barbara, chamada carinhosamente de Bará. No contrafluxo do cânone literário, a ancestralidade negra africana compõe a materialidade do tecido literário e organiza o espaço-tempo da narrativa. Neste caso, a ancestralidade está pautada em preceitos de um mundo pleno de sentido, que organiza o destino das personagens femininas em conexão com o passado ancestral, projetando ou assegurando presente ou um futuro, entre mães, filhas e netas:

> Abriu o baú, pronunciava baixinho as palavras ancestrais, com desvelo e respeito. Revelou-se o que resguardava em seu interior: uma escultura de mulher talhada em terracota, em tons alaranjados, do tamanho de um palmo. [...] Emanava, plena, o poder absoluto existente em todas as mulheres, e somente nelas: o de procriar.[76]

Na trama, contada por uma narradora onisciente, a autora apresenta episódios da infância e da adolescência de Bará, e destaca a presença de uma mulher negra independente, contemporânea e com profissão. No romance, a personagem participa de uma "matriz cultural e religiosa que lhe permite enxergar e sentir mais dos outros ao seu redor". Dito de outro modo, Bará é considerada a "senhora do tempo e do vento".[77] Ela tem acesso a mistérios e segredos do Aiê (terra) e Orun (céu).

Diante do resgate da linhagem ancestral conduzida por mulheres, podemos presenciar o entrelaçamento de gerações que transmitem e herdam saberes: a menina, a mãe, a avó. Também no romance tem-se uma história que assinala um modo de estar no mundo, marcado quase sempre pela ancestralidade negra africana e capaz de organizar a vida, a morte e a continuidade: "Como quem celebra o sentido da vida, Patrocina, silente, vislumbrou um lugar imaterial onde reside a essência e o significado da existência humana".[78]

Desse modo, os romances de autoria de Miriam constroem cenários em que mulheres negras são fortes e resistem, mas de maneira diferente. Somos pessoas diferentes, com criações e entendimentos diferentes sobre ser e estar no mundo. Em histórias como as de Bará, temos humanidade e, a partir dela, pensamos nosso próprio caminho, em nosso amadurecimento e nossa vida. Em outras palavras, as dobras alinhavam uma história negra feminina da abertura ao desfecho, sem pontas soltas nem incongruências. Reencenam outras narrativas a partir de zonas de atravessamento e vida-destino.

Na construção de suas tramas e através de cada etapa da jornada das personagens, Alves romancista evoca ciclos históricos que se completam. "O que parece fim abre-se para outros começos."[79] Nesses ciclos feitos de inícios e recomeços, abrindo outras lógicas e perspectivas para o universo das letras negras brasileiras contemporâneas, *Bará* e *Maréia* produzem novos arranjos na paisagem afro-atlântica.

Avançando mais um passo, em uma narrativa de ficção, destacam-se da atmosfera as fissuras, os atalhos, o vivido, o histórico e o factual a fim de revivificar narrativas afrodiaspóricas distanciadas de histórias canônicas. Por linhas de fuga, os romances se tecem de uma nova constelação com outros arranjos estéticos assentados na ancestralidade negra africana. Dessa forma, para as novas abordagens que se instauram, vemos surgir outras formas de contar, novas potências e modulações da narrativa negra brasileira.

ENQUANTO A ESCRITA NEGRA FEMININA PULSA, PRODUZ SUAS INFINITAS DOBRAS

> *Eu quero existir. Eu quero existir no* pensamento ficcional e imaginário. *Eu quero existir no coletivo imaginário deste país na forma que eu sou* (grifos meus).[80]

Ao alternar entre o gênero ensaístico e o narrativo, deslizando de um para outro, os escritos de Miriam Alves não dormem e não vacilam[81] porque "cabeça atina", acenando a outros caminhos e juntando os pedaços de histórias e memórias afrodiaspóricas.[82] Do mesmo modo, em face das múltiplas opressões vivenciadas, da construção do foco narrativo, da temporalidade e dos artefatos, temos uma escrita negra feminina latino-americana que mobiliza outras epistemes e pensamentos críticos.

De tanto soltar o verbo sublinhando as dores de cada uma, as buscas, os desejos e as descobertas, os escritos de Miriam tecem atalhos para outras existências femininas. Nesse itinerário, no vento forte da ventania de Oyá, no vaivém do espaço-tempo, refazemos os laços ancestrais, assim como temos orgulho de "reescrever as histórias de luta e os legados de resistência de nossas antepassadas africanas e negras".[83] Na fluidez da força-palavra, em contextos de múltiplas perspectivas, rebelando-se e se insurgindo, a sua literatura negra feminina opera as dobras sem limites e/ou fronteiras.

NOTAS

1. Miriam Alves, "Entrevista". In: Dawn Alexis Duke (Org.), *A escritora afro-brasileira: ativismo e arte literária.* Belo Horizonte: Nandyala, 2016, p. 178.

2. Recorro à noção de dobra proposta por Rufino (*Exu e a Pedagogia das Encruzilhadas*. Tese de doutorado. Faculdade de Educação, Universidade do Estado do Rio de Janeiro, Rio de Janeiro, 2017. Disponível em: https//www.bdtd.uerj.br:8443/bitstream/1/10434/1/Tese_Luiz%20R%20Rodrigues%20Junior.pdf/. Acesso em: 30 out. 2021, p. 173). Para ele, a dobra ocorre na linguagem desenvolvendo a capacidade/habilidade de ser, ao mesmo tempo, leitora, escritora e intérprete do mundo, em múltiplas textualidades. Nessa proposta conceitual, entendo que dobrar a linguagem "é a capacidade de, em meio aos regimes monológicos/monorracionalistas, explorar as possibilidades de se inventar polilinguista/polirracional". Portanto, a linguagem na escrita de Miriam Alves "é um campo que revela múltiplas possibilidades, assim como enigmatiza muitas outras". "É o terreno onde os jogos de poder/saber se desfazem." Na dobra da linguagem, a escritora propõe outros movimentos e as podem ser "transgredidas e lançadas a outros horizontes".

3. Aníbal Quijano, "Colonialidade do poder e classificação social". In: Boaventura de Sousa Santos; Maria Paula Meneses (Orgs.), *Epistemologia do Sul.* São Paulo: Cortez, 2009, pp. 84-130. Nelson Maldonado-Torres, "Transdisciplinaridade e Decolonialidade". *Revista Sociedade e Estado*, v. 31, n. 1, jan.-abr., 2016.

4. Miriam Alves, "Pedaços de mulher" (entrevista). In: Leda Maria Martins; Carolyn Durham; Phylis Peres; C. Howell (Orgs.), *Callaloo*, v. 18, n. 4, *African Brazilian Literature, an special issue*. Baltimore: John Hopkins University Press, 1995.

5. Id., "Pedaços de mulher". *Estrelas no dedo.* São Paulo: Edição da autora, 1985, p. 45.

6. Id. Ibid.

7. Id. Ibid.

8. Id., "Afro-brasileiras". *Cadernos Negros nº 31*. São Paulo: Quilombhoje, 2008, p. 99.

9. Id. Ibid.

10. Id. Ibid.

11. Cristian Souza de Sales, *Assentamentos de resistência: intelectuais negras do Brasil e Caribe em insurgências epistêmicas*. Tese de doutorado em Estudos de tradução cultural e intersemiótica. Programa de Pós-graduação em Literatura e Cultura, Universidade Federal da Bahia, Salvador, 2020.

12. Miriam Alves, "Despertador preto". *Bará: na trilha do vento*. Salvador: Ogum's Toques Negros, 2015, p. 33.

13. Id., "Estranho indagar". *Estrelas no dedo*, op. cit., p. 25.

14. Id., "Noticiário". *Momentos de busca*. São Paulo: Edição da autora, 1983, p. 47.

15. Id. Ibid.

16. Id. Ibid.

17. Neste caso, me refiro às dificuldades enfrentadas por escritoras negras brasileiras para conseguirem se inserir no mercado editorial brasileiro. Por outro lado, também ressalto uma trajetória literária que possui uma dimensão nacional e internacional, o que favoreceu a produção, a tradução e o reconhecimento de poesias, contos, ensaios, entre outros. O mercado editorial é aqui considerado como o sistema que garante a circulação e a sobrevivência dos autores.

18. Disponível em: www.miriamalvesescritorapoeta.com.br. Acesso em: 11 out. 2021.

19. Miriam Alves, "Entrevista". In. Dawn Alexis Duke, op. cit., p. 171.

20. Id. Ibid.

21. Bondelê. "Bondelê #59 apresenta *Maréia*, mais entrevista com a autora". *YouTube*, 4 out. 2019.

22. Entrevista de Miriam Alves a Carolina Freitas da Cunha. Disponível em: https://medium.com/@cfdacunha/entrevista-com-miriam-alves-f9a58f270ec8/. Acesso em: 30 out. 2021.

23. Miriam Alves, "Entrevista". In: Dawn Alexis Duke, op. cit., p. 178.

24. Id., "Pedaços de mulher", op. cit.

25. Id., *Momentos de busca*, p. 47.

26. Id. Ibid.

27. Id. Ibid.

28. Id. Ibid.

29. Id. Ibid., p. 49.

30. Id., "Pedaços de mulher" (entrevista), op. cit., p. 802.

31. Graziele Frederico; Lúcia Tormin Mollo; Paula Queiroz Dutra. "Escrevo porque não dá para não escrever": entrevista com Miriam Alves. *Estudos de Literatura Brasileira Contemporânea*, 2017, n. 51, pp. 289-94.

32. Miriam Alves, Ibid.

33. Ao longo de quarenta anos de trajetória literária, publicou as seguintes obras: *Momentos de busca* (poemas), em 1983; *Estrelas no dedo* (poemas), em 1985; *Terramara* (peça teatral), em 1988, em coautoria com Arnaldo Xavier e Cuti (Luiz Silva); *BrasilAfro autorrevelado* (ensaios), em 2010; *Mulher mat(r)iz* (contos), em 2011; *Bará: na trilha do vento* (romance), em 2015; *Maréia* (romance), em 2019; *Juntar pedaços*, em 2020. Publica poemas nos *Cadernos Negros* desde 1982, onde fez a sua estreia e já participou de diversas antologias (Vol. 5-poesias, 1982, até Vol. 40-contos), entre outros. Já foi traduzida em várias antologias, como a edição bilíngue *Black notebooks: contemporary Afro-Brazilian literary movement.*

34. Id., "*Cadernos Negros nº 1*: estado de alerta no fogo cruzado". In: Maria do Carmo Lanna Figueiredo; Maria Nazareth Soares Fonseca (Orgs.), *Poéticas afro-brasileiras*. Belo Horizonte: Mazza, PUC-Minas, 2012, 2. ed., p. 227.

35. Id., "Quando escrevo, existo por inteira". In: *Cadernos Negros: poemas afro-brasileiros*, v. 33. São Paulo: Quilombhoje, 2010, p. 184.

36. Id., "Entrevista". In: Dawn Alexis Duke, op. cit., p. 178.

37. Id., "Quando escrevo, existo por inteira", op. cit., p. 224.

38. Bondelê, op. cit.

39. Id. Ibid.

40. Miriam Alves, "Quando escrevo, existo por inteira", op. cit., p. 229.

41. Id. Ibid., p. 227.

42. Id. Ibid., p. 225.

43. O primeiro livro foi lançado no dia 19 de novembro do mesmo ano, antes das comemorações do Dia da Consciência Negra, próximo ao Monumento a Zumbi dos Palmares, em São Paulo. Transformado em um evento político, semelhante às reuniões promovidas pela militância negra nos movimentos sociais, o lançamento reuniu um número bastante significativo de pessoas. Estavam presentes intelectuais, políticos, escritores e escritoras, entre eles Cuti, Esmerada Ribeiro, Márcio Barbosa, Carlos Assumpção, Hamilton Cardoso, Paulo Colina, entre outros. Os *Cadernos Negros* surgiram em 1978, em São Paulo, publicados em formato de bolso com 52 páginas e foram organizados por oito poetas: Henrique Cunha Jr., Angela Lopes Galvão, Eduardo de Oliveira, Hugo Ferreira, Celinha, Jamu Minka, Oswaldo de Camargo e Luiz Silva (Cuti). Até o momento, de autoria variada, possui 44 volumes com escritores e escritoras de diversos estados brasileiros: os números ímpares são dedicados aos poemas, e os números pares, aos contos. Em 2022, os *Cadernos Negros* completam 45 anos de existência. Disponível em: https://www.quilombhoje.com.br/cadernosnegros/historicocadernosnegros.htm/. Acesso em: 16 jan. 2021.

44. Miriam Alves; Carolyn R. Durham (Orgs.), *Finally Us / Enfim... nós: Contemporary Black Brazilian Woman Writers.* Edição bilíngue português/inglês. Colorado: Three Continent Press, 1995, p. 802.

45. Id., "Discurso temerário". In: Miriam Alves; Cuti (Luiz Silva); Arnaldo Xavier (Orgs.), *Criação crioula, nu elefante branco*. São Paulo: Secretaria de Estado da Cultura, 1987, p. 84.

46. Miriam Alves; Carolyn R. Durham (Orgs.), op. cit.

47. Frederico et al., op. cit.

48. Miriam Alves, *BrasilAfro autorrevelado: literatura brasileira contemporânea*. Belo Horizonte: Nandyala, 2010, p. 67.

49. Id. Ibid.

50. Luiz Rufino, op. cit., p. 173.

51. Id. Ibid.

52. Miriam Alves, *Juntar pedaços*. Rio de Janeiro: Malê, 2020, p. 102.

53. Id., *Feminiz-Ação. Coleção Poemas de Ocasião-3*. São Paulo: Orobo Criações, 2013, p. 31.

54. Frederico et al., op. cit.

55. Miriam Alves, *Feminiz-Ação*, op. cit.

56. Id. Ibid.

57. Id., *Momentos de busca*, p. 45.

58. Id., "Ya". In: *Juntar pedaços*, op. cit., p. 55.

59. Id., *Brasil afrorrevelado*, op. cit., p. 71.

60. Id., *Juntar pedaços*, op. cit., p. 55.

61. Id. Ibid.

62. Id. Ibid., p. 57.

63. Id. Ibid., p. 59.

64. Id. Ibid.

65. Id. Ibid.

66. Id. Ibid., p. 55.

67. Id., *Estrelas no dedo*. São Paulo: Edição da autora, 1985, p. 39.

68. Em 2002, a escritora afro-brasileira publicou o artigo *A escrita de Adé: perspectivas teóricas dos estudos gays e lésbicos no Brasil* e o ensaio *Negra e lésbica: a leitura do corpo negro,* textos nos quais reflete sobre a marginalização social, de gênero, de raça e de orientação sexual sofrida por essas mulheres. Além disso, coordenou em 2005 o núcleo Obìrìn Odara: Umas e Outras, grupo formado apenas por lésbicas negras que propunham políticas públicas de reparação contra essas discriminações.

69. Miriam Alves, *Mulher mat(r)iz*, op. cit., p. 64.

70. Id. Ibid., p. 64.

71. Id. Ibid., p. 45.

72. Id., "Tamborilar". In: *Juntar pedaços*, op. cit., p. 61.

73. Miriam também publicou nos *Cadernos Negros* contos e poemas, utilizando o heterônimo de Zula Gibi. Suas produções ficcionais podem ser conferidas nos

volumes 8, 22, 24, 25, 26. As suas últimas produções foram lançadas no volume 30 (2008). Na maioria das narrativas feitas sob a autoria de Gibi, as personagens femininas são lésbicas e negras. É através das vozes dessas mulheres negras e lésbicas que a poeta desloca padrões culturais e normatizações sociais hegemônicas ao desafiar a ordem instituída sobre a sexualidade feminina. Gibi aparece na série literária *Cadernos Negros* apenas com o nome de batismo completo (Zuleica Gibi Medeiros), local de nascimento (São Paulo, 1958) e profissão (pedagoga).

74. Miriam Alves, *Maréia*, op. cit., p. 131. O romance se constitui de palavras em iorubá, evidenciando que o Brasil não é um país de uma língua ou única linguagem, uma história única. Diante desse contexto, e destoando de um fluxo narrativo linear, *Maréia* se tece de nossas referências culturais negras africanas para reescrever histórias e narrativas afrodiaspóricas.

75. Cristian Souza de Sales, *Assentamentos de resistência: intelectuais negras do Brasil e Caribe em insurgências epistêmicas*, op. cit.

76. Miriam Alves, *Bará: na trilha do vento*, op. cit., pp. 119-20.

77. Cristian Souza de Sales, "Na ciranda da nossa ancestralidade". Prefácio. In: Ibid. p. 23.

78. Miriam Alves, ibid. p. 120.

79. Id., *Maréia*, op. cit., p. 131.

80. Id., "Entrevista". In: Dawn Alexis Duke, op. cit., p. 173.

81. Id., *Feminiz-Ação*. Coleção Poemas de Ocasião-3. São Paulo: Orobo Criações, 2013.

82. Id. Ibid.

83. Cristian Souza Sales, *Assentamentos de resistência*, op. cit.

REFERÊNCIAS

ALVES, Miriam. *Cadernos Negros*. Números 5, 7, 8, 9, 10, 12, 11, 13, 17, 19, 20, 21, 22, 24, 25, 26, 29, 30, 31, 32, 33, 34, 40. São Paulo: Quilombhoje, 1982-2021.

______. *Momentos de busca*. São Paulo: Edição da autora, 1983.

______. "Noticiário". In: ALVES, Miriam. *Momentos de busca*. São Paulo: Edição da autora, 1983, p. 47.

______. "Estranho indagar", "Pedaços de mulher". In: ALVES, Miriam. *Estrelas no dedo*. São Paulo: Edição da autora, 1985, pp. 22, 45.

______. "Discurso temerário". In: *Criação crioula, nu elefante branco*. ALVES, Miriam; SILVA, Luiz (Cuti); XAVIER, Arnaldo (Orgs.). São Paulo: Secretaria de Estado da Cultura, 1987, pp. 83-6.

______. "Pedaços de mulher" (entrevista). In: MARTINS, Leda Maria; DURHAM, Carolyn; PERES, Phylis; HOWELL, C. (Orgs.). *Callaloo*, v. 18, n. 4, *African*

Brazilian Literature, an special issue. Baltimore: John Hopkins University Press, 1995.

ALVES, Miriam; DURHAM, Carolyn (Orgs.). *Finally Us: Contemporary Black Brazilian Women Writers / Enfim... nós: escritoras negras brasileiras contemporâneas*. Colorado: Three Continental Press, 1995.

______. *Cadernos Negros: os melhores poemas*. São Paulo: Quilombhoje; Fundo Nacional da Cultura, Ministério da Cultura, 1998, pp. 103-6.

______. "Negra e lésbica: a leitura do corpo negro". In: LYRA, Bernadette; GARCIA, Wilton (Orgs.). *Corpo e imagem*. São Paulo: Arte e Ciência, 2002.

______. "É nos meus versos que me vejo". In: *Cadernos Negros: poemas afro-brasileiros nº 31*. São Paulo: Quilombhoje, 2008, p. 95.

______. "Afro-brasileiras". In: *Cadernos Negros nº 31*. São Paulo: Quilombhoje, 2008, p. 99.

______. "Quando escrevo, existo por inteira". In: *Cadernos Negros nº 33*. São Paulo: Quilombhoje, 2010.

______. *BrasilAfro autorrevelado: literatura afro-brasileira contemporânea*. Belo Horizonte: Nandyala, 2010b.

______. "A literatura negra feminina no Brasil: pensando a existência". *Revista da ABPN*, v. 1, n. 3, 2011, pp. 181-9.

______. *Mulher mat(r)iz*. Belo Horizonte: Nandyala, 2011.

______. "Cadernos Negros nº 1: estado de alerta no fogo cruzado". In: FIGUEIREDO, Maria do Carmo Lanna; FONSECA, Maria Nazareth Soares (Orgs.). *Poéticas afro-brasileiras*. Belo Horizonte: Mazza, PUC-Minas, 2012. 2. ed.

______. *Feminiz-Ação*. Coleção Poemas de Ocasião-3. São Paulo: Orobo Criações, 2013a.

______. *Partículas Poéticas*. Coleção Poemas de Ocasião-2. São Paulo: Orobo Criações, 2013b.

______. *Bará: na trilha do vento*. Salvador: Ogum's Toques Negros, 2015.

______. "Entrevista". In: DUKE, Dawn Alexis (Org.). *A escritora afro-brasileira: ativismo e arte literária*. Belo Horizonte: Nandyala, 2016.

______. *Maréia*. Rio de Janeiro: Malê, 2019.

______. "Tamborilar", "Ya", "A oferenda exuzíaca de Miriam Alves". In: *Juntar pedaços*. Rio de Janeiro: Malê, 2021, pp. 61, 55, 103-5.

ASSUNÇÃO, Maria Sousa e Silva. "Entrançados dizeres poéticos femininos: breve leitura de poemas de Conceição Lima (São Tomé) e Miriam Alves (Brasil)". *Revista África e Africanidades*, ano 2, n. 6, ago. 2009.

FREDERICO, Graziele; MOLLO, Lúcia Tormin; DUTRA, Paula Queiroz. "Escrevo porque não dá para não escrever: entrevista com Miriam Alves". *Estudos de Literatura Brasileira Contemporânea*, 2017, n. 51, pp. 289-94. Disponível em: https://doi.org/10.1590/2316-40185121. Acesso em: 14 nov. 2021.

MALDONADO-TORRES, Nelson. "Transdisciplinaridade e Decolonialidade". *Revista Sociedade e Estado*, v. 31, n. 1, jan.-abr. 2016.

QUIJANO, Aníbal. "Colonialidade do poder e classificação social". In: SANTOS, Boaventura de Sousa; MENESES, Maria Paula (Orgs.). *Epistemologia do Sul*. São Paulo: Cortez, 2009, pp. 84-130.

RUFINO, Luiz. *Exu e a Pedagogia das Encruzilhadas*. Tese de doutorado. Faculdade de Educação, Universidade do Estado do Rio de Janeiro, Rio de Janeiro, 2017. Disponível em: https//www.bdtd.uerj.br:8443/bitstream/1/10434/1/Tese_Luiz%20R%20Rodrigues%20Junior.pdf/. Acesso em: 30 out. 2021.

SALES, Cristian Souza de. *Composições e recomposições: o corpo feminino negro na poesia de Miriam Alves*. Dissertação (Mestrado em Estudo de linguagens). Programa em Estudo de Linguagens (PPGEL), Universidade do Estado da Bahia, Salvador, 2011.

_______. "Poesia feminina afro-brasileira: outras formas de escrita do corpo negro". *Anais Eletrônicos do IV Seminário Nacional Literatura e Cultura. São Cristóvão/SE*: GELIC/UFS, v. 4, 3 e 4 de maio de 2012, pp. 1-15.

_______. "Pensamentos da mulher negra na diáspora: escrita do corpo, poesia e história". *Sankofa*, v. 9, 2012, pp. 91-110.

_______. "Expressões do erotismo e sexualidade na poesia feminina afro--brasileira contemporânea". *Revista Ártemis*, v. 14, 2012, p. 22-36.

_______. "A escrita do corpo na poesia de Miriam Alves". *Revista da Associação Brasileira de Pesquisadores(as) Negros(as) — ABPN*, v. 4, 2013, pp. 37-56.

_______. "Na ciranda da nossa ancestralidade". Prefácio. In: *Bará: na trilha do vento*. Salvador: Ogum's Toques Negros, 2015.

_______. "Infinitas descobertas do corpo na escrita poético-erótica de Miriam Alves". *Revista Literatura e Cultura*, v. 14, 2015, pp. 30-48.

_______. *Assentamentos de resistência: intelectuais negras do Brasil e Caribe em insurgências epistêmicas*. Tese de doutorado em Estudos de tradução cultural e intersemiótica. Programa de Pós-graduação em Literatura e Cultura, Universidade Federal da Bahia, Salvador, 2020.

_______. "Da persistência de um esquecimento". Disponível em: https://correionago.com.br/da-persistencia-de-um-esquecimento-a-resistencia-de-nossa-escrita/. Acesso em: 21 jan. 2021.

_______. "Nossas resistências nas escruzilhadas". Disponível em: https://correionago.com.br/nossas-resistencias-nas-escruzilhadas/. Acesso em: 3 mar. 2022.

_______. "Poesia negra brasileira de autoria feminina: assentamentos de resistência". *Mester Issue L. Poetry and Poetics*, v. 50, 2021, pp. 159-92.

PARTE II

Odusciência

Quando o vento nos impregna!

ASSUNÇÃO DE MARIA SOUSA E SILVA

> *"Quando qualquer perigo lhes ameaçar, quando vocês precisarem dos meus conselhos, esfreguem estes chifres um no outro. Em qualquer lugar que vocês estiverem, em qualquer lugar em que eu estiver, escutarei suas queixas e virei socorrê-los." Eis por que dois chifres de búfalo estão sempre no altar de Iansã.*[1]

Começo este texto tomada por uma ventania imprevisível que adentra a minha casa. Tudo se move, coisas em balanço. O que está em falso cai. O vento! Sua presença se transforma em representação simbólica da dinamicidade das coisas no mundo e em metáfora da transmutação do tempo. Ele se instala no transcurso desse texto, o qual intenta, numa evocação à orixá Iansã, discorrer sobre alguns momentos poéticos da obra da escritora paulista Miriam Alves. Essa espécie de evocação não é à toa. Ela se justifica porque na obra de Miriam Alves projetam-se e materializam-se situações e estados discursivos conjugados pela dimensão iansânica ao reportar-se, suportar-se e se contrapor ao/no mundo.

Em 2022, comemoraremos quarenta anos desta presença incisiva na literatura negra brasileira. Com uma produção que engloba poemas, contos e romances, Miriam Alves inicia sua vida literária escrevendo poemas que, em seguida, constituem o livro *Momentos de busca*, e com a participação reveladora na antologia *Axé — Antologia da poesia negra contemporânea*

(1982). A partir daí, lança *Estrelas no dedo*, de poesia, e reúne outros poemas no projetado e inédito *Todas as fomes* (1986). Desse modo, segue participando durante largo espaço de tempo com suas produções em *Cadernos Negros*. Miriam amplia seu campo de inserção para outras coletâneas e configura sua vida literária na prosa com *Mulher mat(r)iz*, livro que reúne contos até então publicados em coletâneas no Brasil, na Alemanha, nos Estados Unidos e na Inglaterra. Ainda em nota da autora, ali já se revelava o que tem fecundado e erguido em sua obra: o "universo feminino afro-brasileiro em suas várias possibilidades vivencial-afetivas".[2] Se quisermos entender o porquê de tal intenção literária, Miriam talvez já nos tenha respondido em "Cidade Norte" (1999), acentuado no prefácio de Moema Augel:

> Qualquer escritor é a fala de seu lugar. Maiakóvski foi a fala da revolução russa. Não estou dizendo que estou fazendo uma revolução. Mas *eu sou a fala do meu lugar*.[3]

Essa autoafirmação já se ratifica em poemas contidos em *Cadernos Negros nº 9* (1986), como "Exus", "MNU", "Caçadores de cabeças", "Noticiário" e o paradigmático "Mahin amanhã", entre outros, e é conduzida pelo que a escritora diz na apresentação: "Estamos na época certa. Interrogo-me se o país é o certo. Certamente o é, pois estamos aqui, rastro de fogo invadindo as catedrais culturais. O nosso rastro é intenso. Deixamos sangue nas trilhas".

Desse modo, Miriam dedilha o que quer que nós, leitoras e leitores, conheçamos do seu mundo literário, que se edifica destemidamente e sem fazer concessões. Quando um determinado texto, como o conto "Os olhos verdes de Esmeralda", é rejeitado em uma banda da esfera, ela aplica outra investida para não se deixar sufocar. Miriam Alves então carrega em si o contra-argumento que reforça a contraposição a qualquer ordem colonizadora sobre o corpo e a voz femininos. Uma voz que não se limita a narrativizar as mazelas da sociedade brasileira racista, misógina e homo e/ou lesbofóbica, no processo de construção de sua (re)existência e resistência no mundo da cultura. A autora busca incessantemente ir mais além, problematiza, ventaniza outras facetas da realidade que ficcionaliza, recompõe acentos em falas-vozes atravessadas pelos embargos sedutores da subjugação quer nas relações afetivas, quer nas sociais entre homem/mulher, novos/velhos, mulheres/mulheres, sociedade/coletividade negra. Provavelmente por isso, críticos/as de sua produção identifiquem e enfatizem "um processo de afirmação da identidade feminina, das conquistas das mulheres negras".[4]

Isso posto, vale ressaltar e refletir sobre a obra dessa autora reconhecida e reverenciada por leitores e leitoras negros/as e não negros/as no Brasil e no exterior. Nesses quarenta anos de vida literária, Miriam Alves nos lega uma obra de temáticas plurais, direcionadas a desatender e a desobedecer às visões hegemônicas e colonizadoras sobre os corpos das mulheres negras, cessando o encarceramento de desejos, sonhos e aspirações das sujeitas subalternizadas. Nesses termos, sua obra aspira à perspectiva das realidades negras, problematizando e deslocando os lugares imobilizados e as condições impostas às mulheres nas esferas domésticas, no campo do trabalho, das relações sociais e afetivas. Pelas vias da construção literária, as preocupações estéticas estão amalgamadas às preocupações e aos anelos das mulheres negras investidas de atuação insurgente a partir de sua vivência ancestral.

A VENTANIA DA PROSA IANSÂNICA

Ao nos apropriarmos da prosa de Alves, como leitoras/es havemos de identificar a expressão da subjetividade feminina através de ações e reações que buscam preservar a autonomia do ser desenvolvido no ato poético-vivencial e a autonomia da fala como lugar do eu inscrito e internalizado na linguagem.

Em carta a Conceição Evaristo, Miriam Alves retoma o momento em que elas (autoras negras) se propuseram à reflexão sobre escrita-mulher negra, restabelendo o compromisso ético da "confraria" na abertura de diálogo com as autoras de sua geração e com as mais novas. Da mesma maneira, se estende nas entrelinhas do afeto a linhagem da confraria das autoras negras brasileiras, suas iguais, que se realinham sucessivamente numa ciranda entre pretas que escrevem e se fortificam no e pelo "engravida[mento] de palavras" e "perspectivas [de elas] restabelecer[em] os elos".[5]

Esse engravidamento das palavras se efetua numa maternagem discursiva que se projeta em vários aspectos: 1) palavras como autorrevelação de um mundo criado poeticamente a partir do interior feminino para restabelecer vidas; 2) palavras como ferramenta de reunificação dos laços de "dororidade"[6] entre as mulheres negras; e 3) palavras como existência explosiva das opressões e resistência do ser mulher que se quer visível, protagonista de sua própria narrativa.

O ato poético realinha os posicionamentos das sujeitas em trânsito no chão dos poemas, contos e romances, desestabilizando o "ritual" de dependência que a mentalidade patriarcal, misógina, racista e capitalista empreende sobre os corpos negros femininos. Podemos inferir que os contos narrativizam em especial o sistema de opressões interseccionalizado e, simultaneamente, desestruturam a "realidade insuportável", ferida aberta que se greta no interior das relações entre as personagens e o contexto, "corpo da negrura",[7] como refere a pesquisadora Leda Martins.

Martins aponta que os textos de mulheres negras como Geni Guimarães, Esmeralda Ribeiro, Conceição Evaristo, Elisa Lucinda e Miriam Alves repercutem como

> um instrumento e um lócus privilegiado para uma potente e persistente rasura, descontinuidade e desconstrução, tanto dos inumeráveis vícios de figuratização da persona negra feminina na literatura brasileira quanto de alçamento de uma voz alterna em relação ao racionalismo e sexismo que permeiam oblíquas práticas discursivas.[8]

À vista disso, Alves reposiciona ou reafirma a expressão de sua estética como "fala de seu lugar" de maneira factual e contundente. Isso evidencia o ato de refutar a construção poética tesa, engradada no viés controlador, circunscrita a temas "presumíveis" a autores negros e negras. As narrativas de Alves expressam inconveniências e rupturas com preceitos coibidores. As personagens estão quase sempre sobre a linha elástica da vida, em sobressaltos, experienciando medo, pavor, sustos, que pontuam seus banimentos, mas ao mesmo tempo escorre em qualquer momento o grito da inconcebível liberdade de ser, e essa é a chave para entender o lugar do ser mulher, ainda que encarcerado, na maioria das vezes, na indiferença, abandono, menosprezo e ingratidão do outro.

Nesse sentido, a prosa de Alves porta-se como o vento de Iansã a "abalar paradigmas" e a executar a afronta que visa destituir o poder masculino, branco, endinheirado, cujo propósito é explorar e triturar brutalmente corpos e mentes negros. A poética de Alves projeta o tempo semeado, o destino dos "sobreviventes" a partir de seus traumas, para investir em novas identidades e formas de atuação no mundo. Não é à toa que as personagens femininas negras nos mais variados momentos expressam revolta, contidas, represadas ou explosivas, movidas pela raiva. Essas personagens, que ora narram ou são narradas, não hesitam em tomar atitudes contra aqueles que as oprimem. Isso resulta, portanto, numa consciência expansiva das "imagens de controle"[9] que se estendem sobre si e na perene inquietude dessas mulheres em se desvencilhar dessas imagens e seguir em frente: elas criam filhos sozinhas, ascendem profissionalmente, abrem-se para o amor por uma igual, presentificam a derrocada do parceiro arrogante ou do chefe prepotente, exercem a *maternagem* com afirmada visão, e por fim buscam desconfigurar atos viciosos que a sociedade impõe às crianças, aos homens pretos e às mulheres pretas lésbicas.

Portanto, as narrativas revelam leitor/a atento/a a outras possíveis formas de estar e enfrentar as perversidades, sem se deixar contaminar ou sofrer seu abuso, nem tampouco se deixar subjugar. Isto é, no exercício de criação da autora também se enxerga o exercício da cocriação de possíveis modos viventes em que a mulher seja a "fala de seu lugar", interferindo na mudança sistêmica dos paradigmas controladores, a fim de, cada vez mais, numa perspectiva de engajamento, mobilizar ação para a vida.

Angela Davis nos aponta para a dimensão das lutas emancipatórias contra as noções individualizantes engendradas e nutridas no/pelo capitalismo e enfatiza o poder da coletividade como movimento que busca combater o racismo e quaisquer tipos de repressão. Nesse sentido, entendemos que, sendo o feminismo negro uma luta incessante e constante, ele requer, em primeiro lugar, que as mulheres negras, a partir de sua história individual que se alarga na história coletiva de todas nós, não abdiquem /abdiquemos da compreensão da problemática vivencial em que "a relação raça, gênero e classe são inseparáveis nos contextos sociais em que vivemos".[10] A pesquisadora afro-americana ainda ressalta a necessidade de "compreender as intersecções e as interconexões" entre as demandas germinadas do movimento negro e as do movimento de mulheres como apreensão do entrelaçamento vigorante e complexo entre raça, gênero, sexualidade, classe e outras categorias a fim de contrapor ao que sucede e compor novas realidades das mulheres negras na sociedade.

No contexto brasileiro dos anos 1980, Sueli Carneiro nos conduziu à reflexão e clamou pelo enegrecimento do movimento de mulheres. A filósofa brasileira antecipa as ideias que sustentarão o que posteriormente viria a ser o denominado "feminismo negro", no que se refere à rasura do discurso feminista de "caráter universalizante", calcado em valores exclusivamente atribuídos pelas "diferenças biológicas" que induzem à "divisão dos papéis sociais". Naquele contexto, Sueli Carneiro enfatizava que

> [...] as mulheres negras advêm de uma experiência histórica diferenciada, marcada pela perda do poder de dominação do homem negro por sua situação de escravo, pela sujeição ao homem branco opressor e pelo exercício de diferentes estratégias de resistência e sobrevivência. Enquanto a relação convencional de dominação e subordinação social da mulher tem como complementaridade a eleição do homem como provedor, temos o homem negro castrado de tal poder enquanto escravo e posteriormente enquanto alijado do processo de industrialização nascente. A recuperação da condição de provedor familiar é, para o homem negro, historicamente também fenômeno recente, e os dados apresentados revelam, ainda presentemente, a precariedade de tal condição.[11]

Vê-se que, considerando as relações binárias, o lugar confinado à mulher negra ratifica interinamente as opressões interseccionalizadas que lhe impõem ação e reação no processo de sua história individual, mediando, ao mesmo tempo, a reconstrução da história coletiva das mulheres negras. Concomitantemente, a experiência histórica de opressão nas relações binárias das mulheres negras apontada por Sueli Carneiro nos leva a refletir quanto às possibilidades de esmiuçar os mecanismos dos levantes das vozes femininas negras contracoloniais. É a própria Sueli Carneiro que nos alerta:

> Para nós mulheres negras, a conjugação das discriminações de raça, sexo e classe implica tríplice militância, visto que nenhuma solução efetiva para os problemas que nos afligem pode advir da alienação de qualquer desses três fatores.[12]

Isso dito, parece ser possível argumentar que, no contexto da criação literária de Miriam Alves, encontram-se aparatos de sustentabilidade discursiva que focalizam o embate individual, porém encenam as vivências negras demonstrando causas e consequências da luta coletiva. A luta e o despertar de uma consciência sistêmica e expansiva das personagens femininas negras, diante da dominação e da opressão exercida por homens negros e não negros e, de tal modo, pelo sistema capitalista que corrói relações afetivas de todos os matizes, reacendem como construção de uma nova condição de existência das mulheres negras. Podemos ver essa sinalização, por exemplo, nas narrativas dos contos "Minha flor, minha paixão", "Os olhos verdes de Esmeralda", "Um só gole" e de muitos outros do livro *Mulher mat(r)iz*, como também em "A cega e a negra", "Não se matam cachorros" e "Mala", que constam no livro *Juntar pedaços*.

A FONTE INSURGENTE: LÂMINA FINA DA PALAVRA POÉTICA

Quando nos detemos a pensar sobre a palavra poética de Miriam Alves, a qual nos remete ao pluriverso em suas múltiplas viragens, não podemos deixar de lado os escritos ensaísticos de Alves quando, em 2010, travando diálogo com Conceição Evaristo sobre a literatura inicialmente referida como literatura afro-brasileira,[13] preconizava. Alves aponta que essa literatura

> coloca em discussão a formação da identidade brasileira e desnuda o mito da democracia racial. Esta literatura "tem como característica principal a 'escrevivência'.[14] E o ponto comum de expressão baseia-se em soltar a voz encarcerada, tocar em assuntos polêmicos e tabus: falar do não dito, pela perspectiva de quem nunca pôde dizer.[15]

Nesse intento, ficamos alertas à reflexão da ensaísta Miriam Alves quando salienta que essa literatura negra brasileira se configura como "grafia de emoções, perpetuando, no ato da escrita, o resgate do passado, o registro do presente, da trajetória de um segmento populacional relegado ao esquecimento ou ao segundo plano da historiografia, inclusive das artes literárias".[16]

Nos anos 1980, o cenário da poesia negra no Brasil se evidencia como momento irradiador de novas vozes e dicções estéticas. É nesse tempo e espaço que os *Cadernos Negros* se consolidam como uma fonte produtora dinamizadora e promissora dos escritos negros. Outras coletâneas e antologias publicadas forjam a construção desse espaço de inserção de autores e autoras negros/as dentro do mercado editorial autônomo e independente no Brasil. *Cadernos Negros*, produzidos pelo grupo Quilombhoje, com suas longevas e perenes publicações no século 21, além de antologias e coletâneas como *Axé — antologia contemporânea da poesia negra brasileira* (1982), organizada pelo escritor paulista Paulo Colina; *A razão da chama: antologia de poetas negros brasileiros* (1986), organizada por Oswaldo de Camargo, e, mais adiante, *Poesia negra brasileira: antologia* (1988), organizada por Zilá Bernd, foram importantes para a ocupação da poesia negra no cenário nacional.

Em *Axé: antologia contemporânea da poesia negra brasileira*, os poemas de Alves enunciam o que Leda Maria Martins, referida em passagem anterior, revela no artigo "A fina lâmina da palavra" quando incide seu olhar sobre os escritos de poetas negros/as:

> A expansão do olhar sobre textos, autores, temas, situações e experiências, de certa forma até então exilados da reflexão crítica, dos meios e circuitos de veiculação e de reconhecimento, distende nossa cartografia literária e desafia as redes discursivas formadoras de juízo e de opinião. Do estudo dessas questões emergem suplementos imprescindíveis à história dos afrodescendentes no Brasil, em especial a história das muitas exclusões, hiatos, silêncios e lacunas dos discursos hegemônicos, mas, principalmente, emergem as vias e veredas engenhosas pelas quais a voz e a grafia afro-brasileiras insistentemente inscrevem a memória desse saber e dessa experiência, estética e ontológica, nos repertórios da cultura e da literatura.[17]

Confluindo olhares sobre as distintas percepções do universo criativo negro no Brasil, Martins enfatiza os topos e as dicções masculinas e femininas da literatura afro-brasileira e ainda acentua que:

> Tanto a tradição literária quanto seus engenhos retóricos-ideológicos são revisitados pelas lentes dessas escritoras, que plissam os itinerários familiares do nosso cânone, nele imprimindo e espargindo uma certa disritmia e dissonância tonificantes.[18]

As vozes entremeadas no confronto com o preestabelecido, deslocadas, são as que invadem o chão poético de Miriam Alves. São fala-atos que ressoam coletivos no intento de promover mudanças culturais, arrancando as máscaras brancas e refutando as imitações.[19] Tal condução já se mostra no seu primeiro livro, *Momentos de busca*, que reúne vários poemas já conhecidos nas rodas de poesia paulistanas. Com prefácio do poeta Abelardo Rodrigues, autor de *Memória da noite* (1978), cofundador do Quilombhoje, *Momentos de busca* revela a lâmina fina no encalço da postura poética incisiva que não mais iria ceder. Abelardo Rodrigues compreende isso e escreve:

> Esta é a poesia de Miriam. Em *Momentos de busca*, esta interioridade / exterioridade se funde em vários níveis de questionamento, processando derrotas e vitórias tanto a níveis poéticos como de uma experiência de vida — emoções que se somam e subtraem. E nessa parafernália toda como é que Miriam vê o mundo? Para ela o mundo é o caos. É Vida e Morte. Uma vida que se esvai lenta e inexorável para a morte sem deixar rastros, e nem mesmo sem ter existido. Às vezes feminina, outras andrógina, mística e lasciva em seu canto, espremida pela angústia do real que a oprime, ela se debate para retornar à tona ou ao fundo de se encontrar.[20]

Mergulhada no caos, a mulher que fala, no meio do redemoinho, digladia com o mundo e consigo[21] no feroz desejo de ser ela mesma. Por isso, o primeiro proposto não é afirmar, mas indagar, como acontece no poema inicial, "Estranho indagar":

O que procuro?
Não sei
O que oculto?
— Não sei.

As labaredas esquentam-me
Fazendo ferver o corpo.
[...][22]

Envolvida no emaranhado de indagações, o eu que fala explicita suas inquietações do começo ao fim do poema. Essas indagações prosseguem sem resposta, a sustentar as feridas abertas do eu e seu vulto em uma noite insone, persistentes na madrugada. Daí por que inundam nas páginas momentos incessantes de contraposições e contraditos, de sagacidade e de refuta aos inculcamentos e aos assujeitamentos. O cristo crucificado passa a ser o cristo atormentado, isento da força divina e arrebatadora; predomina então a imagem do cristo visto e sentido pelo olhar descrente, tomado pela repulsa contra o contributo da religião cristã à colonização das mentes. A figuração do cristo persiste introjetada na própria dor que o evoca e renega.

Surgiu um Cristo em meu coração
atormentado calado
de braços abertos
e peito apertado

Crucificado por suas próprias mãos
coroando a boca
com frouxa coroa de espinhos
frouxa, eficaz
[...]

Surgiu em meu coração
Cristo autocrucificado
saído à hora da morte
entrando em minha
apertada vida
sangrando o meu ser
registrando tudo
resistindo a tudo.[23]

Os anos 1970 foram anos de chumbo, marcados pelo estado de exceção, pela repressão e pelo tolhimento das liberdades de expressão no Brasil; nos anos 1980, os/as poetas e a maioria da população viviam ainda sob o efeito moral, ético e psicológico do regime autoritário, por mais que já se anunciassem ações das militâncias que viriam a forjar os gritos e a abertura para que se alcançasse o estado democrático de direito. Os poemas de Alves reverberam tal estado de cerceamento ao corpo poético que se enuncia, como em "Pés atados corpo alado", quando a instância poética versa:

Não... Não... Não... posso
mãos atadas
pés acorrentados
sinto todas as vontades
todas
humanas
desumanas
morais
iguais
desiguais
adversas ou não[24]

Já na primeira estrofe, o eu poético dimensiona a condição de sujeito circunscrito internamente numa visão dicotômica, paradoxal, imobilizado corporalmente, mas insistindo em fazer valer sua vontade e liberdade psíquica. A polaridade corpo/mente expõe-se na força do dizer em aprisionamento, mas também no clamor da liberdade, delineando o que sente e o que lhe desperta como consciência de suas aspirações, que é senão o ato do voo para romper barreiras, como se acentua no final do poema:

> Voando rompe barreiras
> livrando-se dos muros
> das amarras
> caindo solta
> no mundo
> na vida.[25]

Esses tons e recursos no modo de expressão da fala/corpo negrura impregnada/o no caos ventilam as cenas poéticas que intencionam gritos de liberdade na luta incessante.

Nesse sentido, o que se impõe no percurso dos vinte e três poemas de *Momentos de busca*, sob recorrente problematização do vivido, sob expostas fraturas e deslocamento, é o exalar das feridas coloniais provocadas pelo subjugamento, é o gritar das vestes da invisibilidade reveladas como as máscaras de flandres na boca das mulheres escravizadas, é a exposição da solidão da mulher negra e o atordoamento como resultado da ação de relações afetivas frágeis e controladoras sobre o seu corpo.

Tais mecanismos de controle exasperam o eu que fala e promovem um modo de dizer assentado na materialização psíquica do trauma e na linguagem assentada na dimensão do inefável, impalpável e/ou no incerto "embaçando o vidro de minha razão", como atesta o poema.

O mesmo estado de dilaceramento também repercute em "Marcas", que versa:

Passei entre os muros
ralei minha mão
prego enferrujado
o sangue saltou
escuro... quente
reação à toa.

A carne ferida
apanhou resíduos
infectos virulentos

O sangue envenenou
o corpo
lentamente...
a dor marcou a face
o sorriso mordeu os lábios
os pés estancaram
deixaram de correr
loucamente...

Os joelhos baixaram
em terra pedindo perdão
PERDÃO

à vida

à humanidade

a Deus

ao corpo... ao corpo

O corpo
negou os ensinamentos
e caiu vencido
num sono sem horário
sem tempo
final...
final...
finalmente.[26]

O corpo atropelado, arqueado, entre os muros, emparedado, cai vencido e imobilizado por uma invisível máquina colonial. Esse corpo em frangalhos parece, à primeira vista, não ter para si perspectiva e nem expectativa de se reerguer. Porém, será em outro poema, "Luta do ideal", que vigorará a experiência de despertar que revela a urgência de acordar. Nele vamos acompanhando a persona poética quadro a quadro: seu engolir a seco a costumeira alimentação paralisante, seu sentir o estado de amordaçamento e sua ação de reagir.

[...]
Olhando o vago...
Pensei
(eu sei da força que vem de cima
impedindo a subida
empurrando para baixo
sempre com mais força
para gente não subir
até cair sentado
na poça da lama).

no mesmo instante reagi
encostei o pensamento
hora de mudar tudo

Eu tenho uma espada
legada por um antepassado.
D. Quixote (talvez)
Espada real e verdadeira.

Armada de guerra.
refeita a garganta doída.
gritei para mim:

"— Vou à luta!!!
Vou lutar!!!
Defendendo um ideal.
Real, verdadeiro"
sai
empunhando espada
legado d'um passado
na luta da reação.[27]

O engajamento poético, isto é, a palavra poética como ato vivencial, profundo e ancestral, dita e edita a existência em transbordamento. E então se efetiva a passagem de atordoamento, dor e imobilidade para o despertar, reagir e ratificar as intenções dos "momentos de busca":

Assim vai-se arrastando
a existência...
mais um dia...

uma perda...
um achado.

Vai-se tudo
o rumo é comum
morte...

[...]
Momentos eternos
busca incessante
acertos poucos
desacertos difíceis
e incomputáveis...
[...]
Morte...
morte do momento
morte do momento da busca
no desfechar da dúvida
na procura
na vida.[28]

Como vemos, vigora a mesma carga discursiva inquieta e incisiva que se imprime na linha do tempo, modulando o que virá em *Estrelas no dedo*,[29] especialmente no cerne dos poemas "Voz" e "Guardiãs", reproduzidos a seguir, sedimentando as trilhas poéticas de Alves que no século 21 vão se consolidar:

Sou a voz do vento
quebro o silêncio do planeta
acalentando a solidão das casas.[30]

GUARDIÃS

Esconderei meu sofrimento
nas entranhas do vento
guardarei as lágrimas
no pote das nuvens
reavaliarei as intenções
da natureza
Farei das montanhas
guardiãs de meus segredos

Escreverei com um corisco
o fogo das emoções
as verdades de hoje
para não serem
segredos de amanhã.[31]

✶

Talvez muitas e muitos leitores da obra de Miriam Alves a conheçam mais como contista e romancista do que como poeta. Isso provavelmente se deve ao fato de que, nas últimas décadas, a autora vem publicando mais prosa do que poesia.

No campo da prosa, o reconhecimento e a inserção de suas obras no mercado editorial se afirmam cada vez mais, dinamizadas pelas publicações de *Mulher mat(r)iz*, *Bará: na trilha do vento*, *Maréia* e *Juntar pedaços*. É preciso que se diga que o ressoar dos versos impressos em gritos dilacerantes, forjados na robustez indignada, minam e se interpõem nas águas-memórias de *Maréia*, reverberam nas linhas de "verbos-gatilhos estrondosos e certeiros" de *Juntar pedaços* e se encontram em redemoinho, na força do vento, de *Bará: na trilha do vento*.

Nesse sentido, a importante e necessária presença de Miriam como poeta, contista e romancista dinamiza a literatura negra brasileira e desarticula a ordem formal e corrente que persiste em engessar e manter exclusivista o sistema literário brasileiro. Miriam Alves, como escritora negra, promove fricção nas mentalidades constituídas sobre o lugar e a posição do ser mulher negra, rasurando conceitos e visões preconcebidas, e acolhe na teia do narrar a expressão dos silenciados. A elas, a fala não é dada. Elas tomam a palavra, ocupam lugar para autoconstrução. Nesse intento, a autora não está fora, ela está inserida na corpa social excluída, subalternizada e periferizada e, desse modo, narrativiza outras possibilidades de ser e estar para não se deixar apagar, esfregando os chifres de búfalos, evocando formas ancestrais de dizer e conduzir o dizer para viver.

NOTAS

1. Excerto narrativo sobre Oiá-Iansã, contido no livro *Lendas africanas dos Orixás* (1985). Livro que reúne histórias anotadas por Pierre Verger a partir de narrativas contadas por babalaôs africanos.

2. Miriam Alves, *Mulher mat(r)iz*. Belo Horizonte: Nandyala, 2011.

3. Moema Parente Augel, "Prefácio". In: *Mulher mat(r)iz*. Belo Horizonte: Nandyala, 2011, p. 7.

4. Id. Ibid., p. 13.

5. Miriam Alves. "Carta". In: Itaú Cultural (Org.), *Ocupação Conceição Evaristo*. São Paulo: Itaú Cultural, 2017.

6. Vilma Piedade, *Dororidade*. São Paulo: Editora Nós, 2017.

7. Leda Martins, "A fina lâmina da palavra". *O eixo e a roda: revista de literatura brasileira*, [S.l.], v. 15, dez. 2007, pp. 55-84.

8. Id. Ibid., p. 64.

9. Patrícia Hill Collins, *Pensamento feminista negro*. São Paulo: Boitempo, 2019.

10. Angela Davis. Franck Barat; Heci Regina Candiani (Orgs.), *A liberdade é uma luta constante*. São Paulo: Boitempo, 2018.

11. Sueli Carneiro, *Escritos de uma vida*. Belo Horizonte: Letramento, 2018, p. 52.

12. Id. Ibid., p. 57.

13. Na atualidade, após pautar contundentes reflexões e discussões sobre o tema, a autora tem utilizado o termo Literatura Negra.

14. Referindo-se ao artigo "Da grafia desenho de minha mãe, um dos lugares de nascimento de minha escrita" (2007), de Conceição Evaristo.

15. Maria do Carmo Lanna Figueiredo; Maria Nazareth Soares Fonseca (Orgs.), *Poéticas afro-brasileiras*. Belo Horizonte: Mazza, PUC-Minas, 2012. 2. ed., p. 43. Miriam Alves, *BrasilAfro autorrevelado*. Belo Horizonte: Nandyala, 2010, p. 42.

16. Id. Ibid., p. 44.

17. Leda Maria Martins, op. cit., pp. 56-7.

18. Id. Ibid., p. 64.

19. Miriam Alves. "*Cadernos Negros nº 1*: estado de alerta no fogo cruzado". In: Maria do Carmo Lanna Figueiredo; Maria Nazareth Soares Fonseca (Orgs.), *Poéticas afro-brasileiras*, op. cit.

20. Abelardo Rodrigues, "Prefácio". In: Miriam Alves, *Momentos de busca*. São Paulo: Edição da autora, 1983, p. 7.

21. Id. Ibid., p. 8.

22. Miriam Alves, *Momentos de busca*. São Paulo: Edição da autora, 1983, p. 11.

23. Id. Ibid., pp. 15-6.

24. Id. ibid., p. 17.

25. Id. Ibid., p. 19.

26. Id. Ibid., pp. 38-9.

27. Id. Ibid., pp. 44-5.

28. Id. Ibid., pp. 57-9.

29. Id., *Estrelas no dedo*. São Paulo: Edição da autora, 1985.

30. Id. Ibid., p. 15.

31. Id. Ibid., p. 16.

REFERÊNCIAS

ALVES, Miriam. *Juntar Pedaços*. Rio de Janeiro: Malê, 2021.

______. "Carta". In: Itaú Cultural (Org.). *Ocupação Conceição Evaristo*. São Paulo: Itaú Cultural, 2017.

______. *Mulher mat(r)iz*. Belo Horizonte: Nandyala, 2011.

______. *BrasilAfro autorrevelado: literatura brasileira contemporânea*. Belo Horizonte: Nandyala, 2010.

______. *Estrelas no dedo*. São Paulo: Edição da autora, 1985.

______. *Momentos de busca*. São Paulo: Edição da autora, 1983.

BERND, Zilá (Org.), *Poesia negra brasileira: antologia*. Porto Alegre: AGE; IEL; IGEL, 1992.

CAMARGO, Oswaldo de (Seleção e Organização). *Razão da chama: antologia de poetas negros brasileiros*. São Paulo: GRD, 1986.

_______ (Org.). *O negro escrito: breve antologia temática*. São Paulo: Secretaria Estadual de Cultura / Imesp, 1987.

CARNEIRO, Sueli. *Escritos de uma vida*. Belo Horizonte: Letramento, 2018.

COLINA, Paulo (Org.). *Axé antologia contemporânea da poesia negra brasileira*. São Paulo: Global, 1982.

COLLINS, Patrícia Hill. *Pensamento feminista negro: conhecimento, Consciência e a Política do Empoderamento*. São Paulo: Boitempo, 2019.

_______; BILGE, Sirma. *Interseccionalidade*. São Paulo: Boitempo, 2021.

EVARISTO, Conceição. "Da grafia-desenho de minha mãe, um dos lugares de nascimento de minha escrita". In: ALEXANDRE, Marcos. *Representações performáticas brasileiras: teorias, práticas e suas interfaces*. Belo Horizonte: Mazza, 2007.

MARTINS, Leda. "A fina lâmina da palavra". *O eixo e a roda: Revista de Literatura Brasileira*, [S.l.], v. 15, pp. 55-84, dez. 2007. Disponível em: http://www.periodicos.letras.ufmg.br/index.php/o_eixo_ea_roda/article/view/3262. Acesso em: 28 nov. 2021.

PIEDADE, Vilma. *Dororidade*. São Paulo: Editora Nós, 2017.

VERGER, Pierre Fatumbi. *Lendas africanas dos orixás*. Salvador: Fundação Pierre Verger, 1985.

Miriam Alves: uma escritora da "arte da vida"

GIOVANA XAVIER

Morrer é uma arte. Arte da vida. Morrer é inevitável.
Mas é na arte de viver que se repousa o segredo de se ir em paz.[1]

A pergunta anda solta
e ninguém explicou
que a resposta sou eu.[2]

O convite para participar desta coletânea colocou "na trilha do vento" a alegre sensação de uma mudança positiva que, ao escrever este texto, integro e testemunho: a do compromisso assumido por mulheres negras do mercado editorial de celebrar, homenagear e reverenciar a vida e o trabalho de uma mulher do porte de Miriam Alves. Intelectual negra dona de louvável trajetória desde o lançamento de *Momentos de busca*,[3] protagoniza quatro décadas ininterruptas de produção de conhecimento democrático em artigos, contos, livros, poemas, além de diários da infância e adolescência, entrevistas em jornais e programas televisivos e na atuação no icônico movimento literário Quilombhoje.

Tudo isso faz de Alves uma escritora e intérprete criativa da história do Brasil, exemplar quanto ao "uso criativo da margem"[4] para projetar ideias e projetos de mulheres negras no mercado literário. Em *Maréia*,[5] por exemplo, a autora associa de forma ousada pesquisa histórica e escrita criativa, reconstituindo os trajetos de uma família negra e de uma branca com histórias de gênero, raça, classe reconstituídas "na circularidade do tempo", do século 19 ao 21.

Toda vez que penso em Alves, "escritora de ficção", como gosta de ser chamada, remeto-me a capítulos da história que tecemos juntas e que seguem marcando minha trajetória de professora e escritora comprometida com o estudo da intelectualidade de mulheres negras.

Eu a conheci em 2015, primeiro pela palavra dita, no Encontro Nacional de Estudantes Negros universitários na Universidade Federal do Rio de Janeiro (UFRJ), depois pela escrita. Isso quer dizer que, antes mesmo de abrir o romance *Bará: na trilha do vento*, minha estreia como sua leitora, eu já tinha sido balançada pelos fortes ventos de seu pensar. Balanço bom, oriundo de ideias lindas, livres e incessantes que, mais tarde eu viria a descobrir, nascem da sua cabeça a todo instante. Seja nas conferências e cursos internacionais, seja nas mesas de bar, passando pelo seu atual escritório, à beira-mar, na cidade de Maricá, no Rio de Janeiro, reduto escolhido cuidadosamente para viver dias felizes, Alves tem a coragem de fazer de sua vida um eterno processo criativo. Uma escolha de ser escritora livre, leve, solta, ligada ao seu compromisso com o movimento da vida que desmantela as "imagens de controle"[6] para mulheres negras.

Sempre me emociona lembrar que, embora eu só tenha entendido anos depois, foi ela que me contou sobre a pertença de meu orí a Iansã. Orixá de que também é filha, e que "se interliga com todas as forças da natureza, fazendo com que a coisa não fique estática". Fez-me tal revelação, sem dizer que o fazia, dançando com a espada de Ogum quando do lançamento do catálogo *Intelectuais negras visíveis*,[7] na inesquecível Flip 2017 em Paraty, ativando do chão de pedras coloniais a ancestralidade negra em voz e saltos ágeis e leves que encantaram o expressivo público da Casa Amado e Saramago.

Enquanto escrevo, ouço sua voz: "Eu vivo e escrevo neste tempo e é preciso que as pessoas se acostumem".[8] Lembro também de sua coleção de crônicas *Juntar pedaços.*[9] Um livro generoso, com título-chave, que tem contribuído para aprimorar minha compreensão e respaldar meu trabalho com a história das mulheres negras. Uma história, como ensina, escrita em pedaços para que algumas de nós, escolhidas pela ancestralidade, pudéssemos com arte juntar e formar mosaicos. Sua percepção original, de uma história de pedaços juntados, transmite-me confiança, conforto e segurança para realçar as singularidades das trajetórias de mulheres negras e das diferentes formas de pensar, centradas em nossas experiências de gênero, raça, classe, sexualidade, geração.

Todas as vezes que ouço Miriam contar sua história — "Comecei a escrever com 12 anos", "Publiquei meu primeiro livro de forma independente", "Em 2022 completo quarenta anos de carreira" —, ocorre-me o quanto é importante iluminar sua biografia como referência de uma intelectualidade forjada pelas classes trabalhadoras brasileiras, majoritariamente negras e femininas. E as mulheres negras são centrais em sua produção, como a protagonista de *Bará: na trilha do vento.*

Eleita minha personagem favorita da galeria de Miriam, Bará (Bárbara) — profissional independente, moderna, bem-sucedida no amor, no trabalho e conectada à sua ancestralidade — foi e permanece grande fonte de inspiração. Um "despertador preto" que toca, alertando-me sobre novas definições e narrativas de ser mulher negra, ligadas à autonomia intelectual, à capacidade de realização e ao protagonismo de sua história:

> Viver é ter de tomar decisões, desde a hora que acorda até a hora de dormir. E olhe lá, tem muitas decisões que parece que tomamos induzidas pelos sonhos e pesadelos. Maneira de poupar tempo e

> energia. O duro é se arrepender depois e perceber que o caminho de volta está trancado.[10]

Esse minucioso processo de descrever a formação da consciência feminina negra com ferramentas intelectuais, emocionais e espirituais aprendidas com nossas ancestrais é contribuição indispensável de Miriam Alves ao pensamento social brasileiro, um campo que, cunhado a partir do ponto de vista masculino, branco, heteronormativo, desconsidera sistematicamente as formas de agir, sentir, pensar de tais sujeitas em sua história.

Além de Bará, os saberes ditos da mãe, D. Trude, e da avó, D. Patrocina, também oferecem a possibilidade de acompanhar a criação de uma perspectiva feminina negra para registrar e interpretar o passado, perspectiva esta que inspira meu trabalho de historiadora social e na qual a autora explica uma ética do cuidado relacionada ao que a escritora afro-americana bell hooks define "educação como prática da liberdade":[11]

> As crianças brincavam soltas. Mas também eram educadas pelos mais velhos que lhes contavam as façanhas do povo. Todos os adultos se responsabilizavam por cuidar delas. Bom, continuando, sem interrupções, senão eu paro. Viviam assim em harmonia. Em tempos de plantar plantavam. Em tempo de colher, colhiam. Porém, uma vez, no tempo da colheita, apareceram gafanhotos gigantes e devoraram os frutos, a plantação. Os habitantes temiam pela fome; se os insetos comessem tudo, como seria? Como ficaria o lugar? Os guerreiros, armados de lanças, atacaram os insetos. Mas, ao invés de desaparecerem, multiplicaram-se, mais fortes e famintos. O sábio que conhecia segredos de manipular a natureza tentou tudo, invocou os antepassados, macerou folhas, ofereceu presentes ao sol, à lua, às águas e à terra. Nada. Tudo fora em vão.

> Alvoroço se formou no lugar. Agouravam os desesperados que a população morreria de fome, à míngua. Acenderam uma fogueira de noite e pediram para a natureza poupá-los de tal destino. Nem a deusa água, nem a do fogo, nem a deusa floresta, nem a deusa terra os atenderam. Parecia que nenhuma das forças os socorreriam.[12]

O fragmento acima remete-me à pertença da escrita de Miriam a uma tradição intelectual de mulheres negras marcada pelo compromisso que entendo como o de "visibilizar a mulher negra como sujeito intelectual".[13] *Compromisso* que também se expressa na proposição de Petronilha Beatriz Gonçalves e Silva de "dar à luz a nós mesmas",[14] presente em seu estudo sobre os sentidos de ser mulher negra para educadoras e ativistas; no desenvolvimento da autodefinição "tecelã da existência",[15] empreendido por Ida Mara Freire para evidenciar que cada corpo carrega sua própria história e individualidade e que é fundamental nos conhecermos. Leva-me ainda ao que a psicóloga, pedagoga e comunicadora Azoilda Loretto da Trindade nomeou e sistematizou como "valores civilizatórios afro-brasileiros":[16] afetividade, ancestralidade, circularidade, cooperativismo, corporeidade, energia vital (axé), ludicidade, memória, oralidade, religiosidade. Expressões de agir, sentir, pensar tecidas pela comunidade negra e por meio das quais a sociedade brasileira constitui e organiza-se:

> Ao destacarmos a expressão "valores civilizatórios afro-brasileiros", temos a intenção de destacar a África, na sua diversidade, e que os africanos e africanas trazidos ou vindos para o Brasil e seus e suas descendentes brasileiras implantaram, marcaram, instituíram valores civilizatórios neste país de dimensões continentais, que é o Brasil. Valores inscritos na nossa memória, no nosso modo de ser, na nossa música, na nossa literatura, na nossa ciência, arquitetura, gastronomia, religião, na nossa pele, no nosso coração. Queremos

destacar que, na perspectiva civilizatória, somos, de certa forma ou de certas formas, afrodescendentes. E, em especial, somos o segundo país do mundo em população negra.[17]

O trabalho de Miriam Alves, de juntar pedaços das histórias de mulheres negras para evidenciá-las, ajuda a enxergar a singularidade de teorizar nossa existência fundamentadas nas experiências cotidianas. Nos termos de D. Trude: "A vida é amarga. Mas encontrar o açúcar para adoçar é que faz a diferença". Uma reflexão pensar-existir que pode ser pensada em diálogo com o "pretuguês" de Lélia Gonzalez:

> E quando a gente fala em função materna, a gente tá dizendo que a mãe preta, ao exercê-la, passou todos os valores que lhe diziam respeito para a criança brasileira, como diz Caio Prado Júnior. Essa criança, esse infans, é a dita cultura brasileira, cuja língua é o pretuguês. A função materna diz respeito à internalização de valores, ao ensino da língua materna e a uma série de outras coisas mais que vão fazer parte do imaginário da gente. Ela passa para a gente esse mundo de coisas que a gente vai chamar de linguagem. E graças a ela, ao que ela passa, a gente entra na ordem da cultura, exatamente porque é ela quem nomeia o pai. Por isso a gente entende por que, hoje, ninguém quer saber mais de babá preta, só vale portuguesa. Só que é um pouco tarde, né? A rasteira já está dada.[18]

A nossa encruzilhada pessoal, cheia de histórias traçadas, evoca-me muitas Miriam Alves — referência, amiga, conselheira, parceira de saraus e sambas, irmã de yabá, na qual me espelho e reconheço como uma das pensadoras mais importantes da história do Brasil. Este texto é assim uma forma de agradecer, traçar e aplaudir o percurso da filha de d. Benedita e de sr. Maurício. Escritora de alma livre, dona de um encantador jardim de ideias, histórias e personagens que para mim constituem um exemplo de coragem e coerência entre ser, pensar, agir. Não somente pela coragem, ousadia e relevância de suas ideias — ventos de inovação —, mas por um traço que define sua história: o compromisso de "inteira amolgada em cada pedaço",[19] honrar o legado de mulheres negras escrevendo e defendendo, em vida, tal legado, pois como nos ensina "sem vento não há movimento".[20] Obrigada, minha amiga, por sua vida, história e trabalho.

Eparrey Oyá!

NOTAS

1. Miriam Alves, *Bará: na trilha do vento*. Salvador: Ogum's Toques Negros, 2015, p. 204.
2. Id., "Fumaça". In: *Cadernos Negros nº 5*. São Paulo: Quilombhoje, 1982.
3. Id., *Momentos de busca*. São Paulo: Edição da autora, 1983.
4. Patricia Hill Collins, "Aprendendo com a outsider within: a significação sociológica do pensamento feminista negro". Trad. de Juliana de Castro Galvão. *Revista Sociedade e Estado*, v. 31, n. 1, pp. 99-127, jan.-abr. 2016.
5. Miriam Alves, *Maréia*. Rio de Janeiro: Malê, 2019.
6. Patrícia Hill Collins, ibid., p. 103.
7. Giovana Xavier (Org.), *Intelectuais Negras Visíveis*. Rio de Janeiro: Malê, 2017.
8. A história narrada ocorreu no evento de lançamento do catálogo *Intelectuais Negras Visíveis* na Festa Literária Internacional de Paraty de 2017. O catálogo, organizado por Giovana Xavier, encontra-se disponível para download gratuito em: https://www.editoramale.com.br/product-page/catálogo-intelectuais-negras-vis%C3%ADveis. Acesso em: 3 mar. 2022.
9. Miriam Alves, *Juntar pedaços*. Rio de Janeiro: Malê, 2021.
10. Id., *Bará: na trilha do vento*, op. cit., p. 30.
11. bell hooks, *Ensinando a transgredir: a educação como prática da liberdade*. Trad. de Marcelo Brandão Cipolla. São Paulo: WMF Martins Fontes, 2017. 2 ed.
12. Miriam Alves, *Bará: na trilha do vento*, op. cit., p. 79.
13. Giovana Xavier, "Grupo Intelectuais Negras UFRJ: a invenção de uma comunidade científica e seus desafios". *Trabalho Necessário*, v. 19, n. 38, jan.-abr. 2021, pp. 224-39.

14. Petronilha Beatriz Gonçalves e Silva, "Chegou a hora de darmos à luz a nós mesmas: situando-nos enquanto mulheres negras". *Caderno Cedes*, 1998, v. 19, n. 45, pp. 7-23.

15. Ida Mara Freire, "Tecelãs da existência". *Revista Estudos Feministas*, n. 22, v. 2, maio/ago. 2014, pp. 565-84.

16. Mandala dos Valores Civilizatórios Afro-Brasileiros trabalhados de forma pioneira pela professora de dança afro Eliete Miranda e sistematizados pela pedagoga e psicóloga Azoilda Loretto da Trindade para o trabalho no campo da educação. Pode ser visualizada em: Azoilda Loretto da Trindade, "Valores civilizatórios afro-brasileiros na educação infantil". Programa Salto para o Futuro, Série Valores Afro-Brasileiros na Educação, programa 2 (A Cor da Cultura), nov. 2005, pp. 30-6. Disponível em: http://pretadotora.blogspot.com/2015/11/em-fevereiro-de-2015-fui-convidada.html. Acesso em: 26 nov. 2021.

17. Id. Ibid., p. 30.

18. Lélia Gonzalez, "Racismo e sexismo na cultura brasileira". *Revista Ciências Sociais Hoje*, Anpocs, pp. 223-44, 1984.

19. Miriam Alves, *Cadernos Negros nº 5*, 1982.

20. Id., "Parto". In: *Cadernos Negros nº 25*. São Paulo: Quilombhoje, 2002.

REFERÊNCIAS

ALVES, Miriam. "Fumaça". In: *Cadernos Negros nº 5*. São Paulo: Quilombhoje, 1982.

_______. "Parto". In: *Cadernos Negros nº 25*. São Paulo: Quilombhoje, 2002.

_______. *Bará: na trilha do vento*. Salvador: Ogum's Toques Negros, 2015.

_______. *Juntar pedaços*. Rio de Janeiro: Malê, 2021.

COLLINS, Patricia Hill. Aprendendo com a *outsider within*: a significação sociológica do pensamento feminista negro. Trad. de Juliana de Castro Galvão. *Revista Sociedade e Estado*, v. 31, n. 1, pp. 99-127, jan.-abr. 2016. Disponível em: https://www.scielo.br/pdf/se/v31n1/0102-6992-se-31-01-00099.pdf. Acesso em: 14 jun. 2020.

FREIRE, Ida Mara. "Tecelãs da existência". *Revista Estudos Feministas*, n. 22, v. 2, maio-ago. 2014, pp. 565-84. Disponível em: https://periodicos.ufsc.br/index.php/ref/article/view/36545. Acesso em: 15 nov. 2015.

GONZALEZ, Lélia. "Racismo e sexismo na cultura brasileira". *Revista Ciências Sociais Hoje*, Anpocs, pp. 223-44, 1984. Disponível em: http://disciplinas.stoa.usp.br/pluginfile.php/247561/mod_resource/content/1/RACISMO%20E%20SEXISMO%20NA%20CULTURA%20BRASILEIRA.pdf. Acesso em: 15 nov. 2015.

HOOKS, bell. *Ensinando a transgredir: a educação como prática da liberdade*. Trad. de Marcelo Brandão Cipolla. São Paulo: WMF Martins Fontes, 2017. 2. ed.

LORDE, Audre. "As ferramentas do senhor nunca derrubarão a casa-grande". *Irmã outsider: ensaios e conferências*. Belo Horizonte: Autêntica, 2019, pp. 135-9.

_______. "A transformação da linguagem do silêncio em ação". *Irmã outsider: ensaios e conferências*. Belo Horizonte: Autêntica, 2019, pp. 51-5.

SANZ, Beatriz. "A hora e a vez das intelectuais negras". *Jornal El País*, São Paulo, 25. jul. 2017. Disponível em: https://brasil.elpais.com/brasil/2017/07/13/cultura/1499972508_877714.html. Acesso em: 26 nov. 2021.

SILVA, Petronilha Beatriz Gonçalves e. "Chegou a hora de darmos à luz a nós mesmas: situando-nos enquanto mulheres negras". *Caderno Cedes*, 1998, v. 19, n. 45, pp. 7-23. Disponível em: https://www.scielo.br/scielo.php?pid=S0101-32621998000200002&script=sci_abstract&tlng=pt. Acesso em: 14 jun. 2020.

TRINDADE, Azoilda Loretto da. "Valores civilizatórios afro-brasileiros na educação infantil". Programa Salto para o Futuro, Série Valores Afro-Brasileiros na Educação, programa 2 (A Cor da Cultura), pp. 30-6. Disponível em: http://www.diversidadeducainfantil.org.br/PDF/Valores%20civilizatórios%20afrobrasileiros%20na%20educação%20infantil%20-%20Azoilda%20Trindade.pdf. Acesso em: 26 nov. 2021

XAVIER, Giovana (Org.). *Intelectuais negras visíveis*. Rio de Janeiro: Malê, 2017. Disponível em: https://www.editoramale.com.br/product-page/catálogo-intelectuais-negras-vis%C3%ADveis. Acesso em: 26 nov. 2021.

_______. "Grupo Intelectuais Negras UFRJ: a invenção de uma comunidade científica e seus desafios". *Trabalho Necessário*, v. 19, n. 38, jan./abr. 2021, pp. 224-39. Disponível em: https://periodicos.uff.br/trabalhonecessario/article/view/43121/28414. Acesso em: 8 mar. 2021.

Ó Bará: nosso vento-destino nos trilha para uma oduscência

DENISE CARRASCOSA

GIRO EM TEMPO 1

> *Escrevi* Bará *em 7 meses, na tentativa de descobrir as alegrias de minha criança.*
>
> Miriam Alves[1]

GIRAMOS EM SEIS TEMPOS

Entre as angulares edificações da cidade petrificada, Miriam e eu, um dia, sopraremos de mãos dadas. Vinda do Norte, sempre chego a São Paulo do alto, em aeroplano. Minhas asas sentem preguiça de suas linhas retas entre nuvens cansadas e imóveis, e este panorama escandinavo gasta ainda mais minha fé na humanidade, já bem esgarçada. O céu paulistano é obra de arquitetura desimaginosa. Miriam, entretanto, escuta o que por ali inventa. "Por que vens?", indaga-me. Preciso reaprender a mirar as estrelas contigo. Canto-lhe, aveludadamente. Acaricio-lhe as curvas. Sua esfinge acredita em mim e nos abrimos em aquosas confidências. Eu que venho de ventanias antigas sobre mar aberto, costumo perder-me nos intestinos das cidades do agora, mas ela me é precisa bússola-rosa. Magnética, oscila rápida entre futuro e passado, trançando-os.

Miriam está sentada, criando Bárbara, alimentando seu ventre de memórias sem idade. A roda da pergunta circula na espiral de seus ouvidos e ela atende ao chamado da rua. Ali lhe chamam por nome outro... Ela me convida a fumar um cigarro. Saímos, sentimos a doce brasa do fogo entre nossos lábios e só o que é quente por dentro nos faz erguer a cabeça. Olhamos em uníssono o céu. Só ela vê. Me conta de proximidade estranha entre uma lua e uma estrela. Eu nem enxergo, mas lhe acredito. Sim, estão lá.

"Enquanto não revelar o que tens, sempre terás." Aproximo-me em brisa costeira de seu rosto e segredo-lhe no ouvido espiralar das folhas de louro, do arroz, das sementes de abóbora mergulhadas na terra, sob as memórias soterradas de navios que lançaram corpos ao mar. Como sou a irmã gêmea que foi atirada, ainda estou lá no fundo. Não escuto, não vejo. Meu fôlego de nado não chegou à ilha. Meu corpo de vento que, no mergulho, se fez sonolento e aquoso é só uma lembrança funda, essa mesma que te contei já. Através da folha d'água verde cristalina, quando faz sol, pressinto a lufada de vento dando na vela amarela do barco de casco acobreado. Lá bem no alto, um pequeno brilhante que fora estrela da madrugada se apaga no céu luminoso e próspero.

GIRANDO EM NOVE TEMPOS

Ofereço-te meu Ori em flor, Miriam, pois você me estendeu a mão quando eu só queria ficar no fundo. As peles das minhas pálpebras descarnadas também pesavam sobre meus dedos insones. Pisei sobre terra firme e você me sorria. Aquele sorriso de retorno. Eu te carreguei nos braços e te projetei no ar. Lembra? Estávamos em Salvador, você era leve e giramos, giramos, giramos, giramos, giramos, giramos, giramos, giramos, giramos.

Entre a terra e o ar, o grande velho nos olha e sustenta. Ele tem paciência conosco, irmã. Não duvide. Ele me aguardou naquele fim de linha onde ninguém mais estava. Um pequeno olho d'água brotava do asfalto e ia descendo a ladeira. Fui acompanhando, de pés descalços, travados com correntes e dei num canteiro cheio de cactos.

Cortei o meu primeiro cacto
com minhas mãos próprias
não foi o primeiro em minha vida
foi o primeiro que cortei

enquanto cortava lembrei
das três casas em que morei
nelas cresceram cactos
que surgiam no jardim
e eu sem perceber cultivava
chegavam com suas pequenas flores
entre os muitos espinhos
de repente as flores caíam
e os cactos iam tomando
a varanda, a jardineira, a janela, o vaso, a vista, a estante do quarto de dormir
assim sem mais um espinho
delgado tornando áspera
a pele da ponta do meu dedo mindinho

uma dor fina
quase insentível

hoje de manhã, sol de julho
na varanda lembrei
do facão que meu amor usara
para cortar
todo aquele enorme cacto
do último apartamento

olhei aqui o lindo vaso
em que este cacto se embrenhou
cobra de muitas cabeças
sem dó, a tesoura se apossou de minha mão
sem foto, os pedaços de cacto caíam no chão
arte sobre cerâmica invernal
o veneno branco escorria
lambendo cobrinhas mortas
entre as notícias da cidade

Embaladas nas folhas
dos jornais de pré-agosto
foram lançadas em sacos de lixo e lançadas
ao monturo

"cactos são sobreviventes"
pensei ao arrancar
o derradeiro e quase invisível
espinho
que em mim latejava
a válvula semilunar

GIRA EM SETE TEMPOS

Ele, Bara Elegante, carrega suas sete chaves.

O tilintar de um relógio despertador ecoava intermitente, com pausas breves, através da névoa que se dissipava lentamente, ela entrevia detalhes do ambiente e caminhou às cegas pelos cômodos da casa. Pisando o assoalho de tábuas de peroba encerado, guiada pelo ruído, encaminhou-se em direção a uma porta robusta, de madeira pintada, fechada. Ao chegar à soleira, reteve um gritinho quando o despertador, dentro do cômodo, tornou a soar. Aproximou, com dificuldade, a mão até a maçaneta, não a alcançando; a estrutura corporal tinha diminuído para uma criança de sete anos.[2]

Bará, de laço em fita-borboleta branca pousada sobre os cabelos, brinca de assenhorar-se do tempo no quintal, no quarto, na rua, no castigo do trabalho; sob e sobre as árvores, é rainha do reino dos pássaros; lidera as crianças de espada em riste contra as impostas realezas dos meninos; ouve e olha atrás das portas; disputa e conquista seus territórios; brada indignações; duvida; demanda; de vestido azul e rosa, não larga a mão de mãe; reivindica celebrar sua vida em todas as cores de festa; reza e reverencia as deusas guerreiras e sábias; canta cantiga inventada pela ancestre memória: "*Ia vevera io. Na tunga Bárbara. Natinga lelea. Lelea na tiga ia. Vevea natinga ioa. Ioa. Ioa. Ioa*"; Bará dança na aldeia com Apoema; sonha também e com violência; deseja saber de onde vem seu nome.

GIRANDO EM ONZE TEMPOS

Barbinha, me valha, minha mãe. Oyá por nós, mainha. Santa da espada afiada, corta a garganta dos injustos. Batemos seus chifres de búfala quando há terremoto. Mata pra matar a fome da gente. Paira nos cemitérios. Fulmina os traidores. Salta leve sobre os telhados. Rápida, Rápida. Venta nas feridas, transforma pipocas, distribui folhas de cura. Rio caudaloso de prosperidade. Borboleta que ilumina nossos caminhos. Raia sobre os mares. Trovoa nas tempestades. Cospe fogo sobre as montanhas. Dona das nove saias dos céus em chamas. Dança. Mãe dos nove. Cuidadora dos Eguns. Mãe dos gêmeos. Mãe do terceiro. Mãe daquele cujo grito gutural vem de lá do fim dos tempos. Filha de Tempo. Dança. Mãe de Tempo. Dança,

Yá Bá

GIRAR EM DEZ TEMPOS

Tio Sabino é um personagem-porto-de-partida-e-chegada. Sai de uma foto do passado quando Bará aprende a se assenhorar do tempo. O sábio tio tem paciência. Espera os sete anos de Bará chegarem junto a suas sete chaves. Preto velho, picando fumo sob a árvore, esperou o tempo despertar antes. Professor, espera a maré e faz revelar o dom:

> Bará, assenhorar-se do tempo é um poder que nasce com a pessoa, assim como a cor dos olhos, a cor dos cabelos, e nos acompanha por toda a vida. Na sua família, outras pessoas possuíam este poder, mas infelizmente algumas delas esqueceram ou se negaram a entender por falta de paciência.[3]

Tio Sabino é a atenta espera da oduściência de Bará, que amadurece ao longo daqueles dias de preparação da festa e do rito. Abre com seu cajado os mares de seus caminhos. Cria visagens de fundas dores antepassadas, assim como das imensas orlas de mundos novos por vir possíveis.

Tio Sabino, estrela-guia que não se apaga, marinheiro atravessador de Atlânticos, Pacíficos e Índicos. Aquele que vê a nossa vida inteira, pois viveu todas elas. Fala lenta, rouca, pouca, sorri pra nós, sem ironia. A ironia — essa falsa senhora moderna, travestida de civilidade elegante — corta a língua de todas as línguas que trocamos, soterradas pela platitude normativa das academias de letras.

Tio Sabino é de outra elegância. Não fala sobre. Fala nobre. Sua presença é ancestre. Espraia-se sobre a Terra. Reverencia a Terra. Curva-se sobre a Terra e a olha de frente em suas mais profundas e várias camadas antes do humano. Sobreviveremos? Resmunga para si sem deixar rastro de dúvida. Sua presença é a mãe do segredo. Pangeia.

Quando Bará, Miriam e eu estamos sob a sombra de sua árvore, não há quem nos vença. Todas as guerras já se deram, já se iniciaram e findaram, dentro, fora e ao redor de nós. Giramos nos dez tempos de tio Sabino. Ele, Bara Elegante, vai à nossa frente saltando alegre por nossos desenganos.

Nosso tio sorri. Somos movidas pelos toques que ritmam nossa falta de medo, pelo que nos falta de esperança e pela dádiva dos esquecimentos. Nossos nove destinos dançam na infância — quando os círculos da espiral da vida ganham mais velocidade e há potência de transtorno do mundo de dentro e do mundo em volta, pois o peso da memória já-ainda não existe, e tudo é leve e possível.

A viagem para o interior da gente se trança com uma viagem para o passado do mundo, ali onde a vida era devir de fogo, ar e papel de seda colorido.

GIRADA EM CINCO TEMPOS

Quando nossa Vida se separa de nosso Destino, ali lateja o olho do furacão de todas as nossas histórias. Nossa falha geológica se anuncia. Os rios mais profundos habitam seus descaminhos. Grutas e trombas d'água nos seduzem. Vamos nos acostumando às pedras escorregadias, aos deslizes e mesmo às quedas.

> Acredito que as águas daquela bacia eram as lágrimas que chorei por me ver impotente para aplacar o sofrimento de minha menina. Então eles, os anciãos, fizeram um círculo ao meu redor, todos apoiados naqueles cajados decorados, com desenhos de rostos humanos, animais, árvores, cobras, borboletas. [...] Após batizar, passe a chamá-la Bará, aquela que tem as chaves dos mundos. [...] Patrocina disse que aos sete anos os caminhos dela se definirão. Eu me preocupo. Quais caminhos serão estes?[4]

A sina de Bará, de sua mãe, de sua avó era vaticinada. Vó Patrocina lhes transmitiu as dádivas dos mistérios matriarcais. Em três baús tecidos de vivas cores e matérias, os dons da procriação, do feitiço e da guerra, em terracota, pedra-sabão e ferro. Confessos foram os seus mais íntimos desejos na ciranda ancestral. Bará guerreira, dona do tempo, elo de fechamento da roda espiral. Cantada em sons de três toques sincopados em palmas: "*Ayee. Detendee. Ayee. Larian. Barae. Barae. Eye. Eye. Delimeie donyaivo. Dan l ala Bará*". Pedrinhas, cabaças, pés arrastando na areia beira-mar... a lua certa, as estrelas...

GIRAVA EM DOZE TEMPOS

Entre aniversários, rezas, sambas e velórios, nossos sonhos-mulheres convocam os mundos entre as esferas do prometido esquecido e sagrado do lembrado. De Tempo, Terra e Narração refazemos a vida em nossas camas, em nossas cozinhas, em nosso bate-perna de vende-acará. Nossa literatura é bolo frito de fogo que alimenta a nossa voz e singra o chão de nossos territórios.

Nosso corpo no mundo é miragem imprópria. No deserto, a visagem de nós mesmas se dá com rouquidão e angústia. Sobreviveremos? A única enunciação possível é gutural. Cigarras, gafanhotos e abelhas fazem as correções necessárias de encruzilhamentos eólicos e migram. Nós somos as que ficamos, itinerantes de nós, sentindo cá dentro — a velocidade e a direção dos ventos.

Atravessamos os mares, através das sete chaves de Bará, pelas mãos de sua curiosidade, sua alegria, sua prosperidade ancestral, o que não se dá a ver por sua tragédia, mas por seu júbilo. Miriam também nos segreda que, quando uma mulher conhece e escreve seu próprio destino, ela se liberta.

GIRE EM TRÊS TEMPOS

Conte a verdade às crianças, nos diz a voz ancestre da obstinada poeta. Quando é esta verdade? Ali, onde uma mais velha conta a história em mergulho de profundezas, olhos marejados e brilho metálico na voz. Nossos pés precisam sentir o cheiro e temperatura da terra, cuja umidade molha nossos úteros neste momento.

Sobre os templos de nossos corpos-casa se assentam nossas divindades guerreiras e sábias. A ritualidade dos dias lhes rende as mais ricas homenagens. Quase sempre e apenas um ouvido projetado em espiral, um nuançado fechar de pálpebras, uma velocidade feiticeira entre os tempos.

Entre as angulares edificações da cidade petrificada, Miriam e eu, um dia, sopraremos forte e de mãos dadas. Neste dia, talvez, haja notáveis tempestades de areia que venham a soterrar tudo aquilo que foi construído e destruído a despeito e na conta do nosso sangue. Por ora, briso marítima em seu sorriso e acaricio nossas histórias, girando entre sete e dez nós.

Salvador, 4 de dezembro de 2021
Dia de festejar Santa Bárbara, entre nós.

NOTAS

1. No dia 13 de agosto de 2021, Miriam Alves concedeu uma entrevista sobre o livro *Bará: na trilha do vento* às alunas encarceradas no presídio feminino de Salvador, que tem esse romance de sua autoria no programa de curso, com o objetivo de remissão de pena pela leitura. Em função da pandemia da Covid-19 e suspensão das atividades socioeducativas presenciais nos presídios do Brasil, mantivemos nossas aulas on-line através de vídeos gravados. Esta entrevista foi realizada pela pesquisadora Gabriela Ramos, cuja escrita de tese de doutorado, que inclui a obra de Miriam Alves, oriento no PPGLITCULT/UFBA. À série na qual esta entrevista se inclui, nomeamos *Diálogos Abolicionistas*, que pode ser acessada no link: https://www.youtube.com/watch?v=URKJO8anAgk.

2. Miriam Alves, *Bará: na trilha do vento*. Salvador: Editora Ogum's Toques Negros, 2015, p. 32.

3. Id. Ibid., p. 46.

4. Id. Ibid., pp. 74-5.

Madres-vidas em *Bará: na trilha do vento*

MIRIAN CRISTINA DOS SANTOS

Mahin amanhã
Ouve-se nos cantos a conspiração
vozes baixas sussurram frases precisas
escorre nos becos a lâmina das adagas
Multidão tropeça nas pedras
revolta
há revoada de pássaros
sussurro, sussurro:
"— é amanhã, é amanhã.
Mahin falou, é amanhã"
A cidade toda se prepara
Malês
bantus
jejes
nagôs
vestes coloridas resguardam esperanças
aguardam a luta
Arma-se a grande derrubada branca
a luta é tramada na língua dos Orixás
"— é aminhã, aminhã"
sussurram
Malês
jejes
bantus
nagôs
"— é aminhã, Luiza Mahin, falô"
Miriam Alves[1]

A existência de Miriam Alves é sempre motivo de júbilo. Suas reflexões atravessam diferentes públicos de forma diversa, movimentando sentimentos e mentalidades, de maneira a mudar o estado inerte das coisas. Toda a sua contribuição ao longo destes quarenta anos de carreira representa o preenchimento de uma grande lacuna no sistema literário brasileiro.

Em entrevistas, palestras, ensaios, assim como em sua produção literária, Miriam Alves traz na sua escrita atravessamentos profundos: "As angústias, tensões, felicidades, desencontros, revoltas, possibilidades, próprios do ato de viver, são assuntos nos poemas de Miriam",[2] e igualmente em suas narrativas. Humanizar e complexificar vivências negras, por meio da representação de corpos negros de modo plural, é um fio condutor candente na força do verbo de Miriam Alves. No entanto, leituras baseadas em pressupostos brancos, heteronormativos, classistas, da crítica canônica, ainda tentam enquadrar a escrita de mulheres negras apenas pela óptica reducionista do testemunho, do racismo, do classicismo e da violência, desconsiderando o trabalho literário e outras movências da produção ficcional. Portanto, aqui proponho reflexões sobre *Bará: na trilha do vento*,[3] primeiro romance de Miriam Alves, de forma a convidar leitores a desconstruir parâmetros reducionistas na leitura da produção literária de autoria negra.

De acordo com estudos e discussões da pesquisadora e professora Lívia Maria Natália de Souza sobre a produção literária negro-brasileira feita por mulheres, "instrumentos e paradigmas de análise que comumente são acionados nos estudos de literatura não seriam suficientes para abarcar a complexidade das representações e das opções éticas e estéticas oferecidas pelos textos destas mulheres",[4] uma vez que tais textos trazem uma "teorização própria" ainda pouco considerada na teoria literária brasileira.

Consoante tais apontamentos, e ao considerar que a acolhida de textos de autoria negra ainda está em um processo incipiente por parte da crítica literária brasileira, apresentarei a leitura das escritoras negras enquanto intelectuais a partir de suas escritas literárias, uma vez que em seus livros elas "abordam as principais demandas da mulher negra na contemporaneidade, dão visibilidade às culturas africanas e afro-brasileiras, denunciam a condição marginalizada e subalternizada do negro e fazem dessa literatura escrita por mulheres local de força, resistência, afirmação e denúncia".[5]

Nessa discussão, reivindicar de forma explícita e incisiva o espaço intelectual para mulheres negras literatas adveio principalmente de um diálogo estreito com o conceito de literatura negro-brasileira do poeta e ensaísta Cuti, em que ele relocaliza a escrita de autoria negra na crítica a partir de um lugar político de pertencimento. Além disso, as reflexões da pensadora estadunidense bell hooks[6] a respeito da necessidade de decolonizar, desandrogenizar e desnortear a concepção eurocêntrica de intelectual[7] também estiveram no fio da abordagem, visto que não é concebível que ainda hoje nosso entendimento de intelectualidade esteja congelado na figura de homens brancos, acadêmicos, cis, do centro do mundo. Dessa forma, considerar o caráter transgressor, para além das paredes acadêmicas, da produção literária das intelectuais negras é pertinente.

Em *Bará: na trilha do vento*, o foco da narrativa está nas relações familiares da menina Bárbara. No romance, a questão da memória, a herança ancestral e a ascensão social de uma família negra constituem-se como temas centrais. Nele é representada uma família negra brasileira que alcançou uma relativa independência econômica. Nas relações dessa família são enfatizados "tanto os valores éticos de honradez, dignidade e solidariedade como as tradições africanas e religiosas",[8] valores esses consolidados principalmente por meio de uma ciranda de mulheres: a menina, a mãe e a avó.

Em *Bará*, a trama traz majoritariamente uma imagem positiva de personagens negras, o que é importante para que o público leitor tenha contato com ideias positivas (tão raras) de negras e negros brasileiros. Nesse sentido, essa narrativa de Miriam Alves vai além da representação de pessoas negras no papel de vítimas ou algozes (modelos reiterados no passado e no presente),[9] e apresenta outras possibilidades e experiências do ser negro, por meio de uma multiplicidade de corpos.

A pesquisadora Cristian Souza de Sales, ao refletir sobre a produção de mulheres negras da diáspora a partir de poemas de Miriam Alves, faz a seguinte reflexão sobre a obra da autora:

> Nos dizeres poéticos de escritoras como Miriam Alves, as mulheres negras se ocupam em elaborar outras formas de escrita para o corpo feminino negro, à medida que o seu olhar reescreve a história e a trajetória das mulheres negras na sociedade brasileira, levando em conta, nessa outra forma de constituição corporal negra, as marcações sociais, históricas, estéticas e culturais que este traz consigo. São versos que projetam imagens de um corpo feminino negro carregando as dores do tempo (e de seu tempo), de onde ecoam as vozes de seus/suas antepassados(as) africanos(as), homens e mulheres que vivenciaram as agruras e as amarguras das experiências vivenciadas durante o escravismo colonial e a diáspora africana no Brasil.[10]

De acordo com essa perspectiva, não somente a poesia, mas também a prosa de Alves é atravessada por esse caminho, de forma que temáticas como afetividade, história e memória ancestral igualmente perpassam as histórias. Acredito que tais temas na literatura negro-brasileira são importantes para que a narrativa constante do passado violento e opressor sobre a população negra não permaneça enquanto regra reducionista. Assim, *Bará: na trilha do vento* se faz imprescindível, ao trazer corpos negros em outras vivências.

Na narrativa, Bárbara adulta relembra histórias de sua meninice em um passado distante, mais precisamente em torno dos seus 7 anos. Do baú de lembranças, a jovem rememora histórias atravessadas por uma ancestralidade negra baseada em diversas gerações de mulheres que compactuam umas com as outras a missão de guardar e repassar as tradições familiares. Ao visitar a família, a matriarca Patrocina revela o segredo:

> Proferiu palavras de celebração da vida, aprendidas de mãe para filha, há tempos perdidas no tempo. Ela, a última guardiã a conhecê-las, se não as transmitisse perder-se-iam no mesmo tempo que as guardou. Deveriam ser passadas, oralmente, como um sopro de verdade, com a anuência das antepassadas e a força do vento. As energias das mulheres de várias gerações que se entrecruzaram na linha do destino vibravam naquelas poucas frases, misturadas em linguagem e sotaques de múltiplas origens e múltiplos lugares. Lugares distintos geograficamente dali, mas presentes na genealogia interna de cada descendente. Celeste não lhe quis ouvir. D. Cina acreditava que a neta, esperta e curiosa, certamente compreenderia o valor daquele tesouro. Ao abrir o baú, escancaravam-se as linhas de pertencimento de todas. Segredo, sabedoria franqueada a poucos, hora de o vento sussurrar histórias-verdades.[11]

A partir da revelação da matriarca, a memória coletiva de gerações de mulheres negras atravessa o romance, e Bará, a neta que completaria 7 anos, passa a ser a nova guardiã das memórias. No entanto, além de Gertrudes, mãe da menina, a comadre Danaide também compartilha do ritual, "sem as determinações da consanguinidade, mas pauteada em afinidades e confiança e no compartilhamento da responsabilidade, dedicação e cuidados para com o apadrinhamento".[12] Em um primeiro momento, o pacto de confiança entre as mulheres é ratificado na abertura do velho baú de família carregado de memórias e misticismo. Sobre isso, Cristian Souza de Sales afirma que:

> Na trilha dos ventos de *Bará*, a memória coletiva é uma das forças que move os destinos das personagens. A memória guia os quadros de referência das famílias e dos grupos sociais presentes no romance, liderados por mulheres negras que assumem a missão de transmitir conhecimentos e saberes. Assim, as experiências individuais alicerçam as memórias coletivas que são compartilhadas entre os mais velhos e os adultos, entre os mais velhos e os mais jovens, entre as mulheres e as crianças, construindo laços afetivos sólidos, bem como redes de solidariedade, de pertencimento e de identificação.[13]

E serão essas redes, aparentemente invisíveis, que amarrarão a história. Nesse quesito, elementos místicos e poéticos entrelaçam a narrativa até mesmo para tratar das dificuldades individuais vividas por cada personagem. Por exemplo, a aproximação que Bará faz da vizinha família de Desidério e os sete filhos alcoólatras com um monstro surreal:

> Ela vislumbrava um corpo grande com sete pares de pernas e braços e sete cabeças. [...] Garrafas e mais garrafas, a criatura bebia tudo: a vida, a casa, a pensão do pai deles. Se um dia tiveram sonhos, não saberiam dizer, com certeza naufragaram dentro da barriga da besta.[14]

Tal conjectura é possível porque Bará é a senhora do tempo e consegue transitar entre o visível e o invisível; além do mais, o texto considera o lúdico do ponto de vista infantil.

Bará, filha de d. Trude e neta de d. Cina, ainda no seu nascimento "foi coroada ao vir ao mundo por espíritos ancestrais a que pertence".[15] As famílias Severiano e Loureiro de Assis eram acometidas pelo fenômeno do "sonho vívido": Trude "saía do corpo quando dormia e se debatia, aparecendo para as pessoas. Fenômeno sem controle ou explicações, o qual tentou, em vão, ao longo de sua vida controlar".[16] Fenômeno esse que possibilitava a Gertrudes ajudar as mulheres de Vila Esperança:

> Para aquela feira de sentimentos expostos, ela agia aconselhando, interferindo, receitando chás, ensinando simpatias, ajudando a solucionar as situações específicas de cada um. Envolvia-se tanto que, às vezes, preocupada, dormia sem descansar, agitava-se, sono povoado com as histórias e todas aquelas mulheres, com vidas parecidas com a dela.[17]

Como se vê, enquanto a sina da menina Bárbara ainda estava por definir, Gertrudes cumpria, sem perceber, a sua, e as mulheres de Esperança agradeciam-lhe constantemente por ter ido à casa delas e as auxiliado nas mais difíceis aflições.

Percebe-se, também, que a oralidade é fator imprescindível para os ecos da história. As várias narrativas que encruzilham entre si em *Bará: na trilha do vento* são protagonizadas por mulheres que utilizam a voz para manter ou repassar experiências, cultuando uma ancestralidade feminina. "A experiência transmitida de boca a boca"[18] e a "faculdade de intercambiar experiências"[19] norteiam o romance. Será por meio desse recurso que Patrocina transmitirá o segredo de família para suas descendentes, e também será por meio desse recurso que Gertrudes auxiliará as mulheres da região na solução de problemas familiares. "O texto narrativo reúne as energias das mulheres de várias gerações que se entrecruzam. [...] Unem-se as 'linhas de pertencimento de todas as gerações', fazendo da menina Bará uma de suas herdeiras."[20]

No entanto, é importante considerar que reflexões a partir de Walter Benjamin não dão conta da profundidade desse romance de Miriam Alves. "Oralitura", termo concebido pela professora Leda Maria Martins, importantíssima pesquisadora de corpus diaspóricos, dialoga de forma mais profunda com os movimentos de *Bará: na trilha do vento*:

> O termo "oralitura", da forma como o apresento, não nos remete univocamente ao repertório de formas e procedimentos culturais da tradição linguística, mas especificamente ao que em sua performance indica a presença de um traço cultural estilístico, mnemônico, significante e constitutivo, inscrito na grafia do corpo em movimento e na vocalidade. Como um estilete, esse traço cinético inscreve saberes, valores, conceitos, visões de mundo e estilos.[21]

Dessa forma, enquanto rasura, a oralitura possibilita complexos atravessamentos. A ideia de mera manutenção ou repasse de histórias e memórias ancestrais ainda pouco alcança algo que subjaz temporalidades:

> No âmbito dos rituais afro-brasileiros [...], essa concepção de performance nos permite apreender a complexa pletora de conhecimentos e de saberes africanos que se restituem e se reinscrevem nas Américas, recriando toda uma gnosis e uma episteme diversas.[22]

É nesse encalço que os filhos negros também são lidos em outras concepções, diferentes da narrativa hegemônica. No romance de Miriam Alves, embora as dificuldades vivenciadas pelas personagens sejam inúmeras, os filhos, quase sempre, sinalizam a continuidade da vida e esperança de dias melhores, fazendo do tempo real momento de busca. Na família de Patrocina e Zé Galdino, a filha Celeste é modista e dá aulas de corte e costura, ampliando a profissão de costureira da mãe. Já na de Gertrudes e Mauro, a filha do meio, Bará, pertencia a uma ciranda ancestral, guardiã dos baús de memória compostos pela avó Patrocina, conforme citado anteriormente. Gertrudes, por sua vez, até pouco tempo depois de seu casamento, sem terminar o primário, trabalhava como empregada doméstica como muitas mulheres de sua família, até que Mauro montou uma quitanda. Já Danaide, comadre do casal, trabalhava como lavadeira e passadeira desde os 8 anos, conforme suas ascendentes, mas desejava para a filha Suelma condição diferente.

Romance composto majoritariamente de famílias negras, aqui as mulheres negras não são estéreis como em muitas narrativas da literatura brasileira, conforme reflexões críticas de Conceição Evaristo.[23] Muito pelo contrário, a descendência negra faz-se de fato um presente no alimento da roda ancestral, que não se escasseia com a morte. Essa interpretação é possível, visto que, no momento em que a matriarca Patrocina repassa para as mulheres as orientações com relação aos baús ancestrais, "apreensiva, Gertrudes, intuitivamente, adivinhava o significado da abertura dos baús para a sogra, para ela e para a filha Bará. Algo como: a sorte está lançada! Você está se despedindo da gente?".[24] No entanto, a partir de uma aproximação com a cultura africana, a morte aqui aponta para uma continuidade, "o lugar onde o passado, o presente e o futuro se encontram",[25] de forma que tudo seja movimento: "Nascimento, maturação e morte tornam-se, pois, eventos naturais, necessários na dinâmica mutacional e regenerativa de todos os ciclos vitais e existenciais. Nas espirais do tempo, tudo vai e tudo volta".[26]

É importante mencionar também que o romance não se quer como uma mera representação homogênea, então também traz a complexidade da vida, em outro recorte pouco deleitável com relação ao universo infantil, como o exemplo de Zé Caniço, maqueiro do hospital e componente do grupo musical Esperança da Vila, que abandonou uma filha ainda bebê em Minas Gerais; ou ainda Elza, madrinha de Bará, sobrevivente de abuso sexual quando criança.

O romance ainda trata de machismo, preconceito e violência contra as mulheres. Embora sejam assuntos densos, a intelectual Miriam Alves consegue trazê-los para a literatura em meio à fruição poética, e através, muitas vezes, da técnica de flashback. É pelo fluxo de consciência que ficamos sabendo que Zé Galdino já tentou bater em Patrocina; também é por meio desse recurso que temos conhecimento das várias violências sofridas por Georgina, vizinha do casal: se não bastasse o marido transmitir-lhe doença venérea pega na rua e ainda bater-lhe, culpando-a pela impotência, a mulher morre negligenciada pelos filhos, "mas acolhida pelos bichos peçonhentos, bernes e vermes".[27] Desse círculo de mulheres agredidas, Danaide também não escapa: depois de sair das amarras agressivas do pai, casa-se com um homem intolerante e autoritário, que exerce o poder mediante violência moral e simbólica. Além disso, Sargento Azeitona não deixa sua companheira Dilma trabalhar, e lembro ainda que Gertrudes foi rechaçada pelo pai e pela irmã do marido por ser empregada doméstica. Contudo, a trama narrativa é mais ampla que isso, o que permite a *Bará: na trilha do vento* possibilitar leituras complexas do mundo.

Em meio a tantas repetições de violência, a mãe de Bárbara vislumbra e age em prol de um futuro melhor para a filha. A partir de uma consciência, que atravessa o romance, da educação de gênero enquanto construção cultural, Gertrudes incomoda--se com brincadeiras que congelam o destino da menina, e a avó Patrocina leva carrinhos de madeira para a neta, que não gosta de bonecas:

> Talvez Bárbara se transformasse numa escritora, escreveria livros, faria sucesso, viajaria pelo mundo, seria o que, um dia, Gertrudes sonhou para si, na ilusão de menina que também imaginava fábulas. Temeu a realidade. Mesmo assim, entregava-se ao luxo de adentrar no mundo de Bará, sonhos e fantasias, talvez, quem sabe, verdades.[28]

De fato, os filhos de Gertrudes e Mauro prosperam e cumprem a expectativa dos pais. Ézio, pai de cinco filhos, mora com os pais e dá continuidade aos negócios da família; Velma torna-se uma estilista de moda bastante requisitada; e Bará, mãe de Acotirene, "a primeira menina do clã",[29] vira uma arquiteta de sucesso. No romance, conforme dito anteriormente, Bará, assim como a avó Patrocina, será a responsável por girar a "ciranda ancestral", por isso, a menina Acotirene reabre o círculo ancestral em um tempo e espaço místicos.

Ainda é preciso considerar a beleza dos ritos, ritmos e rituais na obra. De acordo com Cristian Sales, prefaciadora do romance:

> o ritual é frequentemente concebido como um recurso capaz de assegurar uma aliança com a ancestralidade africana. Através de sua materialização, sob a forma do encantamento, dos cânticos entoados por suas mais velhas, dos banhos de folha, Bará retorna às suas origens.[30]

Nesse sentido, a conservação e a manutenção de artefatos africanos, onde estariam depositados "em sua criação os valores étnicos, morais e religiosos",[31] também fazem parte desse processo. "A primazia do movimento ancestral, fonte de inspiração, matiza as curvas de uma temporalidade espiralada, na qual os eventos, desvestidos de uma cronologia linear, estão em processo de uma perene transformação."[32] E é essa mistura de temporalidades que possibilita que a menina-mulher Bará — herdeira de D. Cina, senhora dos ventos — entrecruze tempos e espaços diversos, movimentando memórias ancestrais.

Nesse processo, a história oral, como parte integrante desses rituais, também aqui não pode ser esquecida. Aspecto esse que se aproxima das reflexões de Michael Pollak:

> Ao privilegiar a análise dos excluídos, dos marginalizados e das minorias, a história oral ressaltou a importância de memórias subterrâneas que, como parte integrante das culturas minoritárias e dominadas, se opõem à "Memória oficial", no caso a memória nacional.[33]

Assim, a tradição de matriz africana e seus rituais e ensinamentos, que atravessam o texto, afloram, a partir de *Bará: na trilha do vento*, uma "memória subterrânea", oriunda de um tempo e espaço outros, preservados pela oralidade. Reflexão essa que dialoga diretamente com Édouard Glissant, ao pontuar a importância da memória ou "rastros/resíduos" para os povos africanos deportados.[34] De fato, os rituais religiosos, juntamente com os cânticos, banhos de chás e manutenção de uma tradição, preservados e repassados através da oralidade, possibilitam que "os(as) leitores(as) observem que muitas histórias, orikis e memórias não se perderam nas águas salgadas e tristes do Atlântico Negro".[35] Dessa forma, a figura da matriarca Patrocina é bastante pontual e funciona como uma "griô": "aquela que transmite a tradição da memória, uma figura típica descrita como negra, idosa, sempre muito sábia e ligada à fé e à religiosidade ancestral".[36]

Diante do exposto, observa-se que, em *Bará: na trilha do vento*, a intelectual Miriam Alves traz para o espaço literário representações negras a partir de outro ponto de vista, diferente daquelas bastante exploradas pela literatura dita oficial. E o romance de Alves extrapola o realismo social, trazendo a fruição literária a partir de uma linguagem poética, elementos místicos, canções e elementos do universo infantil. Efetivamente, ela dialoga com a proposta da literatura negro-brasileira, conforme afirmado por si:

> A literatura afro-brasileira funciona como catalisador de histórias as quais transforma em registro ficcional e poético para transmiti-las não só como anais de fatos, mas, sobretudo, como a grafia de emoções, perpetuando, no ato da escrita, o resgate do passado, o registro do presente da trajetória de um segmento populacional relegado ao esquecimento ou ao segundo plano na historiografia, inclusive das artes literárias.[37]

Dessa maneira, o final do livro, com o anúncio da gravidez de Bará e a reabertura da "ciranda ancestral", é bastante pertinente, uma vez que o nascimento de descendentes negros nessa literatura propõe a ideia de continuidade, de manutenção e propagação de uma história milenar. Com esse aspecto, sem cair em um simplismo raso, a mulher negra adquire o desempenho de uma figura matriz. Por fim, através de um diálogo constante com o leitor atento, a intelectual negro-brasileira, ao "descobrir" no seu romance muitas "memórias subterrâneas",[38] adverte: "As histórias estão lá aguardando. Estarão sempre lá aguardando aqueles que têm fome. Fome de saber. Saber as verdades que se encobrem. Ou que são acobertadas".[39]

NOTAS

1. Miriam Alves, "Mahin amanhã". In: *Cadernos Negros nº 9*. São Paulo: Quilombhoje, 1986.
2. Maria Nazaré Lima; Florentina Souza (Orgs.). *Literatura afro-brasileira*. Salvador / Brasília: Centro de Estudos Afro-Orientais / Fundação Cultural Palmares, 2006, p. 161.
3. Miriam Alves, *Bará: na trilha do vento*. Salvador: Ogum's Toques Negros, 2015.
4. Lívia Maria Natália de Souza, "Negropoéticas e negropolítcas na literatura negro-feminina brasileira contemporânea". *Tabuleiro de Letras*. Salvador, v. 9, n. 2, 2015, p. 91.
5. Mirian Cristina dos Santos, *Intelectuais negras: prosa negro-brasileira contemporânea*. Rio de Janeiro: Malê, 2018, p. 15.
6. bell hooks é o pseudônimo de Gloria Jean Watkins. Adotou-o em homenagem à avó materna, como um ato político, uma vez que esse nome garantiria um direito de expressão autônomo, que o nome Gloria Watkins não permitiria. Cf. Alan A. M. Ribeiro. "Blackness: identidades, racismo e masculinidades em bell hooks". In: *Seminário Internacional Fazendo Gênero, v. 10* (Anais Eletrônicos). Florianópolis, 2012.
7. Id., "Intelectuais negras". Trad. de Marcos Santarrita. *Estudos feministas*, ano 3, n. 2, 1995, pp. 464-78.
8. Moema Parente Augel, "Na trilha de Miriam Alves". In: Miriam Alves, *Bará: na trilha do vento*, op. cit., p. 6.
9. Regina Dalcastagnè, *Literatura brasileira contemporânea: um território contestado*. Vinhedo: Editora Belo Horizonte, 2012.
10. Cristian Souza de Sales, "Pensamentos da mulher negra na diáspora: escrita do corpo, poesia e história". *Sankofa: Revista de História da África e de Estudos da Diáspora Africana*, ano V, n. 9, jul. 2012, p. 96.
11. Miriam Alves, op. cit., pp. 116-7.
12. Id. Ibid., p. 113.
13. Cristian Souza de Sales, "Na ciranda da nossa ancestralidade". In: Miriam Alves, Ibid. p. 21.
14. Miriam Alves, ibid., p. 92.
15. Id. Ibid., p. 100.
16. Id. Ibid., p. 59.
17. Id. Ibid., p. 56.
18. Walter Benjamin, "O narrador: Considerações sobre a obra de Nikolai Leskov". In: ______. *Magia e técnica, arte e política: ensaios sobre literatura*

e história da cultura. 7. ed. Trad. de Sérgio Paulo Rouanet. São Paulo: Brasiliense, 1994, p. 198.

19. Id. Ibid.

20. Cristian Souza de Sales, "Na ciranda de nossa ancestralidade", op. cit., p. 26.

21. Leda M. Martins, "Performances da oralitura: corpo, lugar da memória". *Letras: Revista do Programa de Pós-Graduação em Letras*, n. 26. Universidade Federal de Santa Maria, 2003, p. 77.

22. Id. Ibid., pp. 66-7.

23. Conceição Evaristo, "Da representação à autorrepresentação da mulher negra na literatura brasileira". *Revista Palmares: Cultura Afro-brasileira*, ano 1, n. 1, ago. 2005, pp. 52-7.

24. Miriam Alves, op. cit., p. 131.

25. Id. Ibid., p. 204.

26. Leda Maria Martins, op. cit., p. 75.

27. Miriam Alves, op. cit., p. 85.

28. Ibid., p. 43.

29. Ibid., p. 211.

30. Cristian de Souza Sales, "Na ciranda de nossa ancestralidade", op. cit., p. 25.

31. Id. Ibid.

32. Leda Maria Martins, op. cit., p. 75.

33. Michael Pollak, "Memória, esquecimento, silêncio". In: *Revista Estudos Históricos*, v. 2, n. 3, 1989, p. 2.

34. Édouard Glissant, *Introdução a uma poética da diversidade*. Trad. de Enilce Albergaria Rocha. Juiz de Fora: Editora da UFJF, 2005.

35. Cristian de Souza Sales, "Na ciranda de nossa ancestralidade", op. cit., p. 27.

36. Fernanda Rodrigues de Figueiredo, *A mulher negra nos Cadernos Negros: autoria e representações*. Dissertação. Programa de Pós-Graduação em Letras Faculdade de Letras. Universidade Federal de Minas Gerais. Belo Horizonte, 2009, p. 70.

37. Miriam Alves, *BrasilAfro autorrevelado: literatura brasileira contemporânea*. Belo Horizonte: Nandyala, 2010, p. 44.

38. Michael Pollak, op. cit.

39. Miriam Alves, *Bará: na trilha do vento*, op. cit., p. 72.

REFERÊNCIAS

ALVES, Miriam. *Bará: na trilha do vento*. Salvador: Ogum's Toques Negros, 2015.

________. *BrasilAfro autorrevelado: literatura brasileira contemporânea*. Belo Horizonte: Nandyala, 2010.

AUGEL, Moema Parente. "Na trilha de Miriam Alves". In: ALVES, Miriam. *Bará: na trilha do vento*. Salvador: Editora Ogum's Toques Negros, 2015, pp. 6-14.

BENJAMIN, Walter. "O narrador: Considerações sobre a obra de Nikolai Leskov". In: ______. *Magia e técnica, arte e política: ensaios sobre literatura e história da cultura.* 7. ed. Trad. de Sérgio Paulo Rouanet. São Paulo: Brasiliense, 1994, pp. 197-221.

CUTI (Luiz Silva). *Literatura negro-brasileira.* São Paulo: Selo Negro, 2010.

DALCASTAGNÈ, Regina. *Literatura brasileira contemporânea: um território contestado.* Vinhedo: Editora Belo Horizonte, 2012.

EVARISTO, Conceição. "Da representação à autorrepresentação da mulher negra na literatura brasileira". *Revista Palmares: Cultura Afro-brasileira*, ano 1, n. 1, ago. 2005, pp. 52-7. Disponível em: http://www.palmares.gov.br/sites/000/2/download/52%20a%2057.pdf. Acesso em: 21 mar. 2015.

FIGUEIREDO, Fernanda Rodrigues de. *A mulher negra nos Cadernos Negros: autoria e representações.* Dissertação (Programa de Pós-Graduação em Letras). Faculdade de Letras, Universidade Federal de Minas Gerais. Belo Horizonte, 2009.

FONSECA, Maria Nazareth Soares; SOUZA, Florentina da Silva (Orgs.). *Literatura afro-brasileira.* Salvador: CEAO, 2006.

GLISSANT, Édouard. *Introdução a uma poética da diversidade.* Trad. de Enilce Albergaria Rocha. Juiz de Fora: Editora da UFJF, 2005.

HOOKS, bell. "Intelectuais negras". Trad. de Marcos Santarrita. *Estudos feministas*, ano 3, n. 2, 1995, pp. 464-78. Disponível em: https://periodicos.ufsc.br/index.php/ref/article/view/16465/15035. Acesso em: 31 mar. 2022.

MARTINS, Leda Maria. "Performances da oralitura: corpo, lugar da memória". *Letras — Revista do Programa de Pós-Graduação em Letras*, n. 26. Universidade Federal de Santa Maria, 2003. Disponível em: https://periodicos.ufsm.br/letras/article/view/11881. Acesso em: 1º dez. 2021.

POLLAK, Michael. "Memória, esquecimento, silêncio". *Revista Estudos Históricos*, v. 2, n. 3, pp. 3-15, 1989. Disponível em: https://bibliotecadigital.fgv.br/ojs/index.php/reh/article/view/2278/1417. Acesso em: 31 mar. 2022.

SALES, Cristian Souza de. "Na ciranda da nossa ancestralidade". In: ALVES, Miriam. *Bará: na trilha do vento.* Salvador: Ogum's Toques Negros, 2015, pp. 18-27.

______. "Pensamentos da mulher negra na diáspora: escrita do corpo, poesia e história". *Sankofa: Revista de História da África e de Estudos da Diáspora Africana*, ano V, n. 9, jul. 2012, pp. 91-110. Disponível em: https://www.revistas.usp.br/sankofa/article/viewFile/88889/91763. Acesso em: 31 mar. 2022.

SANTOS, Mirian Cristina dos. *Intelectuais Negras: prosa negro-brasileira contemporânea.* Rio de Janeiro: Malê, 2018.

SOUZA. Lívia Maria Natália de. "Negropoéticas e negropolítcas na literatura negro-feminina brasileira contemporânea". *Tabuleiro de Letras*. Salvador, v. 9, n. 2, 2015, pp. 83-101. Disponível em: http://www.revistas.uneb.br/index.php/tabuleirodeletras/article/view/1498. Acesso em: 31 mar. 2022.

Ao redor de *Maréia*: algumas notas sobre a ficção de Miriam Alves

FERNANDA MIRANDA

CHÃO COMUM ROMANESCO

Assumimos, como forma de ler o contemporâneo e entender as clivagens do tempo, a complexidade interna do espaço enunciativo formado por mulheres negras, entendendo a intersecção de gênero e raça como via produtiva/criativa para pensarmos subjetividades, resistências, proposições e interpretações da realidade, da cultura e do discurso, que restavam ocultas ou apagadas nos arquivos textuais das literaturas nacionais.

Dentro dessa roda enunciativa formada por mulheres negras, há muita diversidade: de voz, temática, estética, formal, filosófica, linguística, autoral, geográfica, política, geracional, subjetiva. Recolho aqui o olhar para uma forma específica — os romances —, fazendo um panorama textual que abriga parte da produção de Miriam Alves.

A leitura comparada de romances de autoria de mulheres negras brasileiras realça um primeiro e irredutível chão semelhante: o diálogo aberto e insubmisso com a História. Não apenas no sentido de citação/inscrição de eventos e personagens históricos, mas antes destacando-se o romance como um território cultivado e produtivo, em que existem condições discursivas de (re)organização da imaginação histórica capazes de reordenar o arquivo de conhecimento do passado.

Pensando a História como um arquivo que sustenta imaginários e o próprio modo como o imaginário que se fixou (tradição) em detrimento de outros possíveis, o romance emerge como uma plataforma criativa da qual outras narrativas sobre experiências históricas silenciadas são inscritas, ativando novas leituras para o tempo, o espaço, as relações sociais e as subjetividades.

Corpo narrativo que tem cor, voz e memória, que (re)formula o passado, reconfigura o presente e produz futuros, uma vez que a geografia — e a História escrita e divulgada — do mundo que conhecemos foi forjada sob o domínio do Império e as "ficções da modernidade",[1] as quais formularam e sustentaram a identidade do homem branco ocidental como único sujeito racional do universo em oposição aos outros do mundo.

É possível apreender nesse corpo textual que fala e amplia escutas outras cartografias: um arquivo ficcional contracolonial, do qual emerge um pensamento que nos atualiza acerca do conhecimento do passado. A memória é um chão comum nos romances, e nos leva de volta à cena liminar da escravidão (como em *Úrsula*, de Maria Firmina dos Reis; *Negra Efigênia*, de Anajá Caetano; *Um defeito de cor*, de Ana Maria Gonçalves), à cena difusa do pós-abolição (como em *Água funda*, de Ruth Guimarães; *Diário de Bitita*, de Carolina Maria de Jesus; *Ponciá Vicêncio*, de Conceição Evaristo), à cena fractal do contemporâneo permeado de fantasmas do pretérito (como em *A mulher de Aleduma*, de Aline França; *As mulheres de Tijucopapo*, de Marilene Felinto).

Esses textos articulam continuidades num nexo enunciativo que abrange quase três séculos de confronto às narrativas que moldam a face da literatura brasileira sem dinamizar nela o seu princípio colonial. Isto é, afrontam a seletividade dos arquivos discursivos com os quais se tem imaginado a nação, porque impõem a essa imaginação o componente fundante que, contraditoriamente, é mantido soterrado (na literatura canônica): a experiência histórica do negro.

Pelos seus conteúdos, o pensamento produzido nesta roda de romances retoma o passado e nos atualiza sobre o contemporâneo ao elaborar de forma criativa a concepção de que no Brasil há uma lógica de poder atuante que sustenta ininterruptamente a colonialidade. Mas, se uma das ferramentas mais importantes da manutenção da ordem é o controle sobre o esquecimento de determinadas fendas, a sua enunciação na narrativa rompe o silêncio, propõe linhas de fuga, constrói a ruptura.

O PROJETO FICCIONAL DE MIRIAM ALVES

O primeiro romance de Miriam Alves, *Bará: na trilha do vento*, foi publicado em 2015. O segundo, *Maréia*, em 2019. Ambos os textos compõem um projeto mais amplo da autora, centrado nos quatro elementos vitais: ar (*Bará*) e água (*Maréia*), fogo e terra.

A forma romance é a mais recente partilha de uma trajetória literária de aproximadamente quarenta anos, cujo início remonta à presença de Miriam Alves junto às movimentações intensas do coletivo cultural Quilombhoje Literatura — vanguarda negra paulistana que se reuniu pela primeira vez no fim da década de 1970 para pensar estética, política, recepção, editoração e distribuição, produzindo literatura, conceitos, táticas de existência cultural e também uma comunidade leitora, sendo a antologia *Cadernos Negros* um dos seus frutos mais vivos e duradouros. Miriam Alves emerge desse contexto político-artístico criativo e insubmisso. Sua produção múltipla inclui poesia, ensaio, conto e romance.

Tanto em *Bará* quanto em *Maréia* são notáveis alguns elementos que parecem compor o sistema narrativo da autora. Eles permitem ver o trânsito entre temporalidades da experiência histórica negra, de modo que o contexto contemporâneo em que as personagens estão situadas não as impede de experimentar fragmentos do passado.

A ancestralidade negra compõe o sistema ficcional, mas também a memória de quem escravizou, libertando ambas as narrativas do silêncio da História — que tem favorecido somente um lado. Narrativas encruzilhadas de personagens negros e brancos, que deixam ver, entre seus passados e desafios contemporâneos, uma *relação* complexa e não maniqueísta.

A narrativa de Miriam Alves se alinha às pluriversais narrativas afro-atlânticas, pois as problemáticas que tangenciam, embora tão nossas, não se restringem ao Brasil, e podem ser observadas em narrativas de autoras negras de diversas partes das Américas e da África. O que conecta tais enunciações não é exatamente a partilha (ou a dissidência) da pátria ou da língua, e sim a *autoria*, constituída na intersecção entre raça e gênero e as experiências históricas que os textos engendram, o que compõe, finalmente, um arquivo — conforme aquele enunciado por Beatriz Nascimento em "Ori",[2] texto-documentário em que são antecipadas noções sobre território para além das fronteiras do estado-nação; noções sobre memória para além dos arquivos formais; noções sobre o tempo, para além da linearidade das narrativas históricas.

A ideia de que África e Américas constituem um sistema narrativo transatlântico implica primeiramente o desenho de uma geografia mais fluida que aquela organizada pelo império, e que teve seu ápice fundador na partilha do continente africano. Mas a imagem do transatlântico como uma embarcação que navega não deixa de oferecer em si uma ideia de movimento, de corpos e culturas em trânsito. Esse entendimento parte principalmente do pensamento de Paul Gilroy[3] e dialoga com aquilo que Achille Mbembe denominou "afropolitanismo" e com o que Taiye Selasi chamou identidade "afrodita".[4] Para Achille Mbembe:

> O afropolitanismo não é o mesmo que o pan-africanismo ou a negritude. O afropolitanismo é uma estilística, uma estética e uma certa poética do mundo. É uma maneira de ser no mundo que recusa, por princípio, toda forma de identidade vitimizadora, o que não significa que ela não tenha consciência das injustiças e da violência que a lei do mundo infringiu a esse continente e a seus habitantes. É igualmente uma tomada de posição política e cultural em relação à nação, à raça e à questão da diferença em geral. Na medida em que nossos Estados são invenções (além do mais, recentes), eles não têm, estritamente falando, nada em sua essência que nos obrigaria a lhes render um culto — o que não significa que nós sejamos indiferentes ao seu destino.[5]

Ultrapassando os limites das fronteiras nacionais e de seus sistemas sociolinguísticos — de fala, escuta e emudecimento — observamos que a inscrição narrativa da mulher negra no romance parece produzir seus próprios espelhos e vias de contato. Sua comunicabilidade se dá através de eixos centrados em experiências históricas e lugares enunciativos constituídos para além das fronteiras (literárias) nacionais e suas comunidades linguísticas hegemônicas — posto que essas estruturas ainda produzem e sustentam os marcadores sociais da diferença nas autorias.

MARÉIA

Maréia é um romance de águas espelhadas e caminhos bifurcados. Uma grande bifurcação metonímica das grandes navegações que organiza o prumo do enredo e nos conduz por marés dissonantes, dessas que misturam calmaria e tempestade em instantes de busca e descoberta.

Como o nome já anuncia, *Maréia* tem por matéria-prima semântica as águas salgadas e por método compositivo a dupla via — também presente na conjunção de mar e areia que nomeia a protagonista homônima. Através dessa dupla via, vamos acompanhando as trajetórias pareadas de dois núcleos de personagens, ambos herdeiros de sistemas de mundo que os atravessa, de ancestralidades próprias e de urgências históricas.

Como no movimento do mar, as águas vão regendo a vida das personagens em torno de um sábio fundamento — "tudo que vai, volta" — seja em forma de resíduo, de carma, de saudade, seja em forma de transformação de estados sólidos e estáticos.

A primeira imagem impactante do romance já se mostra nas frases iniciais: o lastro de água salgada que percorre teimosamente o corpo de Alfredo, herdeiro do poder de mando que forjou a história da sua família. Águas incômodas, que ardem e constrangem, brotando do seu corpo para além do seu controle e vontade.

> Suor teimoso em fino filete, como um pequeno rio, brotava na região da nuca, escorria lento no meio das costas, desaguando entre as nádegas, irradiando para o corpo umidade fria, que denunciava silenciosamente suas inquietações mais recônditas. Acostumara-se a não evidenciar emoções; o único indício de seu estado emocional corporificava-se naquela transpiração inconveniente.[6]

Esse suor patológico, sintoma exterior que torna visível e liquefato os dilemas de uma interioridade em crise com seus espelhos, é uma metáfora também para a herança colonial de quem atravessou o mar por vontade própria e escravizou: "Você é um Menezes de Albuquerque. Nunca se esqueça disso. Temos muita história. Honre!".[7]

Maréia é uma jovem negra que pertence a uma família de mulheres, pois os homens foram levados para o "país do oceano", como diria Eyabe, inesquecível personagem de Léonora Miano em *A estação das sombras*.[8] Tal como no romance da escritora camaronense, aqui também coube às mulheres recriar os fios partidos daqueles que ficaram para sempre no intermédio, entre seu lugar de origem e um cais que nunca chegou — interrompidos no fundo do mar: "Mar é o reino líquido que resguarda muito de nós".[9]

Mas a kalunga em *Maréia* remete também à memória do mar como lócus de insubmissão e revolta, pois certos caracteres de vô Marcílio podem lembrar João Cândido, o aguerrido Almirante Negro. Vô Marcílio é um griô cujas histórias partem do mar e, quando as conta, ao mar retorna:

> Pensa que a vida de marinheiro sempre foi assim? Foi não. Não mesmo! — O modo peculiar de descrever prendia a atenção dos ouvintes. "Nos tempos da armada imperial." — interrompia-se, numa longa pausa, a religar os vários fios partidos, o olhar perdia-se nos contornos da baía da Guanabara, como restabelecendo elos, levado só pela força dos pensamentos, como correntes marítimas. Reorganizava memórias ouvidas, vivenciadas, reavivava memórias que se apagavam nas memórias alheias, às vezes as palavras emudeciam, os olhos marejavam. Depois de matutar, simpático e tagarela, narrava. "Quem é das águas dela não se perde. Nelas acha sempre o caminho, navegando no sentido horário ou anti-horário,

dependendo de aonde se quer chegar. Saber tocar o barco, aguentar o leme nas tempestades e fortalecer os músculos. Já falei das Casas dos Zungus e da Tia Fé? Falei ou não falei?"[10]

Se os homens da família compartilham o mar, as mulheres compartilham a música; juntas formam uma orquestra de chorinho, que depois se desdobrará na Associação Cultural Encanto das Águas (Acuenda). O domínio de Maréia é o sopro, metáfora, quiçá, para aquela brisa que o mar nos verte em vida. Ao soprar a flauta transversal dourada:

> sentiu a mente flutuar, deixou-se levar pela magia do som, imaginava dialogar em dueto com o bisavô, improvisou uma melodia. A sonoridade a fazia relembrar os relatos que Maria Dorotéia Nunes dos Santos, chamada carinhosamente de vó Déia, transmitia à neta, detalhes sobre sua ascendência, para que a memória não esmaecesse na bruma branca do esquecimento.[11]

A narrativa se esparrama pelo cotidiano, através dos conflitos e projetos do núcleo destes dois personagens, Alfredo e Maréia, e seus afetos correlatos. Nesse ínterim, abre-se espaço na ficção para refletirmos sobre a experiência histórica da branquitude no Brasil, pois é um ponto reflexivo e crítico do romance.

A branquitude é perscrutada no romance sob várias formas, está ligada ao poder patriarcal e é interpelada não somente pelo seu poder de mando e códigos de classe social, mas também por suas neuroses, seus medos, suas fragilidades e falhas.

A própria ideia de herança é elaborada na ficção de uma forma muito própria. No caso do personagem branco, a herança aparece metonimicamente como um pequeno baú que guarda um objeto-símbolo, cujo esvaziamento de sentido resvala para a ênfase na manutenção de sua posse através das gerações. No caso da protagonista negra, herda-se uma busca, uma memória, uma conexão com o mar, a música.

A protagonista Maréia constrói seu enredo levada pela música, criando e combinando suas próprias claves de sol em meio a marés tumultuadas, mas revigorantes. "Mar calmo nunca fez boa marinheira", lembra o provérbio, e isso também *Maréia* nos ensina.

O romance de Miriam Alves é composto pela textualidade das águas salgadas, por meio das quais se reúne às narrativas afro-atlânticas. Assim, pode-se pensar *Maréia* a partir do lócus fundador da inscrição afrodiaspórica — o Atlântico.

No corpus de romancistas negras brasileiras, este mesmo mar ressoa também em Maria Firmina dos Reis, autora do pioneiro *Úrsula*, em que o mar consta primevo como texto de ruptura, memória, relação. Articulado pela voz da personagem Susana, o mar é o ponto de inscrição de uma gramática decolonial porque subscreve uma experiência histórica silenciada e inexistente até então no discurso (ficcional). Nas águas do mar, Susana encontra Maréia, herdeira também desse patrimônio de escrita, sal e memória.

NOTAS

1. Walter D. Mignolo, *A colonialidade está longe de ter sido superada, logo, a decolonialidade deve prosseguir*. Trad. de Cristina Fino. São Paulo: Masp/ Afterall, 2019.
2. Beatriz Nascimento, *Quilombola e intelectual: possibilidade nos dias da destruição*. São Paulo: União dos Coletivos Pan-africanistas, 2018.
3. Paul Gilroy, *O Atlântico negro: modernidade e dupla consciência*. São Paulo: Editora 34, 2001.
4. Taiye Selasi, "Bye-bye babar". *The Lip Magazine*, n. 5, Londres, mar. 2005.
5. Achille Mbembe, "Afropolitanismo". Trad. de Cleber Daniel Lambert da Silva. *Áskesis: Diáspora, descentramentos e relações raciais contemporâneas*, v. 4, n. 2, 2015, pp. 70-1.
6. Miriam Alves, *Maréia*. Rio de Janeiro: Malê, p. 14.

7. Id. Ibid.

8. Léonora Miano, *A estação das sombras*. Trad. de Celina Portocarrero. Rio de Janeiro: Pallas, 2017.

9. Miriam Alves, op. cit., p. 54.

10. Id. Ibid., pp. 49-50.

11. Id. Ibid., p. 27.

REFERÊNCIAS

ALVES, Miriam. *Bará: na trilha do vento*. Salvador: Ogum's Toques Negros, 2015.

______. *Maréia*. Rio de Janeiro: Malê, 2019.

GILROY, Paul. *O Atlântico negro: modernidade e dupla consciência*. São Paulo: Editora 34, 2001.

MBEMBE, Achille, "Afropolitanismo". Trad. de Cleber Daniel Lambert da Silva. *Áskesis: Diáspora, descentramentos e relações raciais contemporâneas*, v. 4, n. 2, 2015.

MIANO, Léonora, *A estação das sombras*. Trad. de Celina Portocarrero. Rio de Janeiro: Pallas, 2017.

MIGNOLO, Walter D. *A colonialidade está longe de ter sido superada, logo, a decolonialidade deve prosseguir*. Trad. de Cristina Fino. São Paulo: Masp/ Afterall, 2019.

NASCIMENTO, Beatriz. *Quilombola e intelectual: possibilidade nos dias da destruição*. São Paulo: União dos Coletivos Pan-africanistas, 2018.

SELASI, Taiye. "Bye-bye babar". *The Lip Magazine*, n. 5, Londres, mar. 2005.

"Maria não é preta, é mãe de Jesus": encenação do racismo em contos de Miriam Alves[1]

FRANCIANE CONCEIÇÃO SILVA (FRANCY SILVA)

Se mirarmos com atenção a produção literária de autoria negra no Brasil, veremos que desde os seus precursores, a saber, Luiz Gama e Maria Firmina dos Reis, que publicaram suas primeiras obras em 1859, a denúncia da violência racial e de seus efeitos na vida das pessoas negras é uma temática recorrente, seja nos textos poéticos, seja em prosa. No romance *Úrsula* (1859),[2] de Maria Firmina dos Reis, a personagem Suzana, em muitas de suas reflexões, denuncia as condições desumanas nas quais viviam os negros escravizados. O discurso da personagem é marcado pela revolta contra a escravidão, um discurso de inconformidade contra o sistema que legitimava o tratamento brutal que os brancos colonizadores ofereciam aos negros escravizados. Nesse sentido, podemos dizer que, no texto de Maria Firmina dos Reis, "o ponto de emanação do discurso reivindica para si a identidade com os discriminados e não com os discriminadores".[3]

No mesmo ano do lançamento de *Úrsula*, Luiz Gama, jurista, escritor, poeta e um dos maiores abolicionistas do seu tempo, publicou *Primeiras trovas burlescas de Getulino*. Por meio de poemas, cartas e textos jornalísticos, Gama fazia críticas contundentes à escravidão e aos mecanismos que a sustentavam. Em uma de suas cartas, endereçada a Lúcio Mendonça, um dos fundadores da Academia Brasileira de Letras, Luiz Gama deixa evidente a sua objeção ao sistema escravocrata, denunciando as agruras de ser um homem negro que vive num espaço marcado pela violência do racismo: "Em nós até a cor é um defeito. Um imperdoável mal de nascença, o estigma de um crime".[4]

Do ponto de vista de Cuti, ao colocar o racismo como um dos temas principais de suas produções, as escritoras negras e os escritores negros brasileiros demarcam um ponto diferenciado de emanação do discurso, apontando as contradições e consequências da violência racista.[5] A denúncia da escravidão e do racismo, manifestada nos textos de Firmina e Gama, como já dito, será um tema recorrente nas obras de várias escritoras e escritores negros.

Ao avançarmos no tempo, deparamos com uma reflexão profunda sobre as consequências da violência racial, abordada pela escritora Miriam Alves em seus textos poéticos e em sua prosa. Na tentativa de compreender esse "ponto diferenciado de emanação do discurso" na ficção negro-brasileira, no estudo aqui realizado, teremos como objeto de análise o conto "Um só gole", extraído da coletânea *Mulher mat(r)iz* (2011), de Miriam Alves.

Em *Mulher mat(r)iz*, a autora reúne contos publicados ao longo de sua carreira literária, sobretudo nos *Cadernos Negros*. Essa obra chama a atenção de imediato pelo título intrigante, que revela muito da intenção da autora: falar sobre a experiência de mulheres. A experiência é de matriz feminina, mas esse corpo encenado tem um matiz específico: as protagonistas dos contos de Miriam Alves são mulheres negras. No prefácio de *Mulher mat(r)iz*, a pesquisadora Moema Parente Augel faz a seguinte observação:

> A linguagem e a temática dos contos em *Mulher mat(r)iz* ressaltam um processo de afirmação da identidade feminina, das conquistas da mulher negra [...]. Ao mesmo tempo que direciona o olhar para um ponto fixo: os contos tratam, de uma maneira ou de outra, da mulher, da matriz, fonte, origem, umbigo. Mas não só. Da mulher apresentada numa palheta variada e múltipla, em diferentes situações e circunstâncias, da mulher em seus muitos matizes, o que sutiliza a ideia subjacente à imagem metafórica, apresentando um caminhar pelos vários lugares possíveis e os muitos espaços da mulher negra.[6]

De acordo com Mirian Cristina dos Santos, em sua obra *Intelectuais negras* (2018), a produção literária de Miriam Alves é "atravessada por experiências de identidades femininas negras que se querem diversas, múltiplas e fluidas".[7] Como já dito por Mirian Cristina dos Santos e Moema Augel, e como já disse tantas vezes a própria Miriam Alves, os textos da coletânea *Mulher mat(r)iz* privilegiam a experiência de personagens negras. Os temas, a linguagem, a construção dos cenários em que vão se inserir as personagens, entre muitos outros aspectos, vão dizer desta dicção diferenciada das autoras negro-brasileiras ao abordarem temáticas, muitas vezes, representadas de modo estereotipado pela literatura canônica. Ao falar sobre essa representação da realidade a partir de "proximidades vivenciais", Miriam Alves assim se manifesta:

> Eu acho que o tratamento literário que dou às minhas protagonistas [...] é existencialista, não como um diálogo interno fechado, e sim como um diálogo com a realidade existencial. Quase sempre, o drama da narrativa procura esclarecer como as personagens negras resolvem uma ação na trama e enfatizar que, para solucionar os problemas, são forçadas a refletir sobre a existência cotidiana

> e básica. Elas têm que tomar uma atitude, escolher uma direção qualquer. Todas elas são negras porque estou falando de uma proximidade vivencial; mesmo se eu escolher ambientar a história como ficção científica que se passe em Marte, estarei, com certeza, construindo essa ficção a partir das proximidades vivenciais e informativas. Em suma, seria um reflexo discursivo, modificado, inventado, sonhado, sugerido a partir de contatos vivenciais.[8]

Quando as autoras negro-brasileiras contam, por exemplo, a história de uma personagem negra violentada pelo racismo, elas estão falando de um tema que lhes é muito familiar. Ainda que não tenham sido vítimas da violência que encenam, elas são marcadas pelas memórias dessas ações, devido ao contexto no qual foram socializadas. Ao porem no texto o sofrimento causado pela violência racista, mesmo quando a dor parece individual, ela é compartilhada por um coletivo que sofre com a mesma ferida.

Na obra *Mulher matr(i)z*, de Miriam Alves, as protagonistas dos contos são marcadas pela violência racista em suas diversas manifestações. Essa violência é encenada em nove dos onze contos da coletânea e "quando não aparece enquanto principal elemento ou de forma explícita, ela tangencia temas centrais e se insere no desenrolar das histórias".[9]

O conto "Um só gole" conta a história de uma mulher que caminha por estradas espinhosas. Marcada por um traumatizante episódio da infância, a personagem-narradora é "perseguida por medos e alucinações que a impedem até mesmo de erguer-se sobre os pés, obrigada a rastejar, estreitando ela própria os seus limites".[10] Em um momento de grande desespero, quando as recordações traumáticas parecem ser mais pesadas do que ela pode suportar, a personagem, que carrega o fardo de pertencer a uma raça[11] por muitos considerada inferior, começa a pensar fixamente na ideia de suicídio. Durante esse processo, ela analisa os motivos que a levaram a desejar desistir da vida, como se mostra no excerto abaixo destacado:

> Pensei em morrer ali, nas margens de um rio fétido. Estou parada às margens de minha própria vida. Minha história desfila no leito lodoso do Mandaqui, como uma terça-feira de carnaval. [...] Inconsciente, eu boiava sobre as agulhas das respostas. As inquietações das perguntas ameaçam-me: "Atirar-me? Não me atirar??? Aonde? No rio? Que rio? Da minha vida? Do Mandaqui? [...] O que tinha me posto ali? Quem? O quê? Quem? Eu! Boio como interrogações, náufraga em mim".[12]

O conto de Miriam Alves é construído com recursos linguísticos e literários que enriquecem a narrativa. Um dos recursos mais utilizados pela autora é o uso de metáforas, elaboradas a partir de elementos da natureza, como a chuva e o rio, indicadores do rumo da vida da personagem. O rio do bairro do Mandaqui, na cidade de São Paulo, lodoso e estático, é onde as memórias da narradora vão se afundando; o rio é o lugar em que ela também quer se afundar.

A narradora ameaçada pelas "inquietações das perguntas" tem medo de encarar as respostas espinhosas. Náufraga em si mesma, boia junto com as interrogações que se multiplicam. Cada vez mais angustiada, ela passa a se questionar: "Quando foi que comecei a ausentar-me de mim? Quando? Quando foi que me abandonei ao curso inquieto dos fatos? Quando? Quando iniciou a minha viagem sempre rua abaixo? Quando? Não sei...".[13]

Quanto mais a personagem se questiona, mais se angustia. Na inquietude de descobrir o porquê de ter abandonado a si própria e caminhar sempre em direção à sarjeta, vai revelando, pouco a pouco, os acontecimentos ocorridos no passado responsáveis por torná-la um ser tão carregado. O peso de lembranças traumáticas vai deixando a personagem estática, fora de si. Presa às inquietações provocadas por suas memórias e seus silêncios, não é mais o rio lodoso que prende a mulher atormentada; agora um novo elemento da natureza impede o seu caminhar: as nuvens:

> As nuvens densas, carregadas de energias, continham-se. Eu me continha. Quieta. Eu sempre me contive densa. Sempre montei prontidão nos meus atos. Sempre me contive densa. Sempre silenciei os barulhos surdos do meu porão interior. Pensei em suicídio. Estou imóvel. Estar imóvel não era a morte? Ficar energeticamente parado não é suicídio? Estava carregada de energia, porém estática. Será que vai chover? As nuvens estão lá, ameaçando. Densamente, movi os braços. As mãos balançam de um lado para o outro descompassadamente. Pensei em voar. Alcançar as nuvens. Sumir. Não saio do chão.[14]

A sensação de angústia e desespero da personagem aumenta ao longo do conto, assim como se somam as nuvens que anunciam a chuva. Esse efeito provoca uma expectativa no/na leitor/a que, de alguma forma, passa a experimentar sensações semelhantes às da narradora, na expectativa de que as nuvens densas explodam águas que consigam fazer escorrer as mágoas da mulher traumatizada. Enquanto esperamos pela explosão, vamos descobrindo os motivos que levaram a personagem a entrar em estágio de imobilidade e a razão de silenciar os "barulhos de seu porão interior".

O acontecimento que traumatizou a protagonista, e que a transforma em um ser rastejante, ocorreu na escola quando ela ainda era criança. Naquela ocasião, a narradora deparou-se com a dor dilacerante da violência racial, tendo o professor Ergos como seu algoz. Ergos costumava organizar peças para as crianças representarem em datas comemorativas. No dia 13 de maio, dia da Abolição da Escravatura, a menina tinha representado uma escrava sofredora que suplicava ao senhor para não lhe bater a chicotes. Ela saiu-se muito bem na encenação, "talvez tivesse sido um treinamento para as outras tantas súplicas futuras".[15] No período natalino, Ergos faria a representação do nascimento do menino Jesus. A menina, que tinha encenado tão bem a escravizada, quis ser Maria, mãe de Jesus. O seu desejo expresso de encenar a "mãe do salvador do mundo" transformou-a em motivo de chacota para o professor e toda a turma: "Foi um riso só. Ria Ergos. Riam os meus colegas, menos o Joãozinho, que queria ser José Carpinteiro. Fiquei olhando todos, magoada, sem entender. Ergos tentou convencer-me a fazer a camponesa".[16]

Sem ter a consciência de que a rejeição para o papel se dava em consequência da cor de sua pele, a menina, obstinada, não se deixa convencer a fazer uma personagem subserviente e luta pelo papel principal: "Não, dizia eu. Afinal, tinha me saído bem no papel anterior".[17] Quanto mais a narradora resiste em aceitar o papel de subalterna, mais chacotas fazem dela. A menina não entende o porquê dos risos debochados e segue decidida a representar Maria, mãe de Jesus. Nesse momento, Ergos se utiliza do seu discurso de autoridade, não para defender a aluna, vítima de discriminação, mas para endossar a manifestação do racismo, colocando a narradora em seu "devido lugar":

> Diante de minha obstinação, Ergos disse:
>
> — Maria não pode ser da sua cor
>
> Chorei. Lágrimas corriam entrecortadas por soluços. Isto fazia a hilaridade da criançada que improvisava um coro:
>
> — Maria não é preta, é Nossa Senhora. Maria não é preta, é mãe de Jesus.

> [...] Minha vontade era de gritar com todo o meu fôlego: "E daí? O que é que tem? Não somos todos filhos de Deus? Deus tem cor?". Fiquei sufocada com as contestações presas na garganta.[18]

Observemos, no trecho destacado, o modo como o discurso racista do professor é encenado. Em nenhum momento Ergos diz explicitamente que a menina é negra, mas, ao afirmar que "Maria não pode ser da sua cor", ele fala da condição racial da aluna, colocando-a em um espaço de subalternização. A personagem descobre, de maneira dolorosa, que a cor de sua pele era considerada pelo professor um impedimento para ela fazer o papel de Maria, mãe de Jesus, uma mulher sempre representada como branca. Em um primeiro momento, ao dizer "não" de maneira decidida, a protagonista do conto rejeita o lugar de subordinação que o professor quer que ela ocupe. A recusa da menina faz com que Ergos reafirme seu discurso racista e, valendo-se de sua posição privilegiada, humilha a aluna diante dos colegas de turma e consegue silenciá-la. O silêncio imposto à narradora do conto é explicado por Moema Parente Augel em estudo sobre a obra de Miriam Alves:

> Há um inter-relacionamento significativo entre o silenciado, a memória e o esquecimento. O silêncio permite que o discurso etnocêntrico, homogeneizador e monolítico, que se quer único e verdadeiro, grite mais alto. O silêncio boicota movimentos que tentam recuperar memórias sufocadas; por exemplo, a história da resistência ao jugo colonial, em suas múltiplas facetas.[19]

Assumindo o discurso de poder ressaltado por Moema Augel, podemos dizer que, quando o professor Ergos afirma "Maria não pode ser da sua cor", ele escancara a sua faceta de opressor, ao mesmo tempo que expõe a aluna, tornando-a vulnerável ao escárnio da turma. De tal modo, quando os colegas da narradora percebem que o professor, símbolo de respeito e poder, faz chacota da menina, também se sentem legitimados a oprimi-la. Na sala, Ergos sente-se um rei, e os alunos são os seus súditos. Os risos sarcásticos da turma fazem com que o professor se sinta ainda mais à vontade para exercer a opressão. Desse modo, o professor, que deveria lutar contra as práticas discriminatórias, assume o papel de algoz e se torna o principal responsável pela violência racista que mudará para sempre a vida da aluna.

Depois desse episódio, a personagem fica com vergonha de ser quem é, e tenta, a todo custo, se livrar das marcas de sua negritude. Passa a negar a si mesma na tentativa de amenizar as feridas do racismo, na tentativa de, quem sabe um dia, deixar de ser "Maria Pretinha" para poder encenar Maria, mãe de Jesus:

> Envergonhei-me de ser o que eu era: "Maria Pretinha". Envergonhei-me dos cabelos das pessoas pretas que riam e pulavam numa inconsciente alegria. Insanamente me armei de pente-de-ferro-quente e, a todo vapor, tratei de amansar a rebeldia dos meus cabelos. Neste momento, ouvia aquelas vozes: "Há, há, há, ela quer ser Maria, mãe de nosso Senhor". Tentando apagar o vozerio, alisava os cabelos. Alisava-os. Esticava-os até não mais poder.[20]

Ao domar o volume dos seus cabelos crespos, talvez a marca mais visível de sua negritude, a narradora sabia que, junto com os cabelos, "esticava a revolta, domava a sua consciência, domava a sua tolerância".[21] De certa forma, o conto de Miriam Alves deixa entrever que o racismo cria feridas em suas vítimas que podem ser cicatrizadas na aparência, mas não se curam jamais. De todas as manifestações de violência simbólica, talvez o negar a si mesmo e perceber o opressor como um ideal a ser alcançado seja uma das mais cruéis.

O racismo compõe um sistema de opressão embasado num jogo de poder. Desse jogo, fazem parte as pessoas que têm o poder de praticar o racismo e aquelas historicamente colocadas num status inferior: as que o sofrem. A violência racista faz com que a pessoa negra busque, muitas vezes, "a ilusão dos espelhos que oferecem um reflexo branco".[22] Relacionando essa reflexão ao enredo do conto de Miriam Alves, podemos dizer que a violência insana que a protagonista pratica contra si mesma é uma maneira de se descaracterizar. O alisamento do cabelo é a forma que a narradora encontra para adequar a sua imagem a uma estética que seja aceita no mundo dos brancos, e é também um modo de tentar se livrar das marcas do passado e esquecer a violência sofrida. De acordo com Mirian Cristina dos Santos, o conto "Um só gole" é marcado por um campo de tensão:

> De um lado existe a tentativa da personagem de adequar-se ao padrão — movida pela vergonha de ser o que era —, de outro, em virtude de um acidente, o rosto, transfigurado por uma cicatriz branca, estampa a vergonha e culpa por tentar mudar sua aparência. [...] Nesse sentido, a recorrência da zombaria dos colegas de escola de outrora marca os momentos de conflitos, da mesma maneira que a presença de palavras que indicam desamparo — margens, morte, sumir, náufraga, medo, imóvel, febre, arrastar, abandono, lágrimas, calos, sarjeta — marca um *locus horrendus*, emergido no "medo de viver".[23]

O processo de descaracterização da personagem é longo e doloroso. O ferro, objeto de tortura, ao entrar em contato com a carapinha crespa da narradora, produz um chiado que provoca um duplo movimento: ao mesmo tempo que faz barulho e gera certo prazer masoquista, pois simboliza o processo de desfiguração da narradora, também faz com que ela rememore lembranças traumáticas, que pareciam esquecidas:

> Atarefada na prática de descaracterizar-me, ouvia o chiado vitorioso do ferro quente sobre os meus cabelos: "Chiii, chiii, chiii". Eu demonstrava contentamento nesse ato. "Chiii, chiii." Os cabelos reclamavam indefesos. Tive um acidente, um dia. Num descuido, o instrumento autotorturador escapou de minhas mãos nervosas, caindo sobre o lado esquerdo do meu rosto. Foi um acidente. Queimei violentamente a face. Assustei-me. Tive febre. Num delírio febricitante, ouvi vozes difusas: "Ha, ha, ha, ha! Maria Pretinha não pode ser Maria de nosso Senhor". Ataduras brancas cobriram por muito tempo as cicatrizes esbranquiçadas, para sempre. Cicatrizes e cabelos falsamente lisos complementavam a desfiguração. Eu era triste caricatura borrada. Eu sou uma triste caricatura borrada.[24]

O ferro que alisa o cabelo crespo, anulando a identidade da protagonista, assume o mesmo papel de Ergos, torturador que tenta silenciá-la. O ferro queima o corpo da menina, tal qual Ergos "queimou" a sua alma negra. O ato da protagonista de alisar violentamente o cabelo para se adequar ao padrão de beleza que considera aceitável nos leva à reflexão de bell hooks. Na concepção da teórica estadunidense:

> O alisamento era claramente um processo no qual as mulheres negras estavam mudando a sua aparência para imitar a aparência dos brancos. Essa necessidade de ter a aparência mais parecida possível à dos brancos, de ter um visual inócuo, está relacionada com um desejo de triunfar no mundo branco.[25]

Buscar um ideal branco é uma das maiores violências sofridas pelo indivíduo negro. Para algumas pessoas negras, o branco é a corporificação da ideia de domínio, beleza, poder, alegria. Em contraposição, vê a si mesmo e a seus iguais como a concretização da feiura, do fracasso, da tristeza. De tal modo, como todos os referenciais voltados para a negritude são negativos, muitas vezes os negros não querem se identificar com eles; e, como grande parte de suas referências positivas são advindas da branquitude, se convencem de que a única maneira de obter sucesso é se "embranquecendo". Desse modo, o negro torna-se vítima da alienação e, "hipnotizado pelo fetiche do branco, ele está condenado a negar tudo aquilo que contradiga o mito da brancura".[26]

No conto "Um só gole", a personagem tem consciência de que a sua "desfiguração", sua angústia e seu sofrimento são consequências da violência racista, violência esta que é fruto de um sistema organizado pela branquitude; todavia ela se mutila para se parecer com as mulheres brancas. Podemos dizer que a violência racial funciona de maneira eficiente no conto porque, em primeiro lugar, atinge a construção identitária da vítima. Endosso essa afirmação a partir do pensamento do psicanalista Jurandir Freire Costa:

> A violência racista do branco é exercida, antes de mais nada, pela impiedosa tendência a destruir a identidade do sujeito negro. Este, através da internalização compulsória e brutal de um Ideal de Ego branco, é obrigado a formular para si um projeto identificatório incompatível com as propriedades biológicas de seu corpo. Entre o Ego e seu Ideal cria-se, então, um fosso que o sujeito negro tenta transpor, à custa de sua possibilidade de felicidade, quando não de seu equilíbrio psíquico.[27]

Como dito anteriormente, o negro tem a sua identidade massacrada porque cresce cercado por referenciais eurocêntricos e, por isso, acaba enxergando o corpo branco como um ideal a ser alcançado. No entanto, por mais que se mutile, perceberá, em algum momento, que jamais alcançará o seu ideal, pelo simples fato, mas não tão óbvio quanto deveria ser, de que o seu corpo é e continuará sendo negro, mesmo com todas as transformações a que possa se submeter. Essa constatação de que a brancura é inalcançável faz com que a pessoa negra se torne desajustada, podendo provocar sérios desequilíbrios psíquicos. Recorro a Frantz Fanon, que tão bem explicou esses distúrbios provocados pelo racismo:

> Qual a nossa proposição? Simplesmente esta: quando os pretos abordam o mundo branco há uma certa ação sensibilizante. Se a estrutura psíquica se revela frágil, tem-se um desmoronamento do ego. O negro cessa de se completar como indivíduo acional. O sentido de sua ação estará no Outro (sob a forma do branco), pois só o outro pode valorizá-lo.[28]

Em "Um só gole", o trauma provocado pelo racismo faz com que a personagem se transforme em um ser deformado e que todas as suas ações girem no sentido de tentar alcançar a aprovação da branquitude. Contudo, mesmo ferindo o seu corpo com o ferro quente, ela não consegue se livrar das feridas da alma. Quanto mais tenta alcançar um ideal branco, mais se torna um ser rastejante: "Arrastava-me, não ficava mais em pé. Eu era toda calos. O vício de curvar engoliu a coluna vertebral, obrigava-me a ficar ajoelhada, arrastando-me como ser sem pernas. Rastejava".[29] O ato de rastejar funciona como uma metáfora do peso que a personagem passa a carregar depois de ser humilhada por Ergos. Como é incapaz de levantar, ela também não consegue se olhar no espelho, pois tem medo da imagem que será refletida: "Não conseguia olhar-me no espelho. Ah! Os espelhos sempre estão colocados acima dos rastejadores invertebrados como eu".[30] O espelho torna-se o maior inimigo da mulher atormentada pelos traumas, pois pode revelar aquilo que ela tanto teme: a sua própria imagem, ou o que sobrou de si mesma, "uma triste caricatura borrada". O medo é a sua sombra. O medo de Ergos, o medo de olhar para si e se ver, o medo de morrer e um medo ainda maior de viver. "Ali, de costas para o rio, eu estava em pé? Rastejava? Pensava em suicídio? Eu pensava? O medo? E o medo? [...] Tenho medo."[31] O medo que apavora a protagonista de "Um só gole" nos remete, uma vez mais, a Frantz Fanon, que, em *Pele negra, máscaras brancas*, assim se manifesta:

> Sentimento de inferioridade? Não, sentimento de inexistência. O pecado é preto como a virtude é branca. Todos estes brancos reunidos, revólver nas mãos, não podem estar errados. Eu sou culpado. Não sei de quê, mas sinto que sou miserável. [...] Bigger Thomas é aquele que tem medo — um medo terrível. Ele tem medo, mas de que tem medo? Dele mesmo. Não se sabe ainda quem ele é, mas ele sabe que o medo habitará no mundo quando o mundo souber. E quando o mundo sabe, o mundo sempre espera algo ruim do preto.[32]

O personagem Bigger Thomas, citado por Fanon, sente um medo terrível dele mesmo. Um medo da imagem que construiu de si, seguindo as projeções que o mundo fez dele. No caso da protagonista do conto de Miriam Alves, o medo que a persegue, de certo modo, é um medo de si mesma. Medo da "caricatura borrada" na qual se transformou no intuito de agradar aos outros. Seu medo cresce à medida que ela rememora os traumas e aumenta sua inquietude a respeito do suicídio. O medo a impede de seguir o curso desejado de misturar-se com as águas lodosas e escuras do rio Mandaqui. O medo que tanto a assusta é também o que a protege de si própria. O medo a impede de viver, mas também de morrer:

> Medo, calosidade gigantesca brotou impune ao som das dúvidas, à frente do pé, impedindo-me os caminhos. Deixei-o crescer, avolu-

mar-se tanto que impunha barreira aos meus passos, incapacidade aos atos. Não consigo morrer. Não consigo viver.[33]

Presa a uma imagem que não é a que gostaria de ter, a narradora de "Um só gole" recusa os espelhos, pois mesmo que se olhe é incapaz de se ver. A imagem projetada seria um simulacro que ela criou de si em consequência da violência dos discursos racistas, e não a sua aparência real. O racismo consegue fazer com que ela se abandone, que ela seja um ser que não vive, apenas sobreviva. Em sua quase vida, ela passa a pensar fixamente na ideia de morte. A morte apresenta-se como esperança de salvação; ela quer salvar-se de si mesma. Esse comportamento da personagem se dá porque ela se adapta aos esquemas estabelecidos, assumindo, ainda que inconscientemente, a inferiorização que lhe é atribuída.

As estruturas de dominação estão muito bem asseguradas, e livrar-se delas é um processo que se dá, na maioria das vezes, de maneira lenta e gradual. É um caminho que passa pela desconstrução das ideologias adquiridas, pela conscientização e autoafirmação de uma identidade que se encontra totalmente destruída. Em alguns casos, no entanto, a consciência da dominação e de que é preciso se livrar dela se dá em uma espécie de insight. Isso pode ocorrer quando a vítima da violência racial passa por uma situação extrema, tal como ocorre com a personagem do conto de Miriam Alves, que, depois de pensar na ideia de tirar a própria vida, é impelida a se levantar e encarar seus medos. De tal modo, depois de anos de sofrimento e de negação de si mesma e de suas potencialidades, a narradora toma consciência de todo o processo de opressão e resolve quebrar os espelhos que distorcem a sua imagem, recusando-se a continuar sendo uma criatura borrada e rastejante:

Lembrei-me dos espelhos que são colocados acima dos rastejadores. Conseguia olhar no espelho? Via-me. Refletia-me o espelho. O que aconteceu? O que acontecia? Os calos cresceram tanto que me ergueram do meu rastejar. A coluna desenvergou.[34]

No seu processo de autoconscientização, ao mirar o rio Mandaqui, a personagem-narradora já não vê apenas lodo, ela vê asfalto, o lodo-asfalto a refletia, o rio era escuro, tão escuro quanto a sua pele: "Se pulasse para dentro de seu bojo, não boiaria, não afundaria. Não morreria".[35] A partir dessa nova visão do rio e de si mesma, a mulher percebe que o suicídio não seria solução para as angústias que tanto a atormentam. A visão de si não mais borrada pelos discursos de inferiorização que internalizou ao longo da vida faz com que a personagem comece a pensar em vida. Os calos provocados pelas sucessivas violências sofridas já não conseguem encobri-la, o medo já não a domina mais. "Nesse processo, a tríade de cores escuras que se intensifica se sobrepõe — o lodo, o asfalto e a cor preta da personagem — e revela o reflexo de uma mulher bela e com vontade de viver."[36] E depois de um longo processo de exclusão, depois de tantos medos e dúvidas, por fim ela enxerga a beleza de sua pele cor de asfalto: "Era a primeira vez que me via depois de ter-me transformado numa calosidade ambulante. Eu sou feia! Não, eu sou bonita! As durezas calosas não conseguiram encobrir-me totalmente".[37]

A dor extrema da anulação é o que impulsiona a personagem a se reerguer. Dessa forma, ao encarar o espelho e enfrentar os seus medos, ela passa a se enxergar sem distorções e inicia o seu processo de libertação: "Revoltei-me, fitava o monstro que eu me tornei. Com os olhos estranhamente arregalados, arranquei, num grito, a boca da face. O corpo estremeceu todo".[38] Ao encarar o próprio rosto, a personagem assusta-se com a imagem deformada, vê-se monstruosa. No entanto, cria coragem para enfrentar seus monstros interiores e exteriores. "Insana, decidida, devorei-me todas as rebarbas. Medo protuso foi o último. A minha enorme boca, fora de mim lutou e comeu-o todo."[39] Num gesto antropofágico, a narradora devora as garras que durante anos a aprisionaram. O silêncio que a sufocou, desde o traumático episódio na escola, enfim, é vencido. O grito abafado por tantos anos solta-se de sua garganta. Junto com o grito, ela expulsa o monstro preso dentro de si: a violência racial.

> Deu-se, entretanto, no ápice da crise existencial, um esforço de restauração daquele corpo deformado e destruído, reflexo do estado de espírito patológico. A individualidade recuperada, a autoestima renascida tornaram possível, finalmente, ultrapassar os limites entre o exterior e o interior do eu narrador.[40]

A transformação da protagonista do conto se dá em consequência do seu processo de conscientização. Ao criar consciência das verdadeiras amarras que a aprisionavam, começa a se livrar delas. Recupera a sua autoestima e se permite trilhar outro caminho. Destemida, a mulher liberta as últimas gotas de sofrimento, e desfaz a nuvem carregada que a acompanhava. Em uma explosão, ela arrota toda a opressão que há tanto tempo reprimia dentro do corpo deformado. O arroto tem barulho de trovada e faz as nuvens gargalharem, como se celebrassem a sua libertação. As nuvens, antes tão pesadas quanto ela, deságuam em chuva, que impulsiona o movimento do rio lodoso, o qual segue o seu curso. Enquanto a chuva cai e o rio corre, a narradora segue o seu caminho: leve e livre. Segue plena em direção ao que esperou por toda a sua existência: o encontro consigo mesma.

NOTAS

1. Este ensaio é uma versão adaptada do artigo publicado na *Revista de estudos de literatura, cultura e alteridade — Igarapé*. Rondônia, Universidade Federal de Rondônia, v. 14, n. 2, 2021, pp. 252-66.

2. Maria Firmina dos Reis, *Úrsula*. Rio de Janeiro: Presença Edições, 1988.

3. Cuti (Luiz Silva), *Literatura negro-brasileira*. São Paulo: Selo Negro, 2010, p. 63.

4. Luiz Gama apud Sud Menucci, "A carta abolicionista de Luiz Gama a Lúcio de Mendonça". In: *O precursor do abolicionismo no Brasil*. São Paulo: Cia. Editora Nacional, 1938.

5. Cuti (Luiz Silva), op. cit.

6. Moema Parente Augel, "Prefácio". In: Miriam Alves, *Mulher mat(r)iz*. Belo Horizonte: Nandyala, 2011, p. 13.

7. Mirian Cristina dos Santos, *Intelectuais negras: prosa negro-brasileira contemporânea*. Rio de Janeiro: Malê, 2018, p. 55.

8. Miriam Alves, "Entrevista". Dawn Alexis Duke (Org.), *A escritora afro-brasileira: ativismo e arte literária*. Belo Horizonte: Nandyala, 2016, p. 178.

9. Mirian Cristina dos Santos, op. cit., p. 42

10. Moema Parente Augel, op. cit., p. 18.

11. "Se cientificamente a realidade da raça é contestada, política e ideologicamente esse conceito é muito significativo, pois funciona como uma categoria de dominação e exclusão nas sociedades multirraciais contemporâneas observáveis. Em outros termos, poder-se-ia reter como traço fundamental próprio a todos os negros (pouco importa a classe social) a situação de excluídos em que se encontram em nível nacional. Isto é, a identidade do mundo negro se inscreve no real sob a forma de 'exclusão'. Ser negro é ser excluído. Por isso, sem minimizar os outros fatores, persistimos em afirmar que a identidade negra mais abrangente seria a identidade política de um segmento importante da população brasileira excluída de sua participação política e econômica e do pleno exercício da cidadania." Kabengele Munanga, *Negritude: usos e sentidos*. Belo Horizonte: Autêntica, 2012, pp. 15-6.

12. Miriam Alves, *Mulher mat(r)iz*, op. cit., pp. 81-2.

13. Id. Ibid.

14. Id. Ibid., pp. 80-1.

15. Id. Ibid., p. 82.

16. Id. Ibid.

17. Id. Ibid.

18. Id. Ibid.

19. Id. Ibid., p. 18.

20. Id. Ibid., p. 83.

21. Id. Ibid.

22. Lewis R. Gordon, "Prefácio". In: Frantz Fanon. *Pele negra, máscaras brancas.* Trad. de Renato da Silveira. Salvador: Edufba, 2008, p. 15.

23. Mirian Cristina dos Santos, op. cit., p. 58.

24. Miriam Alves, op. cit., pp. 83-4.

25. bell hooks, "Alisando o nosso cabelo". Trad. de Lia Maria dos Santos. Disponível em: http://www.geledes.org.br/alisando-o-nosso-cabelo-por-bell-hooks/#gs.oKnWZhl. Acesso em: 8 fev. 2017.

26. Jurandir Freire Costa, "Da cor ao corpo: a violência do racismo". In: Neusa Santos Sousa, *Tornar-se negro: as vicissitudes da identidade do negro brasileiro em ascensão social.* Rio de Janeiro: Edições Graal, 1983, p. 139.

27. Id. Ibid., p. 137.

28. Frantz Fanon, *Pele negra, máscaras brancas.* Trad. de Renato da Silveira. Salvador: Edufba, 2008, p. 136.

29. Miriam Alves, op. cit., p. 84.

30. Id. Ibid.

31. Id. Ibid.

32. Frantz Fanon, op. cit., pp. 124-5.

33. Miriam Alves, op. cit., p. 84.

34. Id. Ibid.

35. Id. Ibid.

36. Mirian Cristina dos Santos, op. cit., p. 59.

37. Miriam Alves, op. cit., p. 84.

38. Id. Ibid., p. 85.

39. Id. Ibid.

40. Moema Parente Augel, op. cit., p. 18.

REFERÊNCIAS

ALVES, Miriam. *Mulher mat(r)iz.* Belo Horizonte: Nandyala, 2011.

______. "Entrevista". DUKE, Dawn Alexis (Org.). *A escritora afro-brasileira: ativismo e arte literária.* Belo Horizonte: Nandyala, 2016.

AUGEL, Moema Parente. "Prefácio". In: *Mulher mat(r)iz.* Belo Horizonte: Nandyala, 2011.

COSTA, Jurandir Freire. "Da cor ao corpo: a violência do racismo". In: SOUSA, Neusa Santos. *Tornar-se negro: as vicissitudes da identidade do negro brasileiro em ascensão social.* Rio de Janeiro: Edições Graal, 1983.

CUTI (Luiz Silva). *Literatura negro-brasileira.* São Paulo: Selo Negro, 2010.

DUKE, Dawn Alexis (Org.). *A escritora afro-brasileira: ativismo e arte literária.* Belo Horizonte: Nandyala, 2016.

FANON, Frantz. *Pele negra, máscaras brancas.* Trad. de Renato da Silveira. Salvador: Edufba, 2008.

GAMA, Luiz. *Primeiras trovas burlescas de Getulino.* Salvador: P 55 Edições, 2011.

GORDON, Lewis R. "Prefácio". In: FANON, Frantz. *Pele negra, máscaras brancas.* Trad. de Renato da Silveira. Salvador: Edufba, 2008.

HOOKS, bell. "Alisando o nosso cabelo". Trad. de Lia Maria dos Santos. Disponível em: http://www.geledes.org.br/alisando-o-nosso-cabelo-por-bell-hooks/#gs.oKnWZhl. Acesso em: 8 fev. 2017.

MUNANGA, Kabengele. *Negritude: usos e sentidos.* Belo Horizonte: Autêntica, 2012, pp. 15-6.

REIS, Maria Firmina dos. *Úrsula.* Rio de Janeiro: Presença Edições, 1988.

SANTOS, Mirian Cristina dos. *Intelectuais Negras: prosa negro-brasileira contemporânea.* Rio de Janeiro: Malê, 2018.

PARTE III

Multíplice

Zula Gibi e o "direito ao devaneio"[1]

HILDÁLIA FERNANDES CUNHA CORDEIRO

> *Ninguém vai poder, querer nos dizer como amar.*
>
> Johnny Hooker[2]

Quando fui convidada para fazer parte deste livro fundamental, deste tributo às quatro décadas de escrita de Miriam Alves, uma imagem despontou de forma inegociável e irredutível, exigindo participar deste *ẹbọ* (oferenda) e deste *ẹ̀bùn* (presente) a essa mais velha. Zula Gibi, uma "entidade"[3] criada pela autora, no final da década de 1980, apresentou-se e revelou o desejo de merecer fazer parte dessa festa. Achei justos o desejo e a reivindicação e aceitei de pronto o desafio por ela proposto; com muita disposição, fui em busca de sua produção, bem como de informações sobre essa enigmática criatura.

A intenção foi, desde sempre, dar prioridade para que a própria Zula se apresentasse e falasse sobre si e seu processo de criação e publicação, ainda que em muitos momentos fosse necessário também trazer à cena enunciativa a sua criadora — Miriam Alves. Procurei, então, entrevistas, depoimentos e, mais recentemente, *lives* que contemplassem a fala das duas autoras, procurando assim entrelaçar os fios dessas histórias irmãs. Diálogos[4] entre elas já são exercitados há algum tempo e se revelam sempre frutíferos, sobretudo para suas/seus leitoras/es.

É preciso mencionar também que o desejo de construir este ensaio foi, desde o início, honrar esse importante fio de uma trama complexa e multicolorida tecida ao longo de quatro décadas por Miriam Alves. Assim sendo, fiz a opção pelo uso da metodologia da colcha de retalhos,[5] tradição executada há tanto tempo pelas minhas *sistah*[6] nos mais diferentes lugares da diáspora negra, buscando alinhavar e arrematar diferentes e diversos pedaços de histórias compartilhadas por essas mulheres incríveis que tanto nos inspiram e nos auxiliam em nossos processos de nos tornarmos o que viemos para ser, bem como durante os percursos de empoderamento e emancipação.

Como boa tecelã/artesã que sou, a minha responsabilidade consistiu, tão somente, na escolha dos cortes e dos pedaços, na organização e combinação das peças, assim como na decisão por fios, texturas e cores que melhor adornassem o tecido final. Todo o sofisticado e intrincado enredo foi ofertado generosamente por elas, e por isso eu agradeço e honro.

Ditas essas necessárias palavras iniciais, partamos para o mergulho nessas águas, quase sempre turbulentas, revoltas, suscetíveis que são e serão sempre aos ventos de d. *Ọya. Àṣẹ*!

O ano é 1985. Uma entidade desponta no cenário literário negro-brasileiro e já inicia sua trajetória mergulhada na irreverência, traço esse que vem a se tornar uma das marcas da sua escrita literária. Oito mãos apararam a sua chegada ao mundo. Ela é fruto de duas mães e dois pais.[7] Nasce Zuleika Itargibi[8] Medeiros, uma resposta, sobretudo à lesbofobia, um grito pelo direito de amor entre iguais. Por que não? E se ainda hoje se luta pelo respeito a essa forma de amar, imagine o que foi experienciar tais demandas antes dos anos 2000! Zula Gibi, como ficou conhecida posteriormente pela e na antologia *Cadernos Negros* —[9] projeto no qual iniciou suas publicações de cunho predominantemente lesboafetivo —, é o resultado de uma provocação feita por Rick Santos, um amigo gay de Miriam Alves, a qual acabou criando o que denomina codinome. Sobre a provocação mencionada, nos conta um pouco mais a própria autora:

> O Ricky Santos, gay, militante nos Estados Unidos, me propôs um desafio: "Aí, Mirianzinha, é o seguinte, você diz que *Cadernos Negros* é a história do negro em poesia, em verso, é a interioridade. Não tem negro gay? Não tem negra lésbica? Não tem nada disso nos *Cadernos Negros*". Ele também era provocador. Então eu disse que ia escrever um conto homoerótico — escrevi, aquele que quase apanhei — e a mulher seria ele. Entre essas e outras, ele me fez outra provocação: me inscreveu em um congresso da Abeh, lá em Niterói. E eu falei que não escrevia sobre o tema, não sou pesquisadora, não sabia o que falar. Ele estava nos Estados Unidos, a gente se correspondia por carta. Ele dizia: "Miriam, eu briguei por você, os meninos não te conhecem". Eu era a única mulher, e a única mulher negra nessa história. Ele me botou no fogo... Bom, eu também não sou de fugir da raia. Veio a passagem, pensei: "Vou fazer o que eu sei". Não sou pesquisadora, por mais que o povo diga que eu escrevo ensaio. Então escrevi um diálogo com Zula Gíbi,[10] eu falando com a Zula. Tem no livro do Rick, *A escrita de Adé*. E a Zula Gíbi colocava as questões do Rick, de que os *Cadernos Negros* não têm homoerotismo.[11]

E é, dessa forma, juntando com o capítulo anteriormente mencionado da ausência de uma das selecionadas para compor os *Cadernos Negros nº 8*, que é "modelada", a oito mãos, nossa querida Zula Gibi. Da soma da complementação financeira para que o volume mencionado saísse, bem como do fato de Miriam Alves ter aceitado a provocação/o convite de Rick — a quem somos eternamente gratas/os de quebrar o silêncio e a ausência até então existentes em tal publicação e âmbito (o do Movimento Negro no século passado) —, eis que desponta a erótica Zula Gibi. E como estávamos sedentas e desejosas por tais escritas.

Ao conhecer um pouco mais sobre essa história, sem desejar adiantar as demais que estão por chegar, acredito que nada se apresente como mais adequado e pertinente do que a nomenclatura "codinome" para definir Zula, pois a palavra significa "designação que serve para ocultar a identidade de alguém ou para nomear de maneira secreta um plano de ação", segundo consta no dicionário. Penso que tal ideia esteja adequada a Zula Gibi e que funcione bem na tentativa de melhor compreender o que leva uma escritora a criar outra autoria e assinar com outro nome. É preciso lembrar ainda de levar sempre em conta o contexto sócio-histórico no qual foram produzidos e publicados as histórias e os poemas por Zula criados.

Quando passamos a conhecer um pouco mais sobre a época na qual tal autora-entidade foi criada, conseguimos entender os motivos que levam Alves a assim proceder. O codinome acabou funcionando como uma espécie de escudo, portanto, proteção contra possíveis agressões das mais diferentes ordens. Conta ela sobre tal ponto numa entrevista concedida à *Revista Geni*, em 2013:[12]

> E comigo aconteceu esse probleminha [a agressão homofóbica]. Não diga o nome da pessoa, pois é meu amigo até hoje e descobri que o problema não era com o meu conto, era com a sexualidade dele. O problema é dele, não é meu. A gente, como escritor, não sabe o que abre no outro. Aí ele dizia assim: "O povo vai achar que você é [lésbica]! Eu sou apaixonado por você. Eu quero te comer! Você percebe?". Aí você vai esticando o assunto, descobre que o cara escreveu uma coisa homoerótica aqui e ali. Como assistente

> social, fui percebendo que o caminho era outro. Não era o que ele estava me dizendo, que ele queria me bater, era uma questão de aceitação.
>
> Mas eu não sou psicóloga, gente, eu sou escritora! Vai procurar tua turma, entendeu [risos]? Enquanto escritora, a gente mexe com o que está dentro das pessoas, você é a fala escarrada do silêncio, do ocultado. Mas não é ocultado dentro das casas, é ocultado dentro de você. Leitura se dá assim: o que eu coloquei falando com o que você tem aí dentro. Pode sair um tapa na minha cara. Ou como já aconteceu, beijos à força. Você passando, a pessoa te dá um beijo e você não sabe por quê.[13]

Miriam compartilha acima um episódio que quase culminou numa agressão física, no qual se sentiu ameaçada, e decide, então, por se resguardar, criando um codinome para assinar algumas narrativas e poemas nos quais a tônica e o teor guardam predominantemente relação com questões ligadas a lesboafetividade e/ou lesboeroticidade. Assim surgiu, então, Zula Gibi.

Mas há outra concepção da qual gosto muito e que parece se adequar também ao processo de surgimento de Zula Gibi, que é a de "assinaturas estéticas", proposta pela autora baiana Luciany Aparecida (2021).[14] Segundo ela, "o desejo era criar uma performance de linguagem. Um trabalho de texto. Criei as assinaturas para me associar à tradição de mulheres afro-americanas e indígenas que são mulheres que reescrevem seus nomes a partir de um desejo de vida".

Vê-se, assim, que a autora reivindica o direito a (auto)nomeação/(auto)definição proposto por tantas das nossas mais velhas — a exemplo de Audre Lorde[15] e Patricia Hill Collins[16] — e que foi executado por tantas das nossas irmãs no exercício de (re)nomear-se a partir de referências outras que não as impostas pelo patriarcalismo. Entre muitas, podemos citar bell hooks, Gloria Anzalduá, Toni Morrison e Alice Walker. Ainda segundo Aparecida, trata-se de se vincular à outra tradição e, assim sendo, a noção de heterônimo não daria conta. Penso que tal noção cunhada por Luciany Aparecida — a de "assinaturas estéticas" — tenha validade também para o caso de Zula Gibi.

Mais recentemente, Miriam Alves afirmou numa entrevista que tem vontade de voltar a escrever como Zula, contou que estava começando a escrever um romance quando foi descoberta. Segundo a autora, hoje parece ser um tempo no qual o incômodo e a ameaça no que se refere ao amor entre iguais parecem ter avançado.

Podemos encontrar publicações de Zula Gibi nos seguintes números dos *Cadernos Negros nº 8* (1985), com o conto "Um bom conselho"; 22 (1999), "Caindo na real"; 24 (2001), "New York"; 25 (2002), com os poemas "Florescência",[17] "Escondido da noite", "Fêmea", "Natureza", "Amiga amante", "Azul amarelo" e "Testemunha de Safo"; 26 (2003), "O ônibus"; e 30 (2007), "Noites Cariocas". Existe, ainda, a publicação de dois poemas na *Revista Geni* (2013): "Florescência" e "Chuvisco". Dois poemas são encontrados na antologia *Pretumel de chama e gozo* (2015): "Bel-Prazer" e "Oxum".

Ao final de cada volume dos *Cadernos Negros*, pistas são oferecidas sobre a escritora, ainda que mínimas, e a cada publicação pequenos acréscimos são feitos. Acompanhemos, pois, no intuito de sabermos um pouco mais sobre ela, o que diz sobre si nessa primeira aparição:

> Nasci na capital de SP e vivo em Sorocaba. Tenho 27 anos. Adoro curtir a Pauliceia nos finais de semana. Minha vida, muita festa,

> muito luminoso. Vou sobretudo quando há festa da comunidade, como o concurso de Miss Afro-Brasileira, chiquérrimo. Agora, fazendo parte desse trabalho dos *Cadernos Negros*, sinto-me gratificada por pertencer a essa Raça Maravilhosa. Meu conto procura refletir as nossas circunstâncias atuais, numa boa. Espero que gostem. Meu nome completo é Zuleika Itargibi Medeiros.[18]

O que não pode deixar de ser mencionado, também, é o fato de que se trata de *herstory*, uma vez que as personagens são predominantemente mulheres, a escrita é realizada por outra mulher e essas são alinhavadas e sustentadas pelo *womanism*,[19] que, de forma bastante sintética, pode ser entendido como o amor entre mulheres que pode ou não culminar em sexo/cama, e que quase sempre extrapola tal dimensão. Esses são os fios que alinhavam, sustentam e arrematam tais histórias e o acervo produzido por Zula.

Concebo esta escrita literária como algo próximo à noção de "lugar seguro" proposto por Collins[20] e aqui entendido como "espaços sociais em que as mulheres negras falam livremente", confirmando, dessa forma, que "a linguagem é um lugar de luta"[21] e que, portanto, necessário se faz "transformar o silêncio em linguagem e em ação".[22]

E procurando fazer uso das tecnologias ancestrais deixadas por nossas irmãs espalhadas e (re)unidas pelas diásporas, façamos uso da metodologia da colcha de retalhos, entrelaçando palavras de Miriam Alves às de Zula Gibi, para que elas mesmas possam contar interessantes capítulos dessa jornada que comemora quarenta anos. Zula é um traçado muito especial em tal caminhada, fundamental para entender algumas escolhas sempre políticas feitas por sua criadora. Conheçamos então, mesmo que de forma breve, as produções literárias de Zula Gibi.

Nos *Cadernos Negros nº 8* (1985), Zula publica o conto "Um bom conselho", que versa sobre questões ligadas a dilemas internos da militância e do movimento negro. Nessa narrativa primeira, questões ligadas ao amor não são a tônica e, portanto, não são aprofundadas, e a ironia se faz presente de forma cortante.

Nos *Cadernos Negros nº 22*, encontramos o conto "Caindo na real", que compartilha a história de duas amigas inseparáveis: Jô, uma mulher negra, e uma narradora, sem nome, loira. Jô está em uma busca incansável por amor e acumula várias decepções, mas é sempre acolhida e confortada pela amiga, a mesma que assume o narrar da história que chega até nós, leitoras.

Depois de algumas aproximações sucessivas e de mais um momento de decepção amorosa, Jô se permite enxergar o que estava tão perto, mas que não era notado: a amiga sempre presente, numa escuta sensível e atenta, tendo como fundo musical uma trilha mais do que sugestiva. Descobre que o amor sempre esteve ali, disponível e disposto. A narradora loira sem nome era o seu complemento. Um amor entre iguais:

> Jô despertou de seus devaneios. O desejo saltou real. Ela virou-se, talvez com a intenção de interrogar-me sobre as ousadias. Deparou com meus lábios entreabertos e oferecidos, olhos semicerrados segurando a respiração, aguardando. Num impulso, o beijo. Abraçamo-nos. Fitamo-nos com o tempo da espera, com a força do reconhecimento. Lágrimas escorriam em nossos rostos. Uma fina e invisível barreira quebrava-se. Livramo-nos das roupas. Os corpos colados, suados, reconheceram-se. A paixão acobertada explodia sem controle. Fomos ao fundo abismal de nós mesmas e deslocamos rumo ao deslimite. Voamos do azul ao azul.
>
> Dormimos abraçadas ali no tapete, transformando em fina relva orvalhada. Não fosse um corpo branco e o outro negro, um mosaico improvisado, seríamos um só ser.[23]

Já nos *Cadernos Negros nº 24*, a narrativa denomina-se "New York", lugar onde acaba por acontecer parte da trama compartilhada conosco. Carolina, uma jovem negra, trabalha como baby-sitter para uma família de diplomata brasileiro e está em sua primeira visita a Nova York. Segundo a própria, "muito trabalho, pouco lazer" (p. 111). Ocorre, então, o falecimento da mãe, e o patrão não a libera para comparecer ao sepultamento no Brasil. Inconsolada, Carolina acaba por desabar emocionalmente.

A narração do conto se inicia com esse flashback de memórias traumáticas, com o voltar ao lugar onde tudo se passou. Repetem-se o frio e a neve que faziam naquela mesma cidade, e novamente tem-se o ambiente propício para tais rememorações.

Relembra também a importância de dona Laura, até então patroa e esposa do diplomata, mãe das crianças que ela ajudava a criar. Mulher mais velha, mais experiente, branca que surge, nesse contexto, numa espécie de fantasia e confusão mental devido à perda da mãe. Vejamos o tal episódio:

> Assustou-se quando aquela mão perfumada afagou-lhe o rosto gelado, afastando alguns flocos de neve presos aos seus cabelos. "Criança, morrer e viver são atos da mesma cena." Dona Laura tentava confortá-la. Alta, loira, esguia, dona Laura, a esposa do diplomata, muito à vontade no seu robe de seda azul celestial, parecia uma fada vindo salvá-la de seus desalentos. Levantou-se para ir ao seu quarto. Laura a amparou com palavras suaves, as mãos em sua cintura. Acompanhou-a até a porta. Carol foi entrando e Laura também, sem cerimônia. "Chore, criança, não segure a dor, solte-a." E Carol desabou num choro convulso, amparada por Laura, que a abraçava, terna. O perfume emanado daquela mulher a inebriava. Sentia-se protegida. Dona Laura, sempre tão distante, ali, abraçando-a.[24]

Nesse momento tão íntimo e acolhedor, repleto de *womanism*[25] que só nós conseguimos realizar, se entregam a conhecer a intimidade uma da outra. Dona Laura com o dobro da idade de Carolina. Numa espécie de delírio, que só o gozo pode proporcionar, Carolina alucina e confunde D. Laura com a mãe que tinha acabado de falecer.

É preciso dizer que Gibi costuma se demorar nas descrições dos atos sexuais e o faz de forma extremamente lírica. Nessas passagens, a leitora sente-se levada à cena da escrita e observa atentamente os episódios descritos:

> Carol murmurava "mamãe, mamãe". Choramingando, misturava lembranças. Estremeceu, quando Laura alisou com a ponta dos dedos a púbis de pelos encaracolados: "Ah, estas doces cócegas que seus pelos fazem em minhas mãos". Com suavidade os afastou, exibindo o clitóris. Passou a língua sem pressa. Carol não aguentava mais a sensação, rebolava, remexia-se. A bunda roçando a suavidade dos lençóis, e o quente hálito de Laura impregnando-a. Encharcava--se, explodiu num gozo quase interminável. A mulher, ávida, não parava de lhe acariciar. Carol agarrou-se aos longos cabelos loiros, experimentando a sensação próxima à morte. Num grito, deixou-se cair ao encontro das cobertas em desalinho.[26]

De um momento inesperado e desolador, o amor se torna cotidiano até que são descobertas pelo diplomata, que volta inesperadamente de uma viagem. Indignado e inconformado com a traição "por uma negrinha à toa" (p. 117), acaba pedindo transferência para a Áustria, levando toda a família, peça obrigatória para tal cargo.

Carol, momentaneamente sem chão, mas depois bem-sucedida na vida, volta à cidade em que tudo ocorreu para um evento profissional, e aquele momento acaba sendo revivido.

Ao resistir a um novo amor, mergulha no investimento da carreira que já estava consolidada. Mas tais lembranças teimam em acompanhá-la e até em sonho se fazem presentes:

> Sonhava com Nat. O receio da paixão. O curso acabava. A saudade aumentava, a vírgula e com ela o desejo de fuga. Percebeu que não tinha pra onde fugir. Em New York colidiu com suas lembranças. Teria de voltar para São Paulo, Gerson esperava ansioso pelo serviço. E por outros motivos.
>
> Sua última noite nos Estados Unidos foi povoada por sonhos difusos. Laura, Nat, Gerson e César. Laura de mãos dadas com Nat, trazendo-a como se a oferecesse. As duas envoltas num sorriso. Nuas, completamente nuas. Gerson e César estapeavam-se ao fundo. Acordou assustada. Nevava em New York. Pegou o avião e voltou.[27]

Nos *Cadernos Negros nº 25*, sete poemas são compartilhados e novamente a lesboeroticidade e a afetividade dão o tom. Foi o único volume de poemas de que Zula participou, mas não a sua única atuação como poeta, posto que, conforme já mencionado, seus poemas estão presentes na antologia *Pretumel de Chama e gozo* e também na *Revista Geni* (2013).

Nos *Cadernos Negros nº 26*, a narrativa é denominada "O ônibus", e novamente uma Carol como personagem se faz presente. Esta, inconformada com a existência de um casal apaixonado dentro do movimento negro paulista, empenha-se em tentar separá-los e ainda roubar a cena que deveria ser da protagonista e narradora, não nomeada, que vive um romance com Fábio, homem negro militante casado.

Carolina parece não aceitar que o casal ícone do movimento assim permaneça e faz várias tentativas para separá-los, todas sem êxito. Tenta mais uma vez numa viagem de ônibus até Sorocaba para comemorar o Dia da Consciência Negra. Dessa vez,

Carolina muda o seu alvo de Fábio para a sua namorada. Em determinado momento da viagem, ainda no ônibus, coloca-se entre o casal e chega a se sentar no colo de Fábio, que cede, troca de lugar com ela e acaba cochilando. É quando Carolina passa a investir pesado na narradora, que, confusa, tenta reagir, mas se vê vencida de tesão pela irresistível e incansável criatura:

> A surpresa assumia o cenário. O pensamento em torvelinho. Reagi. Joguei o corpo para trás tentando livrar-me das mãos dela. Temendo que eu fugisse, deteve-me com uma forte ternura, acariciando-me as mãos com movimentos suaves, inesperados, entre meus dedos, apertando-os de encontro aos seus seios. Senti estranhas cócegas acompanhadas por uma ligeira vertigem. Excitava-me aquele afago. Melava-me toda. Fechei os olhos, entreguei-me às sensações. As pernas abriam-se oferecidas. Aproveitando-se que esmorecia minha resistência, na escuridão do ônibus acariciou meus joelhos com uma das mãos subindo vagarosamente pelo lado interno da coxa, como quem sabe provocar prazer. Retive um murmúrio abafado. A outra mão seguia com aqueles carinhos de ponta de dedos desvendando segredos. Escapou-me um suspiro como se eu estivesse esperando aquilo há tempos. Ousada, tocou-me através da calcinha com dedos ágeis, detendo-se na umidade que se intensificava, passava afoita a língua nos lábios ofegante, controlando-se. A tensão dominava, a perna de Carolina esfregava-se na minha, suas mãos afagavam-me, acarinhavam-me, apalpavam-me. Eu sufocava entre múltiplos e indefinidos sentimentos acobertada pela escuridão do veículo. Pensei em Fábio. Desejei que todos sumissem para me entregar sem reservas, sem controle... [28]

Atordoada e definitivamente fisgada de amor, segue a narradora. Carol, por sua vez, depois de conseguir o que queria, desaparece. Com a atenção despertada por Carol, a narradora encerra a relação com Fábio, posto que a relação que ele ofertou até então, a de ser a "outra", não a satisfazia mais: "Não respondia mais aos telefonemas dele — cansei de ser intervalos, mandei lhe dizer. Tempo para encontrar-me fora das questões da militância, ele não tinha. Dei graças! Queria ficar só. E fiquei".[29]

O que há de ser notado, pelo menos nos dois últimos contos aqui compartilhados, são mulheres aparentemente héteros, que são surpreendidas pela atração por uma igual. Descobertas de desejos até então não experienciados. Mulheres que passam a ficar mais atentas a partir de tais eventos e passam a gestar seus desejos e suas sexualidades.

Na última participação de Zula nos *Cadernos Negros* — o de número 30, em 2007 — o conto é "Noites Cariocas", que trata de Ruth, uma mulher negra bem-sucedida de férias no Rio de Janeiro. Aos 30 anos, sozinha desde que terminara o noivado "tantas vezes adiado" (p. 231), é importunada por uma voz doce de mulher que pede para sentar à mesa com ela. Era Marlene, que mora em Nova York e está no Rio de férias e pesquisando. Depois de uma breve resistência, Ruth afrouxa a guarda. Depois de conversarem no piano bar, decidem por andar na praia. Marlene, quando indagada por Ruth sobre relacionamentos — "Você não casou, não tem ninguém lá depois de todos esses anos? Você é uma mulher bonita, acredito que pretendentes não faltem" (p. 233) —, de pronto, segurando a mão da que pergunta, responde: "*I'm a lesbian.* Foi isso que a neve me fez encarar. Saí do Brasil covardemente com a desculpa de estudar porque eu me sentia diferente. Havia algo em mim. Fugi, sem querer entender" (p. 233). Prefere não contornar nem dar voltas. A fase de tentar "fugir dela mesma" (p. 234) já tinha sido superada. Marlene já tinha se encontrado fazia algum tempo: "Determinou-se a não forjar posturas, induzindo os outros a concluírem ser ela heterossexual, e mentir para as questões que seguiam a uma conversa social. Encerrava o assunto" (p. 234).

Ruth, taquicárdica e ainda sem entender exatamente por que se encontrava naquele estado, reaviva lembranças da adolescência e, ainda que confusa, se permite mais passeios com aquela que fazia seu coração bater acelerado. Acabam indo ao Corcovado e, embora com desejos ainda reprimidos, aceita o convite de Marlene para ir a uma boate GLS, onde poderiam ficar mais à vontade para se conhecerem um pouco melhor. E mais uma história de amor entre iguais acaba de forma bem-sucedida. Leiamos, pois, um pouco desse delicado enredo e encontro e aprendamos com ele:

> Antes de ir para a cama, Ruth banhou-se longamente. Na manhã seguinte, passearia com sua companheira inesperada de férias. Perturbara-se, reavivaram-se lembranças enterradas à chave na adolescência, até aquela noite. Deitou-se. Revirou-se, remexeu-se na cama; no corpo, sensação de agulhas em brasas. Irritada, dormiu sem perceber. Abraçava Marlene, beijava-a com sofreguidão. Rostos se misturavam, alternando às vezes Marlene, outras Cândida, debatia-se na cama, o corpo reagia às recordações, sonhava. Marlene assumiu o lugar de Cândida, sua prima, uma experiência aos quinze anos, da qual se convencera ser apenas brincadeira entre meninas, nada mais. Diferente da mulher que conhecera hoje: madura, decidida, sorriso desafiador e segredo revelado num simples: "*I'm lesbian*".
>
> [...]
>
> Marlene, sem preâmbulos, a convidou para ir a uma boate GLS muito badalada, frequentada por artistas de uma conhecida emissora de TV. Sem titubear, Ruth aceitou; merecia dançar e apertá-la em seus braços, colar-se ao seu corpo, se misturar com aquele perfume inebriante.

A noite já virava manhã, o sol rasgava a última resistência do manto-noite. As duas nuas enlaçadas, pernas em vão de pernas confundindo corpos fundidos, fizeram o pacto de não mais solidão. Fim de férias. Marlene retornou a Nova Iorque: organizaria tudo para a chegada breve de Ruth.[30]

Chegando ao momento do arremate da trama até então tecida, ao alinhavo dessa colcha de retalhos, proposta desde o início desse ensaio, o sentimento que me toma é o de que oxalá este inventário respeitosa e cuidadosamente tecido e apresentado possa servir, quiçá, como recurso para pesquisas futuras sobre essa escrita incrível. Possa se configurar também como uma espécie, ainda que modesta, de cartografia, de pistas deixadas ao longo do percurso por essa misteriosa (pelo menos por um bom tempo) e incrível mulher e assim possamos, cada vez mais, enriquecer a fortuna crítica dela.[31]

O que sei é que, desde que recebi o convite, ela me ronda, me seduz e me azucrina, pedindo para não ficar de fora deste volume-fundamento sobre a trajetória da escritora Miriam Alves, posto que também é parte/desdobramento dela. Errada Gibi nunca esteve e nunca estará.

Espero ter conseguido atender às suas expectativas, ainda que de forma breve, dada a extensão permitida para esta produção. Mas aviso que a pretensão é que este ensaio seja, tão somente, o primeiro de muitos que ainda escreverei sobre essa criatura infindável. E que ninguém tenha nunca o poder de nos tirar o nosso "direito ao devaneio" e a nossa possibilidade de decisão por quem desejamos amar.

Gratidão à Miriam Alves e Zula Gibi por esse ensinamento. Farei dele um direito assegurado. Bença, minha mais velha! Vida longa e próspera à criadora e à criatura. *Àṣẹ*!

NOTAS

1. Proposta apresentada e defendida por tatiana nascimento (grafado em letras minúsculas por desejo da autora) no ensaio intitulado "do dever de denunciar a dor até direito ao devaneio, nosso cuíerlombismo literário", que é parte integrante da coletânea *Lesbianidades plurais: outras produções de saberes e afetos*, lançada pela editora Devires em 2019. A poeta e teórica afirma que "temos nos acostumado com o dever da denúncia e tamos esquecendo do direito — humano — ao devaneio, menosprezamos a potência do devaneio em projetar novos mundos" (tatiana nascimento, op. cit., 2019, p. 168).

Dessa forma, decido por trazer tal proposta para o título deste ensaio por entender que muito do exercício feito por Zula Gibi foi, também, o de assegurar que esse direito, o do devaneio, seja exercido nas mais diferentes acepções que o termo comporta, mas sobretudo na de esperançar. Apresenta-se ainda como forma de homenagear também tatiana nascimento, que muito tem contribuído no que diz respeito às discussões sobre lesbianidades há bastante tempo.

2. Trecho da canção "Flutua", de autoria de Johnny Hooker, com participação de Liniker e lançada em 2017. A canção faz parte do álbum *Coração*, com o selo Natura Musical.

3. Designação feita por Miriam Alves, criadora da "personagem", à "criatura". Ela se dirige a Zula em diferentes momentos dessa forma.

4. Miriam Alves assina um texto no livro *A escrita de Adé: perspectivas teóricas dos estudos gays e lésbicos no Brasil* intitulado "Empunhando bandeira: diálogo de poeta", em que ela estabelece um longo e franco diálogo com Zula Gibi, revelando-se, mais uma vez, a sua genialidade como autora e crítica literária. Essa iniciativa de Miriam nos ajuda a entender muito do processo autoral das duas escritoras, sobretudo a conhecer, um pouco mais, o contexto sócio-histórico que traz Zula ao mundo.

5. hooks publicou um importante ensaio intitulado "Heranças estéticas: a história feita à mão", no qual compartilha um pouco da história dessa importante tradição realizada predominantemente por mãos de mulheres negras com os mais diferentes fins. Além da beleza com a qual conta esse importante capítulo da nossa história, recomendo a leitura também para que não esqueçamos a origem de tal prática que, para muitas das nossas, muito antes de se tornar arte foi praticada pelas nossas irmãs como forma de sobrevivência.

6. Uma variação de *sista*, corruptela de *sister*, cunhado primeiro por Alice Walker no livro *A cor púrpura*. Para Grada Kilomba, "indica uma/um ancestral comum: a irmã compartilha a mesma ascendência que o irmão que a aborda como tal. Ambos têm a mesma mãe e/ou pai, são parentes e membras/os da mesma unidade familiar. Essa terminologia, comum entre africanas e africanos da diáspora, recorda a existência de uma família imaginária, uma família em que todas/os as/os integrantes são irmãs e irmãos, crianças do mesmo continente-

-mãe — África". *Memórias da plantação: episódios de racismo cotidiano*. Rio de Janeiro: Cobogó, 2019, p. 210.

7. Em entrevista concedida a mim, via WhatsApp, em outubro de 2021, Miriam Alves declara sobre o surgimento de Zula: "Zuleika Itagibi Medeiros, Zula Gibi, ela foi criada, foi gestada por quatro pais: duas mães e dois pais. Tá? Então os pais são Márcio e Cuti. E as mães: eu e Esmeralda. Como a gente tava viajando para ir em algum lugar aí que eu não lembro, então, nós fomos fazendo... Cada um escrevendo um pedaço de texto e passava pro outro e tal. E depois a gente resolveu publicar isso nos *Cadernos Negros*, porque tinha uma garota que saiu dos *Cadernos* e não pagou, e a gente precisava de dinheiro para poder publicar. Então, eu, Cuti, Márcio e Esmeralda rateamos a inclusão de Zula Gibi pra poder fazer... Acho que era o *Cadernos Negros nº 8*. É 'Um bom conselho', o conto. Então esse foi feito a quatro mãos. Tá?"

8. Inicialmente há um "r" no sobrenome que depois cai — a partir do volume seguinte, o de número 22, bem como Gibi, que era grafado inicialmente como "Gíbi", passa a ser apresentado como Gibi, sem o acento. Uma metamorfose, como podemos notar, até na grafia do próprio nome.

9. Antologia literária negra na qual poemas e contos são alternados e que já caminha para o número 45 ao final de 2021, destinado a poemas.

10. Nessa entrevista, Gibi aparece, novamente, com acento. Mantive a grafia que constava na entrevista ainda que o acento tenha caído desde a segunda publicação, nos Cadernos Negros 22.

11. Rick Santos, *A escrita de Adé: perspectivas teóricas dos estudos gays e lésbicos no Brasil*, op. cit.

12. "Um poema com muita pele". Entrevista com Miriam Alves, *Revista Geni* n. 5, novembro 2013. Disponível em: https://revistageni.org/11/um-poema-com-muita-pele/. Acesso em: 1º nov. 2021. Versões semelhantes sobre tais episódios podem ser encontradas também na fala da autora numa participação na mesa "Deixa eu bagunçar você: o amor entre iguais na encruzilhada caleidoscópica", que foi parte do evento promovido pelo Projeto Lendo Mulheres Negras, em 28 de março de 2021, intitulado A Mostra Isso é Arte de Mulher Negra! Disponível em: https://www.youtube.com/watch?app=desktop&v=H2PTl_jGVIM&t=4273s. Acesso em: 1º nov. 2021. A versão aqui reproduzida foi escolhida por ser a que conta com mais detalhes os pontos abordados.

13. Rick Santos, op. cit.

14. Fala presente na *live* ocorrida em outubro de 2021, quando foi entrevistada pela escritora Nathállia Protazio em seu perfil no Instagram. Disponível em: https://www.instagram.com/p/CVTvIQ_pUU4/. Acesso em: 31 out. 2021.

15. Audre Lorde, *Irmã outsider*. Belo Horizonte: Autêntica, 2019.

16. Patricia Hill Collins, "O poder da autodefinição". In: ______. *Pensamento feminista negro: conhecimento, consciência e a política do empoderamento*. São Paulo: Boitempo, 2019, pp. 179-216.

17. Publicado também na *Revista Geni*, op. cit. É de bom tom mencionar que a lesboeroticidade e lesboafetividade se fazem presentes nos poemas.

18. Zula Gibi, "Um bom conselho". In: Quilombhoje (Org.), *Cadernos Negros nº 8: contos*. São Paulo: Edição dos autores, 1985, p. 99.

19. Alice Walker, "Writing *The Color Purple*". *Search of our Mothers Gardens: Womanist Prose*. San Diego: Harcourt Brace Jovanovich, 1983, pp. 355-60.

20. Patricia Hill Collins, *Pensamento feminista negro: conhecimento, consciência e a política do empoderamento*. São Paulo: Boitempo, 2019, p. 6.

21. bell hooks. *Erguer a voz: pensar como feminista, pensar como negra*. São Paulo: Elefante, 2019.

22. Id., "A transformação do silêncio em linguagem e ação". In: ______. *Irmã outsider*. Belo Horizonte: Autêntica, 2019, pp. 51-6.

23. Zula Gibi, "Caindo na real". In: Quilombhoje (Org.), *Cadernos Negros nº 22: contos afro-brasileiros*. São Paulo: Quilombhoje, 1999, pp. 108-9.

24. Id., "New York". In: Esmeralda Ribeiro; Marcio Barbosa (Orgs.), *Cadernos Negros nº 24: contos afro-brasileiros*. São Paulo: Quilombhoje, 2001, pp. 112-13.

25. Alice Walker, op. cit.

26. Zula Gibi, "New York", op. cit., p. 114.

27. Id. Ibid., p. 118.

28. Id., "O ônibus". In: Esmeralda Ribeiro; Marcio Barbosa (Orgs.), *Cadernos Negros nº 26: contos afro-brasileiros*. São Paulo: Quilombhoje, 2003, pp. 129-30.

29. Id. Ibid., p. 132.

30. Id., "Noites cariocas". In: *Cadernos Negros nº 30: contos afro-brasileiros*. São Paulo: Quilombhoje, 2007, pp. 229-37.

31. Camila Sodré de Oliveira Dias, *Identidades lésbicas afro-brasileiras nas narrativas de Miriam Alves e Zula Gibi*. Trabalho de Conclusão de Curso. Universidade do Estado da Bahia. Departamento de Educação. Alagoinhas, 2014. Cristian Souza de Sales, *Composições e recomposições: o corpo feminino negro na poesia de Miriam Alves*. Dissertação de mestrado em Estudo de Linguagens. Universidade do Estado da Bahia. Salvador, 2011.

REFERÊNCIAS

ALVES, Miriam. "Empunhando bandeira: diálogo de poeta". In: SANTOS, Rick; GARCIA, Wilton (Orgs.). *A escrita de Adé: perspectivas teóricas dos estudos gays e lésbicos no Brasil*. São Paulo: Nassau Comunity College; ABEH, Xamã, 2002, pp.153-61.

DIAS, Camila Sodré de Oliveira. *Identidades lésbicas afro-brasileiras nas narrativas de Miriam Alves e Zula Gibi*. Trabalho de Conclusão de Curso. Universidade do Estado da Bahia. Departamento de Educação. Alagoinhas, 2014.

COLLINS, Patricia Hill. "O poder da autodefinição". In: ______. *Pensamento feminista negro: conhecimento, consciência e a política do empoderamento.* São Paulo: Boitempo, 2019, pp. 179-216.

GIBI, Zula. "Um bom conselho". In: *Cadernos Negros nº 8: contos*. São Paulo: Edição dos autores, 1985, pp. 99-104.

______. "Caindo na real". In: QUILOMBHOJE (Org.). *Cadernos Negros nº 22: contos afro-brasileiros*. São Paulo: Quilombhoje, 1999, pp. 99-104.

______. "New York". In: RIBEIRO, Esmeralda; BARBOSA, Marcio (Orgs.). *Cadernos Negros nº 24: contos afro-brasileiros*. São Paulo: Quilombhoje, 2001. pp. 111-8.

______. "Florescência", "Escondido na Noite", "Fêmea", "Natureza", "Amiga amante", "Azul amarelo", "Testemunhas de Safo". In: ______. *Cadernos Negros nº 25: poemas afro-brasileiros*. São Paulo: Quilombhoje, 2002. pp. 186-92.

______. "O ônibus". In: ______. *Cadernos Negros nº 26: contos afro-brasileiros*. São Paulo: Quilombhoje, 2003, pp. 105-32.

______. "Noites cariocas". In: ______. *Cadernos Negros nº 30: contos afro--brasileiros*. São Paulo: Quilombhoje, 2007, pp. 229-37.

______. "Oxum", "Bel prazer". In: KINTÊ, Akins; CUTI (Luiz Silva) (Orgs.). *Pretumel de chama e gozo: antologia da poesia negro-brasileira erótica*. São Paulo: Ciclo Contínuo, 2015, pp. 68, 91.

HOOKS, bell. "heranças estéticas: a história feita à mão". In: ______. *Anseios: raça, gênero e política cultural.* Trad. de Jamille Pinheiro Dias. São Paulo: Elefante, 2019, pp. 230-43.

______. *Erguer a voz: pensar como feminista, pensar como negra*. Trad. de Cátia Bocaiuva Maringolo. São Paulo: Elefante, 2019.

KILOMBA, Grada. *Memórias da plantação: episódios de racismo cotidiano*. Rio de Janeiro: Cobogó, 2019.

LORDE, Audre. "A transformação do silêncio em linguagem e ação". In: *Irmã outsider*. Trad. de Stephanie Borges. Belo Horizonte: Autêntica, 2019, pp. 51-6.

NASCIMENTO, tatiana. "do dever de denunciar a dor até o direito ao devaneio, nosso cuirlombismo literário". In: SOARES, Mayana Rocha; BRANDÃO, Simone; FARIA, Thais. *Lesbianidades Plurais: outras produções de saberes e afetos*. Salvador: Devires, 2019, pp. 154-73.

SALES, Cristian Souza de. *Composições e recomposições: o corpo feminino negro na poesia de Miriam Alves*. Dissertação de mestrado em Estudo de Linguagens. Universidade do Estado da Bahia. Salvador, 2011.

WALKER, Alice. "Writing *The Color Purple*". In: *Search of our Mothers Gardens: Womanist Prose*. San Diego: Harcourt Brace Jovanovich, 1983, pp. 355-60.

Por uma poli(poé)tica do corpo: o erótico na poesia de Miriam Alves

FLÁVIA SANTOS DE ARAÚJO

Minhas considerações sobre a poesia de Miriam Alves se desenvolvem a partir de uma reflexão mais ampla acerca do conceito teórico-crítico que venho elaborando nos últimos anos, o qual chamo de poli(poé)tica do corpo. Tal conceito se fundamenta no legado epistemológico dos saberes produzidos por mulheres negras intelectuais e artistas da diáspora nas Américas, particularmente no que viemos a denominar como epistemologias feministas negras. Na justaposição do termo "poli(poé)tica do corpo", que acena para a correlação entre a poética e a política, quero pensar nas questões das fronteiras, das diferenças e da pluralidade que marcam os corpos do ser mulher negra escritora — como é o caso de Miriam Alves — e os corpos de mulheres negras que tomam forma a partir do poema.

Defino o termo "poli(poé)tica do corpo" como uma ferramenta analítica dos projetos artísticos entrelaçados com a política do corpo (da existência e da experiência) que artistas negras elaboram a partir de contextos sócio-históricos específicos. Conceitualmente, a poli(poé)tica do corpo está firmada no entendimento de que poética e política se articulam como uma interligação histórica. Nessa perspectiva, a escrita de mulheres negras na diáspora se tensiona entre dois polos: de um lado, o legado colonial, o trauma histórico da escravidão e os mecanismos de comodificação e objetificação dos corpos negros advindos desse legado; de outro lado, a escrita negro-diaspórica torna-se um ato político transgressor que busca reconfigurar os corpos negros, reclamando e forjando relações de autonomia, horizontalidade e libertação.

A poli(poé)tica do corpo dá espaço a uma abordagem transnacional que presta atenção às tensões dentro de contextos distintos e sua capacidade de oferecer alternativas para a criação de saberes, o que desestabiliza o eixo eurocêntrico, patriarcal e cis-heteronormativo. A partir dessa perspectiva, os desafios, os confrontos e as dissonâncias identificados nas trajetórias de artistas negras da diáspora nas Américas, como se vê em Miriam Alves, também compõem o território fértil e múltiplo onde nascem suas poéticas, seus engajamentos intelectuais, seus embates políticos e suas miradas visionárias.

Neste ensaio, busco aproximar a poli(poé)tica de Miriam Alves à noção do erótico como ferramenta de tecelagem, de conhecimento, de teoria, de metodologia de investigação e de pulsão transformadora para criação de novos mundos. Tal entendimento do erótico como poder generativo e libertário é elaborado, neste ensaio, a partir das colocações da artista, intelectual e ativista negra caribenha-estadunidense Audre Lorde. Uma vez que o pensamento de Audre é central para meu entendimento do erótico (sempre em diálogo com outras vozes) e minha análise da poli(poé)tica do corpo em Miriam, acredito ser necessário uma breve discussão da trajetória dessa intelectual caribenha-estadunidense que se denominava "irmã estrangeira".[1] Ao trazer a discussão sobre essa trajetória, busco também traçar a de Miriam como uma rota nas encruzilhadas epistêmicas, poético-artísticas e transgressoras de mulheres negras da diáspora.

O LUGAR DAS ENCRUZAS E A POESIA COMO FAROL

A metáfora da irmã estrangeira, forasteira, de fora, é significativa para entender como o pensamento e legado crítico de Audre Lorde se coloca em posição de questionamento ao pertencimento como fórmula de performance identitária uniforme e fixa. Como feminista negra e lésbica, Audre confrontou o racismo dentro dos espaços feministas da chamada segunda onda, majoritariamente brancos, articulando uma crítica incisiva sobre as contradições ideológico-políticas muito semelhante à que fez Lélia Gonzalez no Brasil na década de 1980.[2] Ativista aliada aos movimentos negros dos Estados Unidos e de outros espaços geopolíticos da diáspora,[3] Audre colocava-se nos espaços fronteiriços, exercendo, pública e contundentemente, uma capacidade de questionamento sobre as práticas e os discursos sexistas e homofóbicos dentro e fora dos movimentos sociais e círculos literários dos quais participava. Nos espaços públicos por onde circulava, Audre marcava seu lugar de fala como negra, mulher, lésbica, mãe, professora, poeta-guerreira — uma estratégia para reivindicar e integrar todas as partes de si mesma como um todo indissociável. Esse lugar de fala nem sempre era bem-vindo nesses espaços. Ainda assim, sua insistente coerência na multiplicidade identitária que carregava no corpo fazia parte de seu repertório epistemológico, de sua teorização acerca da diferença e da coalizão política e de sua poética de cunho profético.[4]

Nas encruzas do tempo-espaço espiralado da diáspora, a trajetória política, intelectual e artística de Miriam Alves se intersecta com a de Audre em muitas dimensões. Como cocriadora do movimento literário Quilombhoje, de São Paulo, no final da década de 1970, Miriam encontrou ali um lugar acolhedor para sua escrita negra. O movimento se posicionou na frente de combate explicitamente antirracista, e sua criação foi atravessada pelo ativismo do Movimento Negro Unificado (MNU) e de outros movimentos sociais durante a ditadura militar. Contudo, também foi no Quilombhoje que Miriam, ao longo do tempo, encontrou muita resistência a um tipo de escrita que se debruçava sobre questões específicas do universo da mulher. Em entrevista ao jornal *Callaloo*, Miriam compartilha suas experiências no Quilombhoje naqueles anos iniciais, detalhando uma dinâmica interna marcada pelo sexismo:

> Naquele momento eu estava num grupo que escrevia e tinha uma bandeira de luta, estar fazendo uma literatura negra. [...] Foi quando eu percebi que a forma e os temas enfocados pelas mulheres escritoras negras tinham algo mais próximo do femeal, do feminino. Quando se tentava conversar sobre isso com os escritores, o assunto virava piada, brincadeira. [...] Eu sabia que não se deveria brincar com a especialidade da literatura feminina, mas não conseguia, e não consigo ainda hoje, levar uma discussão séria com os poetas. [...] Mesmo assim, as mulheres estão escrevendo, as mulheres estão falando, só que não conseguem que esta fala seja respeitada como uma expressão específica. Esse preconceito sexista é muito sério.[5]

Tal tratamento diferenciado à produção literária de mulheres negras dentro do Quilombhoje gerou uma fricção impulsionadora de reflexão, questionamento e confronto para Miriam. Apesar do incômodo causado por tais experiências, Miriam Alves desenvolveu uma postura análoga à de Audre Lorde: a de irmã estrangeira, a que está aliada à "grande causa" de enfrentamento ao racismo, mas também capaz de projetar uma mirada de fora para dentro, levantando questionamentos críticos e até mesmo desestabilizantes.

Ainda na entrevista de 1995 ao *Callaloo*, Miriam demonstra clareza em manter-se íntegra e indivisível nas suas experiências corporificadas e no seu fazer literário. Assertiva, ela ressalta: "Não preciso estar falando de chibata, escravidão, para escrever literatura negra. A arte é liberdade, libertação. A minha arte é arte engajada comigo. Eu sou o quê? Eu sou negra, mulher, mãe solteira, empresária, filha, funcionária, militante".[6] Vejo, aqui, ainda nos anos 1990, Miriam articulando um entendimento claro sobre a interseccionalidade do seu estar no mundo associado ao seu labor artístico — uma manifestação da poli(poé)tica do corpo. Nesse sentido, Miriam antecipa o que Conceição Evaristo conceituou, mais tarde, como "escrevivência" ou a escrita que nasce das experiências do cotidiano, da memória impressa no corpo e a partir do corpo, do acúmulo de tudo que se vive através de todos os sentidos.[7] E, ao marcar a sua fala e escrita como mulher negra, múltipla e inteiriça, Miriam traz para o Quilombhoje um olhar crítico que promoveu não apenas a expansão desse movimento nas décadas subsequentes, mas também a consolidação de linhagens de escritoras negras brasileiras que se constata no calibre literário das gerações posteriores, como é o caso de Cidinha da Silva, Elizandra Souza, Ryanne Leão, tatiana nascimento, entre muitas outras.

Desde que começou a publicar nas antologias *Cadernos Negros*, organizadas pelo Quilombhoje, Miriam insistiu em trazer textos literários em prosa e em verso que se debruçavam sobre as questões do desejo e das relações, particularmente marcados pelo ser mulher negra. Tal atenção incluía, desde as publicações iniciais, textos homoeróticos com explícita carga sensual e afetiva. Em meados dos anos 1980, Miriam passa a assinar esses textos como Zula Gibi, apelido para Zuleika Itargibi Medeiros, criando para seu heterônimo uma biografia própria, normalmente adicionada ao final de cada volume da publicação.[8] A criação de Zula (cuja associação com Miriam foi mantida em confidência por vários anos) foi um gesto transgressor e libertador, mas também uma estratégia de autoproteção. Zula surgiu depois que Miriam sofreu ameaças de agressão física de um leitor e militante do movimento negro, revoltado com um de seus contos lésbicos.

A construção estratégica de Zula Gibi revela, assim, uma camada da poli(poé)tica de Miriam Alves: tanto como criadora quanto criação, Zula realiza uma personificação simbólica negra-homoerótica cuja mera existência já sinaliza um tabu e um risco em uma das nações mais violentamente homofóbicas do mundo.[9] Essa personificação literária de Zula representa, a meu ver, uma estratégia política muito particular da população LGBTQIA+ no contexto latino-americano, pois se alinha a uma dinâmica geopolítica do conhecimento onde se produz experimentação a partir das margens (e até mesmo a partir do armário).

Assim como Audre, Miriam sempre soube que literatura não é território pacífico para quem escreve como mulher negra. Assim como Audre, Miriam também assume uma posição de deslocamento, de irmã estrangeira (outsider) dentro do movimento literário-político negro do início dos anos 1980, dominado por uma presença pública masculina-cis e heteronormativa. Como publicamente se declara, Miriam é filha de Iansã, orixá guerreira de várias religiões afro-brasileiras, e, como tal, tece uma poética de discurso bélico, marcada pela presença de balas, espadas, facas e luta. Assim, em seu poema "Eu falo" (2013), a voz-corpo poética declara:

> Eu falo
> A minha fala
> É um falo
> Que atravessa as suas incertezas culturais.

Esses versos fazem parte de uma série de poemas fotográficos publicados por Miriam nas redes sociais.[10] Como um texto visual, os versos acompanham a fotografia de uma mão negra com unhas pintadas de vermelho, em fundo branco, segurando firme um pau azul. Neste close poético-visual, a mão, supostamente de uma mulher, controla o "falo" que, aqui, tanto aponta para uma sociedade heteropatriarcal e racista, como para o mecanismo da fala, historicamente dominado por essa mesma sociedade. O "falo" nos versos de Miriam é o cabo da lança, empunhado como quem se prepara para a guerra, armada com a força da palavra poética que confronta nossa herança histórica colonial falocêntrica. Essa fala é também uma afirmação da materialidade do corpo negro de mulher diante de uma sociedade brasileira que nega, rejeita, oprime e estereotipa tais corpos.

Como expressão da fala, a poesia de Miriam reverbera, portanto, o que Audre Lorde denomina "poesia como iluminação": um farol capaz de jogar luz sobre as verdades mais íntimas, os saberes mais profundos e as ideias mais ousadas. Em seu ensaio "A poesia não é luxo", publicado pela primeira vez em 1977, Audre convida as mulheres a reconhecerem o "lugar sombrio", oculto, antigo, interior e profundo onde é possível encontrar "uma reserva incrível de criatividade e de poder, de emoções e sentimentos que ainda não foram examinados e registrados".[11] Audre entendia que, como mulher negra, a poesia é uma necessidade diante das estruturas capitalistas-extrativistas que exploram (e depois descartam) os corpos negros, pois ela, a poesia, viabiliza a imaginação de um mundo mais justo e possível. Assim, a poesia como farol funciona como um mecanismo pelo qual podemos restabelecer um vínculo comunitário ancestral, desmantelando a noção capitalista de unidade individual. Uma vez vinculadas ao tempo ancestral, podemos dar à luz o mundo que realmente desejamos para todos/as nós. E isso é o que Audre oferece como redefinição de poder.

O legado colonial, reconfigurado através dos séculos em sistemas de comodificação e exploração, centralizou o entendimento sobre poder a partir da imposição do medo, normalizado na prática do silenciamento e da subordinação do "outro". Por isso, a prática do terror se faz (ainda) tão necessária como método de domesticação dos corpos *outrificados*, entendidos como anormais, desviados e descartáveis. O terror como método do projeto de colonização procura amansar e vulnerabilizar quaisquer outras formas de existência que sinalizem ameaça ao propósito da dominação. Na contramão dessa lógica, Audre oferece uma perspectiva sobre poesia que serve como "destilação reveladora da experiência" para mulheres que se comprometem a nadar contra a maré da dominação e expressar os seus desejos mais genuínos.[12] E é exatamente isso que a poesia de Miriam nos oferece: um desvelamento das várias camadas de vivências, desejos e sonhos atravessadas pelo ser mulher negra na sociedade brasileira.

A poesia de Miriam Alves — em especial aquela produzida nos anos de fundação do Quilombhoje — é fortemente marcada por um discurso que afirma uma identidade negra ao mesmo tempo que desafia falácias impostas sobre a negritude ou sobre o racismo estrutural no Brasil, como o mito da democracia racial. Há quem diga que a afirmação da identidade negra na literatura negro-brasileira das décadas de 1970 e 1980 pode ser mediada por um sujeito poético negro que recupera a noção de um contexto histórico, confrontando a imposição de padrões e valores brancos e, ao mesmo tempo, afirmando um senso de pertencimento nacional. Discordo de tal análise. Penso que a estética negro-brasileira desse período se inseriu, historicamente, não como um discurso de adaptação, assimilação ou integração à noção de identidade nacional, mas como um discurso e uma prática comprometidos com a transformação dos sentidos de identidade nacional. O eu poético nos textos de Miriam, por exemplo, é forjado através de um estado de consciência em constante mudança. Essa voz poética revela a destituição sistemática dos corpos negros como sujeitos nos processos históricos de formação de nação. Isso se vê já na sua produção poética inicial, como é o caso de *Momentos de busca*, antologia individual publicada em 1983.

Nesse sentido, a poética de Miriam reconfigura o eu poético para a posição de agente e sujeito, trazendo, assim, outro entendimento sobre a subjetividade negra. Em vez de simplesmente buscar integrar-se ao discurso de pertencimento nacional, a voz poética negra em Miriam enuncia o desejo de romper com noções de identidade nacional que minam, rejeitam ou apagam sua negritude autodefinida — mesmo se essas noções estiverem inseridas em uma ideia particular de "brasilidade". Podemos ver esse tipo de enunciação no poema "Objetando", publicado em 1995. Aqui, Miriam retrata uma complexa jornada de autodescoberta e enfrentamento, revelando o lugar objetificado do ser mulher:

> Objeto
> focalizado por olhos faiscantes
> sorrindo agulhas possessivas
>
> Objeto
> suado recostado
> despejando agonias na noite
>
> Objeto
> passagem coisificada na disputa
> para uma consumação carnívora

Dúvidas angústias de ser
sussurrada nos lábios
Inválidos por emoções segregadas

Na batalha, viva
Mulher.[13]

A voz poética, mais uma vez, denuncia uma demanda imposta pela sociedade que coisifica e alimenta uma "consumação carnívora" de corpos marcados por processos de objetificação. Apesar das "angústias de ser", o sujeito poético se vale do termo "objeto" também como verbo, desenhando, assim, seu lugar de afronta e insubmissão a tais arranjos sociais. Esta voz-mulher objeta as invalidações, a comodificação e a exploração impostas: é uma mulher que se faz "na batalha, viva" das gingas diárias, das mandingas estratégicas de quem conhece bem o jogo de sobreviver nas/pelas encruzas. Enfatizo que o corpo mulher na poesia de Miriam, com o qual projeta a voz poética, é sempre reveladora do gesto "exuzilhar", como já definiu a escritora Cidinha da Silva.[14] Ou seja, um corpo-palavra que, tomado pelo dinamismo de Exu, agrega tensões, atrai encontros e abre caminhos múltiplos de entendimento e possibilidades. Sua existência se faz no movimento-dança que é tão próprio das vivências de mulheres negras da diáspora, das irmãs estrangeiras, na busca por forjar mundos novos como maneira de aquilombar. Em uma sociedade que insiste em mantê-lo mudo, inerte ou invisível, o corpo negro de mulher na poli(poé)tica de Miriam é desenhado como a própria encruza: múltiplo, vivo e inventivo.

O ERÓTICO COMO PODER DE CONHECIMENTO E TRANSFORMAÇÃO

E quem melhor para nos inspirar a inventar mundos novos que a "mãe negra" que sussurra em nossos sonhos? Isso é o que sugeriu Audre Lorde em seu ensaio "Usos do erótico: o erótico como poder", apresentado publicamente pela primeira vez em 1978. Ao sugerir a "mãe negra" como fonte de inspiração e conhecimento, o texto de Audre desloca o eixo filosófico cartesiano-iluminista que se baseia no legado ocidental eurocêntrico, promovendo a dicotomia (e a separação) entre mente e corpo. Na contramão dessa supremacia intelectual eurocêntrica que se sustenta no *cogito, ergo sum* ("penso, logo existo"), Audre nos convida a ouvir os sussurros da deusa-musa-mãe negra que nos diz "sinto, logo posso ser livre".[15]

Além de desestabilizar os pilares da filosofia ocidental que, por séculos, sustentaram ideologias pseudocientíficas de hierarquização de tipos raciais, Audre Lorde advoga pela volta ao corpo — pelo retorno ao sentir o que está nele profundamente impresso — como recurso para produção de conhecimento e ação libertária. E, ao fazê-lo, Audre fala da "mãe negra" como eixo das epistemologias afrocentradas da diáspora que enfatizam processos e tecnologias de conhecimento individuais e coletivos no/pelo corpo. Reclamar o corpo negro como próprio e conduzi-lo à plenitude de tudo o que ele é e sente contradiz a lógica colonial que nos quer desincorporadas, separadas de nossas fontes internas de saberes e tecnologias ancestrais. E, para Audre, a poesia é o veículo pelo qual expressamos o sentimento mais autêntico dessa demanda revolucionária pela liberdade.

Desse modo, a poesia estabelece os alicerces para um futuro moldado a partir desse mergulho na investigação da nossa própria reserva de poder, no conhecimento do que sentimos como mais verdadeiro e na cumplicidade que construímos ao trabalhar pela libertação individual e coletiva. Em seu ensaio, Audre defende que o erótico é esta "fonte de energia revigorante e provocativa para as mulheres" que, uma vez reconhecida e compartilhada, nos impulsiona a lutar "por mudanças genuínas em nosso mundo, em vez de apenas nos conformarmos com trocas de personagens no mesmo drama batido".[16] Em um sistema capitalista, no qual os ditames do lucro e do acúmulo fabricam ilusões de sucesso e progresso individuais; em um mundo estruturado por mecanismos que objetificam corpos e os reduzem ao pó; em um mundo infestado por políticas que envenenam a terra, Audre nos encoraja a ações transgressoras que se desenrolam a partir de sonhos de futuros sustentáveis, possíveis e compartilhados para o povo negro e todos os povos marginalizados. E, portanto, para todos os povos do mundo.

Assim, é justo dizer que o pensamento de Audre Lorde se posiciona no legado quilombola-diaspórico do feminismo negro — um legado visionário que antecipa a liberdade mesmo antes que se torne algo palpável. O poder da energia erótica-libertária embalava os sonhos de Harriet Tubman, ativista abolicionista estadunidense do século 19, que profetizava, no tempo presente, "Meu povo é livre!", em pleno regime escravocrata. Foram os sonhos de Harriet que a levariam, mais tarde, a liderar as tropas armadas na incursão às margens do rio Combahee em 1863, libertando, assim, mais de 750 escravizados.[17] Foi essa fonte de energia libertária que guiou a mão de Esperança Garcia, mulher escravizada na capitania do Piauí, ao redigir, em 1770, uma carta ao governador denunciando os maus-tratos impostos a ela, seus filhos e suas companheiras de trabalho em uma fazenda de algodão. A carta de Esperança demonstra que a interlocutora não se submete à impotência demandada pela sua condição social no regime escravocrata vigente no século 18.

Ao contrário, Esperança se reapropria de sua humanidade e, portanto, de seu corpo, mesmo ao reconhecer sua condição de escravizada, imposta pelos arranjos coloniais.[18]

Essa postura ontológica anunciada por Harriet Tubman e Esperança Garcia as conecta a Audre Lorde quando a última declara: "Em contato com o erótico, eu me torno menos disposta a aceitar a impotência, ou aqueles outros estados do ser que nos são impostos e que não são inerentes a mim, tais como a resignação, o desespero, o autoapagamento, a depressão e a autonegação".[19] É assim que o legado quilombola-feminista negro-diaspórico se desenvolve a partir de parâmetros e princípios filosóficos alternativos àqueles instituídos pela lógica colonial da dominação. Tal legado representa também um aceno ritualístico de ruptura orgânica (no sentido gramsciano de intelectual orgânico),[20] na medida em que quebra os marcadores hegemônicos determinantes do que vem a ser "humano" e do saber legitimado por tais determinantes, ou seja, "homem", "cis", "heterossexual", "branco".

A historiadora Beatriz Nascimento aponta que o fenômeno "quilombo", tanto como instituição histórica quanto como símbolo de resistência, cria uma "brecha no sistema" a que as populações negras estavam submetidas.[21] Por isso mesmo, por ser brecha, aquilombar(-se) significa projetar a esperança da transformação e da liberdade: "uma possibilidade nos dias da destruição".[22] Beatriz vai além: aquilombar(-se) é uma forma de existir em continuum histórico para as comunidades negras que se propõem a criar alternativas de viver e existir no mundo.

Se, por um lado, a lógica colonial é um "assombro", "carrego" ou "marafunda", como sugere Luiz Rufino,[23] posso dizer, apoiada em Audre e Beatriz, que a força erótica, conectada aos saberes da mãe negra, é a pulsão da macumba que proporciona o descarrego e abre os caminhos das possibilidades. E a poesia é o veículo mobilizador dessa energia vital na carne, pois a palavra é carne. A poesia é um respirar fundo que desafia a lógica asfixiante do carrego colonial, como bem ilustra o poema "Averbalizar", de Miriam Alves, publicado em 1988:

> Respirar fundo
> soltar asfixia
> liberar segredos
> sangrar palavras
> com a mão do afago
> sangrar palavras
> (mesmo que não queiram)

A poesia de Miriam Alves não se limita a desafiar os estereótipos raciais para as mulheres negras brasileiras. Sua obra exalta uma poética de enunciação que convida mulheres negras a desafiarem silêncios e articularem autodefinições próprias. Um dos fios condutores da poesia de Miriam é a transgressão dos limites de um vocabulário nacional para as identidades das mulheres negras brasileiras através da linguagem. Em "Averbalizar", tem-se um elenco de verbos que delineiam um ritual de libertação e descarrego. Como em uma macumba, o poema funciona como oferta capaz de evocar uma prática de autoconsciência: "Respirar fundo/ soltar asfixia". A voz poética nos convida a uma conexão com os sentidos mais íntimos, os sentidos fundidos na carne. Nessa prática, "sangrar palavras" pode ser um ebó, oferenda do ritual transgressor para romper as asfixias desse carrego colonial. O corpo no poema de Miriam é um corpo conectado com a pulsão do erótico como poder, nos termos lordeanos, porque reclama uma existência plena: esse corpo respira, libera-se, sangra, afaga-se... "mesmo que não queiram". Essa resistência no existir evoca o gesto em dupla-

-face de ruptura e de encantamento, próprios da existência aquilombada: uma possibilidade nos dias da destruição.

Em entrevista à *Revista Geni*, em 2013, Miriam conta de sua trajetória ao encontro do Quilombhoje na década de 1970, quando poetas negros e negras se reuniam para rodas de poemas ao som de atabaques, em ritual de consagração e oferenda. Naqueles encontros, Miriam percebeu que o que escrevia em seus cadernos, criticados por outras pessoas como escritos "com muita pele, com muita dor", sintonizava-se com os poemas com muita pele das rodas promovidas pelo Quilombhoje.[24] Ao meu ver, essa marca continua atravessando a produção literária da poeta-guerreira Miriam Alves. Sua escrita (a lírica, em particular) segue enunciando a palavra-corpo, o dizer-pele, as verdades mais profundas de quem conhece na carne o que é ser mulher negra na sociedade brasileira — este corpo onde reside "o coração do conceito da interseccionalidade", como bem coloca Carla Akotirene.[25] E, também nesse sentido, Audre está posicionada na linhagem diaspórica de Miriam, pois, ao colocar a questão da alteridade como "lutas na carne", reconhece o corpo negro nas encruzas como o lugar das potências: "as armas mais fortes na batalha mais valente de nossas vidas".[26]

É importante enfatizar que o conceito de Audre sobre o erótico surge marcado pelo contexto do final dos anos 1970 nos Estados Unidos. Esse foi um período em que os movimentos sociais passaram por intensas transformações, ganhando cada vez mais visibilidade e fóruns públicos. Este também foi um período de intensificação de práticas e políticas militaristas-intervencionistas pelos Estados Unidos em todo o mundo, particularmente no Caribe e na América Latina.[27] Por trazer uma vivência marcada pela imigração de pai e mãe caribenhos, o pensamento lordeano aguça um olhar crítico sobre as experiências afrodiaspóricas, não centradas nos Estados Unidos, e um questionamento sobre a expansão e exploração do capitalismo estadunidense sobre os corpos negros e outras populações vulneráveis da diáspora.

Assim que, ao se dirigir em especial às mulheres em seu ensaio sobre o erótico, Audre propõe uma ruptura com o modelo extrativista-capitalista-individualista estadunidense. Além de apontar a "mãe preta" como ícone libertário intelectual e político, Audre identifica os usos do erótico como uma pulsão transformadora do mundo ativada no coletivo. Além de diferenciá-lo da pornografia e de seus usos comodificados pelo capitalismo, Audre enfatiza os usos do erótico na construção colaborativa-criativa de um mundo (e de uma maneira de estar nele) a partir do compartilhamento de nossas buscas e lutas por mudanças genuínas e duradouras.

Assim, o erótico lordeano serve como uma ponte entre a prática política e o pensamento filosófico-espiritual, pois desvela o que é "mais profundo e mais forte e mais precioso dentro de cada uma de nós quando compartilhado: as paixões do amor, em seus significados mais profundos".[28] O projeto proposto por Audre, ao conceituar o erótico como poder, exige não apenas colaboração, mas também cumplicidade, democracia, consentimento, reconhecimento das diferenças e do gozo genuíno como prática da liberdade.

Ao contrário do que se vê na história oficial e nos discursos contemporâneos moralistas, a força erótica não cabe nas noções de impureza, desejo desvirtuado, impulso desgovernado; tampouco se limita ao sexo (muito embora inclua o sexo como possibilidade de conexão plena e, portanto, libertadora). Essas são distorções históricas, usadas muitas vezes como discurso para justificar a exploração dos corpos de mulheres negras, tidos como bestiais e sexualmente desviados. Tais distorções estão presentes, por exemplo, nas representações literárias da

Nêga Fulô de Jorge de Lima, da Gabriela de Jorge Amado e da Rita Baiana de Aluísio de Azevedo, ainda que tais obras tenham méritos artísticos inegáveis. Na contramão dessas distorções, o que vemos em Miriam Alves, através das lentes lordeanas, é o uso da força erótica como um recurso poético e político de empoderamento que leva ao desejo da partilha; uma força regada pelo desejo de um mundo realmente diferente, em que somos humanamente iguais; um mundo que não é apenas de uma só, mas é construído em conjunto com outros e outras, em nossas diferenças.

Vejamos o excerto do poema homoerótico "Amiga amante", assinado por Zula Gibi e publicado em 2002. Aqui a voz poética celebra o devir de um encontro profundo e pleno entre duas mulheres, acentuando os sentidos e sentimentos compartilhados:

> Queria que um rastro de luz se fizesse agora
> e nos levasse ao espaço de nós duas
> na manhã que a madrugada insinua
> e depois nos trouxesse de volta
> aquele abraço que nunca demos
> [...]
> Queria que um rastro de luz agora
> encurtasse a distância geográfica geofísica geoespacial
> e no sabor das estrelas saboreadas à distância
> a saudade se tornasse menor que nossos braços
> e na encruzilhada desta via láctea
> nos encontrasse plenas
> nas procuras realizadas
>
> Um suspiro um sorriso a paz a certeza o amor
> de igual para igual

Os versos no futuro do pretérito guiam a querença do eu-lírico no poema de Zula, contornando o esboço de um universo de possibilidades, em uma expressão de desejo que quebra hierarquias porque está fundamentado em uma visão igualitária. O tempo verbal indica, de uma só vez, um encontro que (ainda) não se deu e um desejo que se mantém, mesmo que seja no espaço-tempo das distâncias e do devir incerto. Na imagem galáctica do poema, a inflexão clara de gênero abre espaço para as amigas-amantes que se lançam nas encruzilhadas do universo como plenas, realizadas, em gozo genuíno.

Como Audre explica, as mulheres "corajosas o suficiente para se arriscarem a compartilhar a carga elétrica do erótico" representam uma ameaça às estruturas que nos ensinaram que nossas realizações devem ser legitimadas por normativas patriarcais, racistas e, portanto, antieróticas.[29] Portanto, ao expressar o desejo entre iguais, entre duas mulheres que se amam e se querem, a voz poética em "Amiga amante" atravessa as fronteiras e as medidas lineares do tempo e do espaço, projetando sua pulsão erótica potencializadora do encontro, das possibilidades na composição dessa relação homoafetiva.

A poli(poé)tica do corpo, como proposta de análise aqui esboçada, busca abordar a questão da diferença dentro do jogo do poder, mas também como uma ferramenta para criar outra relação com o poder — aquela que projeta a libertação em todas as intersecções de gênero, raça, classe, sexualidade, nacionalidade, rejeitando as dicotomias e os binarismos que separam o saber ancestral do político, o intelectual do corpo, o espiritual da carne. A poli(poé)tica do corpo está, ainda, atravessada pelo que propunha Lélia Gonzalez ao elaborar o conceito epistemológico feminista negro de "amefricanidade" na busca por uma prática decolonial de entendimento de nossa história e de nosso povo na diáspora das Américas.

O chamado de Lélia permanece atualíssimo: é preciso entender a intensa e complexa dinâmica cultural em nosso processo histórico (resistência, acomodação, reconfiguração, transformação) dentro e para além do enquadramento da colonização.[30] O legado ancestral amefricano oferece tecnologias que nos instrumentalizam a voltar ao corpo, reivindicando-o como território de saberes, de cura, de encantamento e de gozo erótico na feitura de novos mundos possíveis. A poli(poé)tica do corpo em Miriam Alves aviva esse sonho aquilombado, embalado no colo das encruzilhadas, brilhando na luz poética, vibrante na pulsão erótica, firme nas lutas contínuas na carne contra os mecanismos do esquecimento.

NOTAS

1. No original em inglês, Audre Lorde se identificava como *sister outsider*. A famosa coletânea *Sister Outsider*, que reúne quinze ensaios e palestras de Audre escritos entre as décadas de 1970 e 1980, publicada em 1984, está disponível em português sob o título *Irmã outsider: ensaios e conferências* (Autêntica, 2020, com tradução de Stephanie Borges). Neste ensaio, optei por usar a tradução de *sister outsider*, oferecida pela intelectual e poeta tatiana nascimento: "irmã estrangeira".

2. Antropóloga e cofundadora do Instituto de Pesquisas das Culturas Negras do Rio de Janeiro (IPCN-RJ) e do Movimento Negro Unificado (MNU), Lélia Gonzalez deixou escritos reveladores de suas múltiplas intersecções identitárias como mulher negra, intelectual, ativista, professora e, muito menos mencionado em estudos, como lésbica. Ver o trabalho de Ariana Mara da Silva, "Griôs sapatonas brasileiras e *Lampião da Esquina*" (2015), que registra a participação de Lélia como representante e apoiadora do movimento LGBT nos anos de seu ativismo.

3. Audre Lorde teve uma trajetória marcada pelo seu engajamento político-literário junto a coletivos de mulheres negras e não brancas (*women of color*) de vários países do Caribe, da Europa, além do México e da África. Sobre seu legado diaspórico, ver a coletânea de ensaios *Audre Lorde's Transnational Legacies* (2015), organizada por Stella Bolaki e Sabine Broeck.

4. Meu ensaio "The prophetic visions of our Lorde" (2019) trata do texto poético e do pensamento de Audre como potências proféticas.

5. Charles H. Rowell; Miriam Alves; Bruce Willis, "Interview". Trad. de Miriam Alves, *Callaloo*, v. 18, n. 4, 1985, pp. 802-4.

6. Id. Ibid.

7. Conceição Evaristo, "Da grafia-desenho de minha mãe, um dos lugares de nascimento de minha escrita". In: Marcos Alexandre (Org.), *Representações performáticas brasileiras: teorias, práticas e suas interfaces.* Belo Horizonte: Mazza, 2007, pp. 16-21.

8. O artigo de Camila Dias "Por uma literatura das ausências e das emergências: as afrolésbicas na escrita de Miriam Alves e Zula Gibi" (2016) faz uma análise das narrativas lesboafetivas de Zula Gibi/Miriam Alves.

9. De acordo com a Associação Nacional de Travestis e Transexuais (Antra), o Brasil segue no topo do ranking de assassinatos de pessoas trans.

10. As imagens dos poemas visuais de Miriam não serão publicadas neste volume por motivos editoriais, mas poderão ser encontradas nas plataformas de mídia social da escritora.

11. Audre Lorde, *Irmã outsider: ensaios e conferências*. Trad. de Stephanie Borges. Belo Horizonte: Autêntica, 2020, p. 46.

12. Id. Ibid.

13. Miriam Alves, "Objetando". *Cadernos Negros nº 13*. São Paulo: Quilombhoje, 1995, p. 54.

14. Desde 2010, a escritora Cidinha da Silva vem usando o verbo-neologismo "exuzilhar" e seus derivados, como "exuzilhamento", uma fusão das palavras "encruzilhar" (e seus derivados) e Exu. Senhor dos caminhos, das encruzas e da palavra, o orixá Exu potencializa a linguagem em suas múltiplas dimensões e trajetos.

15. Audre Lorde, op. cit., p. 48.

16. Id. Ibid., p. 74.

17. A ideia de "profecia no tempo presente" relacionada a Harriet Tubman vem do trabalho de Alexis Pauline Gumbs, intelectual estadunidense que escreveu sobre o tema no ensaio "Prophecy in the present tense: Harriet Tubman, the Combahee pilgrimage, and dreams coming true" (2014).

18. A carta de Esperança Garcia foi documentada pelo historiador Luiz Mott em 1979 em sua pesquisa de arquivo e, mais tarde, incluída em seu livro *Piauí colonial: população, economia e sociedade* (1985).

19. Audre Lorde, op. cit., p. 73.

20. A partir do conceito de Gramsci, a prática do/a intelectual orgânico/a quilombola-feminista engendra uma ruptura com o pensamento hegemônico porque se compromete a pensar com (e a partir de) as populações negras da diáspora.

21. Maria Beatriz Nascimento, *Beatriz Nascimento, quilombola e intelectual: possibilidade nos dias da destruição.* [s.l.]: Filhos da África, 2018, p. 294.

22. Id. Ibid., p. 190.

23. Luiz Rufino, *Pedagogia das encruzilhadas*. Rio de Janeiro: Mórula, 2019, p. 12.

24. Gui Mohallem; Carolina Menegatti; Miriam Alves, "Um poema com muita pele". *Revista Eletrônica Geni*, n. 8, [s.p.], 2013, pp. 10-1.

25. Carla Akotirene, *Interseccionalidade*. São Paulo: Editora Jandaíra, 2019, p. 17.

26. Audre Lorde, *Sou sua irmã: escritos reunidos e inéditos*. Trad. de Stephanie Borges. São Paulo: Ubu, 2020, p. 215.

27. Somente entre 1970 e 1980, os Estados Unidos exerceram intervenções político-militares em países como Bolívia, Chile, Brasil, Nicarágua, Granada e Panamá. Audre Lorde escreveu críticas importantes sobre algumas dessas intervenções, como o texto "Granada revisitada: um relato provisório" (em *Irmã Outsider*) e "Of generators and survival — Hugo letter", este último sobre a catástrofe do furacão Hugo no Caribe em 1989 e sua relação com a exploração capitalista.

28. Audre Lorde, *Irmã* outsider, op. cit., p. 70.

29. Id. Ibid., p. 74.

30. Lélia Gonzalez; Flavia Rios; Márcia Lima, *Por um feminismo afro-latino--americano.* Rio de Janeiro: Zahar, 2020, pp. 198-9.

REFERÊNCIAS

AKOTIRENE, Carla. *Interseccionalidade*. São Paulo: Jandaíra, 2019.

ALVES, Miriam. "Amiga amante". *Cadernos Negros nº 25*. São Paulo: Quilombhoje, 2002.

______. "Eu falo". 21 de março de 2013. Facebook: Escritora Miriam Alves. Disponível em: https://www.facebook.com/208232675982352/photos/pb.100062693029088.-2207520000./233288360143450/?type=3. Acesso em: 22 nov. 2021.

______. "Averbalizar". *Cadernos Negros nº 11*. São Paulo: Quilombhoje, 1988, p. 51.

______. "Objetando". *Cadernos Negros nº 13*. São Paulo: Quilombhoje, 1995, p. 54.

ARAÚJO, Flávia Santos de. "The Prophetic Visions of Our Lorde". *Wagadu: A Journal of Transnational Women's and Gender Studies*, v. 20, outono 2019, pp. 8-31, 2019. Disponível em: http://sites.cortland.edu/wagadu/wp-content/uploads/sites/3/2019/12/v20-Araujo.pdf. Acesso em: 4 dez. 2020.

BENEVIDES, Bruna G.; NOGUEIRA, Sayonara Naider Bonfim (Orgs.). *Dossiê: assassinatos e violência contra travestis e transexuais brasileiras em 2020.* São Paulo: Expressão Popular, ANTRA, IBTE, 2021.

BOLAKI, Stella; BROECK, Sabine (Orgs.). *Audre Lorde's Transnational Legacies.* Amherst: University of Massachusetts Press, 2015.

DIAS, Camila. "Por uma literatura das ausências e das emergências: as afrolésbicas na escrita de Miriam Alves e Zula Gibi". *Anais da Conferência da XV ABRALIC - Associação Brasileira de Literatura Comparada.* [s.l.]: 2016. Disponível em: http://abralic.org.br/. Acesso em: 22 nov. 2021.

EVARISTO, Conceição. "Da grafia-desenho de minha mãe, um dos lugares de nascimento de minha escrita". In: ALEXANDRE, Marcos (Org.). *Representações performáticas brasileiras: teorias, práticas e suas interfaces.* Belo Horizonte: Mazza, 2007, pp. 16-21.

GONZALEZ, Lélia; RIOS, Flavia; LIMA, Márcia. *Por um feminismo afro-latino--americano.* Rio de Janeiro: Zahar, 2020.

GUMBS, Alexis Pauline. "Prophecy in the Present Tense: Harriet Tubman, the Combahee Pilgrimage, and Dreams Coming True". *Meridians*, v. 12, n. 2, pp. 142-52, 2014. Disponível em: https://doi.org/10.2979/meridians.12.2.142. Acesso em: 22 nov. 2021.

LORDE, Audre. *Irmã outsider: ensaios e conferências.* Trad. de Stephanie Borges. Belo Horizonte: Autêntica, 2020.

______. *Sou sua irmã: escritos reunidos e inéditos.* Trad. de Stephanie Borges. São Paulo: Ubu, 2020.

______. "Of Generators and Survival-Hugo Letter". *Callaloo*, v. 14, n. 1, p. 72-82, 1991. Disponível em: https://www.jstor.org/stable/2931437. Acesso em: 22 nov. 2021.

MOHALLEM, Gui; MENEGATTI, Carolina; ALVES, Miriam. "Um poema com muita pele". *Revista Eletrônica Geni*, n. 8, [s.p.], 2013. Disponível em: https://revistageni.org/11/um-poema-com-muita-pele/. Acesso em: 22 nov. 2021.

MOTT, Luiz. *Piauí colonial: população, economia e sociedade.* Teresina: Projeto Petrônio Portella, 1985.

NASCIMENTO, Maria Beatriz. *Beatriz Nascimento, quilombola e intelectual: possibilidade nos dias da destruição.* [s.l.]: Filhos da África, 2018.

ROWELL, Charles H; ALVES, Miriam; WILLIS, Bruce . "Interview". Trad. de Miriam Alves. *Callaloo*, v. 18, n. 4, p. 802-4, 1995. Disponível em: https://muse.jhu.edu/article/5404. Acesso em: 22 nov. 2021.

RUFINO, Luiz. *Pedagogia das encruzilhadas.* Rio de Janeiro: Mórula, 2019.

SANTOS, Pedro. "O intelectual orgânico como formador da vontade coletiva dos subalternos: apontamentos a partir de Antonio Gramsci". *Movimento--Revista de Educação*, n. 6, pp. 107-30, 28 jun. 2017. Disponível em: https://periodicos.uff.br/revistamovimento/article/view/32593. Acesso em: 22 nov. 2021.

SANTOS, tatiana nascimento dos. "*Zami*: (auto)tradução da lesbiandade negra em Audre Lorde". *Revista Palmares*, v. 10, n. 8, pp. 22-35, 2014.

SILVA, Ariana Mara da. *Griôs sapatonas brasileiras e Lampião da Esquina.* Trabalho de Conclusão de Curso (Bacharelado em História), Instituto Latino-Americano de Arte, Cultura e História, Universidade Federal da

Integração Latino-Americana. Foz do Iguaçu, 2015. Disponível em: https://dspace.unila.edu.br/bitstream/handle/123456789/506/Ariana%20Mara%20da%20Silva.pdf?sequence=4&isAllowed=y. Acesso em: 22 nov. 2021.

SILVA, Cidinha da. *Exuzilhar: melhores crônicas de Cidinha da Silva.* São Paulo: Kuanza Produções, 2018.

Quem sou e como passei a existir

ZULA GIBI

Tudo que se cria passa a existir.
É vida em algum lugar.

Recordo-me da minha concepção, era um dia do ano de 1985, em que os meus criadores, escritores jovens idealistas, entusiastas e amigos, integrantes do Quilombhoje Literatura — Marcio Barbosa, Esmeralda Ribeiro, Miriam Alves e Cuti —, viajavam para uma cidade no interior de São Paulo para participar de uma atividade relativa à organização do Festival Comunitário Negro Zumbi (Feconezu). Ao longo do percurso, para se distraírem, resolveram fazer um texto ficcional coletivo, que envolvesse as histórias vivenciadas por negros e negras na militância política e reivindicativa da época. Não vamos esquecer que era década de 1980 e o Brasil vivia as consequências do chamado regime civil-militar e a efervescência das reivindicações da sociedade civil, o que incluía a população negra que clamava por uma, como diziam, verdadeira democracia racial.

Bom, mas vamos voltar à minha criação. Entre risos e descontração, definiram o tema, ou seja, o caminho a seguir. Cada um escrevia alguns parágrafos e desafiava o outro a continuar, depois o material passou por uma edição a oito mãos. Aí que eu apareço, como uma solução a um problema na edição de *Ca-*

dernos Negros daquele ano: uma aspirante a escritora enviara o seu conto, mas não pagara a cotização, isto é, a parte do valor da publicação dividida entre todos os participantes, o que prejudicaria a publicação, que já estava na gráfica em processo de impressão. Os meus criadores dividiram entre si o valor da despesa e cobriram o calote dado pela tal escritora. Resolveram que eu assinaria o conto intitulado "Um bom conselho". Para tanto, me batizaram com esse codinome lindo, Zula Gibi. Me deram existência como Zuleika Itagibi Medeiros, uma história de vida, um endereço na cidade de Sorocaba, estado de São Paulo.

Gostei de ter sido publicada — até constei em trabalhos de algumas pesquisadoras como uma das mulheres negras escritoras promissoras —, mas eu dependia deles (meus criadores) para um novo texto. Fui esquecida, eles não se reuniram mais para tratar de mim. Entendi, eu era um segredo, fiquei quieta por quinze anos.

Quando a Miriam viajou para os Estados Unidos em 1996, conheceu o professor Rick Santos, que foi seu tradutor nas palestras proferidas. Ele era militante dos movimentos gays nos Estados Unidos e no Brasil, leitor de *Cadernos Negros*, com quem Miriam estabeleceu instigantes diálogos e que apresentou a ela professores e alunos de vários seguimentos LGBT.

Quando voltou ao Brasil, Miriam foi questionada por Rick sobre a inexistência da abordagem de vivência homoafetiva em *Cadernos Negros*. Aceitando o desafio, em 1997, no volume 20, ela lança o conto "Abajur", abordando relação lesboafetiva e biafetiva protagonizada por um trisal. Ela ficou assustada com as ameaças verbais e físicas feitas por um conhecido frequentador dos lançamentos e das rodas de poemas que se sentiu incomodado com a história contada. Em 1999, como forma de se proteger, ela me convocou e deixou a meu cargo tratar do assunto, então escrevi e lancei em *Cadernos Negros nº 22* o conto "Caindo na real".

Concomitante a isso, a discussão acadêmica e literária sobre as questões e as perspectivas de inclusão, exclusão, violências e direitos civis da população LGBT tomava forma e força nas universidades e congressos do Brasil, principalmente com a visibilidade proporcionada pela primeira Parada do Orgulho Gay — hoje LGBTQIA+ — em São Paulo, em 1997.

Em 2001, Rick convidou Miriam para participar do I Congresso da Associação Brasileira de Estudos da Homocultura (ABEH),[1] em Niterói, cidade do estado do Rio de Janeiro, com a presença de vários professores e pesquisadores de universidades brasileiras e internacionais. Ela aceitou, ainda que considerasse seu conhecimento teórico sobre o tema insuficiente em comparação aos outros participantes. Quis desistir, mas o amigo a intimou a comparecer, visto que fora incluída na programação por insistência dele, já que nesse ciclo acadêmico Miriam ainda não era conhecida. Na inquietação, ela me reivindicou, de novo, para estabelecermos um diálogo de poetas que explicitava a inexistência da homoafetividade nas páginas de *Cadernos Negros*.

O nosso colóquio recebeu o título de "Empunhando bandeira: diálogo de poeta".[2] No congresso, com a maioria de homens brancos, e algumas mulheres também brancas, apenas uma pessoa a conhecia por ter assistido à sua palestra em uma universidade estadunidense; para os demais, era uma ilustre desconhecida.

Miriam era a única mulher negra no congresso e experienciou um episódio lamentável de cunho eminentemente racista. Numa mesa anterior à de Miriam, um professor, visivelmente incomodado com sua presença, fugiu do tema do congresso ao culpar os pais negros pela autorrejeição das crianças negras, justificando que isso se daria por comprarem bonecas brancas para os filhos. Ao falar, dirigiu o olhar diretamente para Miriam Alves, na plateia, como esperando dela uma reação, que não veio. Não naquele momento. Na mesa seguinte, Miriam respondeu ao referido professor, que não estava mais presente no congresso. Desculpando-se por fugir do tema por momentos, Miriam descreveu as ações do MNU junto às fábricas de brinquedos, quando solicitavam a confecção de bonecas negras e recebiam como resposta a falta de mercado consumidor. A seguir, declamou performaticamente o poema de Cuti, que flagrantemente é uma provocação à negativa das fábricas que foram interpeladas:

Neste Natal
Se papai Noel
Não trouxer bonecas negras
Meta-lhe o pé no saco

Ao ilustrar a última estrofe do poema na performance, havia uma cadeira na frente de Miriam, que foi derrubada. Tal atitude deixou a plateia perplexa, mas ela não se abalou. Voltou à mesa e leu o texto proposto, como se nada tivesse acontecido. A intenção de Miriam era revelar como eu havia sido criada, e naquele texto a minha participação era um recurso literário para a transmissão de uma ideia. No entanto, criei existência durante a apresentação do texto, já que a plateia considerou que eu era namorada de Miriam, questionando a minha ausência no congresso. Naquele momento, por atitude de uma de minhas criadoras, eu saí da gaveta (ou seria do armário?), do obscurantismo, do segredo, e por instantes fui real no imaginário da plateia.

Entusiasmada, passei a escrever com intensidade, assumindo uma escrita notoriamente lesboafetiva, e a publicar em *Ca-*

derno Negros: contos nos volumes 24, 26 e 30, respectivamente nos anos de 2001, 2003 e 2007; poemas no volume 25, no ano de 2002. Fiz um livro de poemas que enviei para uma editora especializada em lesbopublicações, mas ele foi devolvido e arrefeceu o meu entusiasmo.

Através de meus textos, fui me tornando cada vez mais existente. Nos lançamentos de *Cadernos Negros*, leitoras perguntavam por mim aos idealizadores do evento, o que se tornou uma situação insustentável. Eles sabiam que eu era imaterial e escrevia através de Miriam Alves, que se recusava a revelar a nossa parceria, ainda assustada com o episódio de ameaça ocorrido anos antes, sem perceber que a situação havia mudado.

Assim, fui esquecida mais uma vez, e o ano de 2007 marcou a minha derradeira publicação. Se querem saber se continuo escrevendo, respondo que sim, até iniciei um romance que ainda está inacabado. Tenho também alguns contos e poemas inéditos que estão na gaveta. Se tenho pretensões de voltar a publicar, também respondo que sim, mas dependo de Miriam para isso, e no momento ela está muito ocupada com a própria produção. Mas sou grata a ela por me conceder um espaço, incluindo os meus poemas, em seu livro *Poemas reunidos*, lançado pela editora Fósforo.

E àquelas e aqueles que leram, leem e lerão meus trabalhos, me mencionam ou me mencionarão em seus estudos, eu agradeço.

NOTAS

1. A Associação Brasileira de Estudos da Homocultura (ABEH) foi criada em 13 de junho de 2001, em Niterói, a partir de uma deliberação na assembleia do III Encontro de Pesquisadores Universitários — Literatura e Homoerotismo, promovido pelo Núcleo de Estudos de Língua Portuguesa e Africana (NEPA),

da Universidade Federal Fluminense (UFF), sob organização dos professores Mário Cesar Lugarinho e José Carlos Barcellos, os quais foram centrais para a criação da ABEH. É preciso situar as temporalidades concernentes ao percurso LGBTQIA+ no Brasil, destacando por exemplo o fato de que a primeira geração de pesquisadores fundadores da ABEH herdou a experiência do próprio movimento LGBT, que se organizou na década de 1990 para dar mais capilaridade às suas ações institucionais. A institucionalização da ABEH garantiu um entrelugar de entidade da sociedade civil vinculada a uma universidade (um braço do Estado), o que possibilitou ampla circulação da associação na cena nacional, mas não sem as tensões habituais acerca de movimentos sociais e universidade. Ver entrevista com Bruna Irineu, presidente da ABEH, em https://editorarealize.com.br/blog/detalhes/entrevista-com-bruna-irineu-presidente-da-associacao-brasileira-de-estudos-da-homocultura-abeh-.

2. Rick Santos; Wilton Garcia (Orgs.), *A escrita de Adé: perspectivas teóricas dos estudos gays e lésbicos no Brasil*. São Paulo: Nassau Comunity College, ABEH, Xamã, 2002. pp. 153-61.

PARTE IV

Missivas

Carta a Miriam

MOEMA PARENTE AUGEL

Muito querida Miriam,

Em abril de 2021, você me emocionou ao me perguntar se estaria disposta a integrar a coleção de ensaios sobre a escritora Miriam Alves, a ser lançada para marcar seus setenta anos de vida e quarenta de publicação, iniciativa de, pelo que entendi, leitoras e leitores de suas obras, apoiados desde então por uma editora.

Vem-me, ao me preparar para escrever o prometido ensaio, um turbilhão de lembranças. Volto aos anos 1980. Vejo-me com você, na escadaria da Biblioteca Municipal de São Paulo, para o nosso primeiro encontro pessoal, em 1985, depois de uma série de muitos telefonemas interurbanos, entre Salvador e São Paulo. Você com uma sacola de livros para mim, o seu *Momentos de busca* — o primeiro, publicado em 1983, com poemas datados de 1979 e 1980 — e *Estrelas no dedo*, de 1984, além de alguns de outros autores em cópia. Seus dois livros de poemas foram a concretização da sua veia literária, evidenciada desde a publicação de três poemas seus em *Axé: antologia contemporânea da poesia negra brasileira*, organizada por Paulo Colina, publicada em 1982, mas certamente em preparação já bem antes, como se pode ver pelo prefácio de Joel Rufino dos Santos, datado de outubro de 1980. Também de 1982 foi sua estreia no quinto número dos *Cadernos Negros*, com cinco poemas. Ali, na breve autoapresentação exigida de cada um dos participantes do volume, você já trazia implícita uma das linhas mestras de sua vocação poética quando revelou que chorou muito ao nascer,

> sem necessidade de palmadas. Comecei chorando, agora grito em palavras as lágrimas, os soluços e as agulhas de opressão que ferem fundo minha alma negra. Percebo e num grito manifesto, nasço de novo todas as manhãs. Além de ser poeta, profissionalmente sou assistente social e ouço todos os dias como a vida fere, desbota, magoa as pessoas, deixando-as com as gargantas feridas, abrasadas retendo um grito. E eu grito e choro tudo isto em versos para me manter viva e para delatar, registrar as esperanças e por isto brado.[1]

Para mim, Miriam, é uma comoção e uma alegria prestar aqui minha contribuição a este volume, onde estarão reunidos alguns estudiosos, analistas apreciadores de sua produção, pois bem sei que você, desde os 13 anos, escondia seus papéis onde escrevia poesia e desde então não parou mais. Mas não me seduziu fazer um ensaio, um estudo analítico de sua extensa escrevivência (obrigada, Conceição!), pinçar algum tema ou escolher algum dos seus muitos livros. Sei que este volume abrigará estudos preciosos sobre sua literatura. Escolhi escrever-lhe uma carta, nestes tempos de mensagens eletrônicas e confidências expostas nos modernos meios de comunicação, nos facebooks, instagrams e twitters. Preferi o cunho pessoal ao acadêmico. Pois para mim, escrever neste momento uma carta a você, retomar aquele nosso velho hábito, tem muito a ver comigo mesma. Com minha necessidade de perscrutar também meu próprio caminho, as razões que me levaram a ir a São Paulo em busca de mais "alimento", depois do pouco que provei pela impactante leitura de *A cor da pele*, de Adão Ventura. Se havia Solano Trindade e Adão Ventura, haveria outros mais. E outras também. Impressionada, na perspectiva da aproximação do centenário do 13 de maio, veio-me o impulso de fazer conhecer esses autores e autoras na Alemanha, onde eu vivia e vivo. Procurei e achei: foi Oswaldo de Camargo que me falou de Miriam Alves. Ainda se passou um tempo de cerimoniosa e desconfiada distância entre nós duas. Suas arestas estavam ativas, atentas, alertas, minha inexperiência me intimidava diante de seu jeito decidido e direto de me declarar peremptoriamente não querer presença de branco ou branca nas reuniões do III Encontro de Poetas e Ficcionistas Negros. Mas eu fui (apoiada por Éle Semog, do grupo Negrícia e um dos organizadores do evento). No frio de Petrópolis, convivemos três intensos dias. Era o ano de 1987. Entrei e fiquei. Sou outra Moema desde então. Foi um longo aprendizado.

Os primeiros livros, foi você mesma que me ofertou, naquele inesquecível encontro na escadaria da Biblioteca Municipal de São Paulo. Ter conhecido você, Miriam, você pessoa e não apenas a Miriam Alves, foi o início de um processo de aprendizagem, de uma transformação. Se fosse um aprendizado formalizado, não sei se hoje, depois de 36 anos de crescente cumplicidade e real sororidade, eu, octogenária, passaria na prova final. Foi um despertar. Você me mostrou o caminho para me livrar dos espartilhos da *sinhazice*, das enraizadas distorções do paternalismo, dos tortos caminhos para aplainar as diferenças entre "dentro" e "fora" da porteira. A convivência, o contato cada vez mais estreito com você, o diálogo também com outros escritores e outras escritoras, e não apenas com os livros da negroliteratura, abriram definitivamente meus olhos e fizeram a minha cabeça.

A releitura dos negroescritos me reenriquece, me renova e amplia sempre mais meus horizontes. A minha contribuição aqui neste volume de estudos, análises, depoimentos nada mais é que um impulso de afeto, uma vontade de chegar mais perto de você, melhor captar você e provavelmente a mim mesma, na releitura mais amadurecida e com a visão mais aguçada por todos esses anos de proveitosas trocas, convivência, escrevivência, mais leituravivência, escutavivência, afetovivência.

Profundamente ligada ao grupo Quilombhoje, para o qual você ingressou em 1980, seu primeiro livro teve capa de Márcio Barbosa, foi apresentado por Abelardo Rodrigues, a revisão foi feita por Oswaldo de Camargo e o livro foi dedicado "Ao poeta Cuti, que provou que eu posso" — todos eles na época jovens cofundadores do recém-criado Quilombhoje e que ainda continuam nomes da maior referência e reverência da literatura negro-brasileira.

Na dedicatória que tenho no volume que você me ofereceu naquele nosso primeiro encontro está gravada outra das suas convicções: "Cada vez mais acredito na força de um livro". No excelente prefácio do grande poeta que é Abelardo Rodrigues, ele ressaltou a capacidade de seus versos fazerem os leitores se identificarem com a sua busca dos verdadeiros valores para orientar a vida, e que eles fundem numa dualidade interioridade/exterioridade, proporcionando emoções que calam fundo e levam o leitor e a leitora a uma cumplicidade:

> De repente eu sou Miriam no redemoinho dessa identidade conflitada e conflitante com o dia a dia brasileiro. Eu sou a crise irresolvida de meus avós, perplexidade do meu ser no eito, nas minas, na violência sensual da casa-grande com que essa cultura brasileira oficial jamais iria preocupar-se.[2]

Mais adiante, referindo-se à linguagem poética, o prefaciador afirmou que você elabora um novo lugar de fala, internalizado e instigante:

> Suas imagens poéticas, às vezes, soam até ásperas pela violência da sua construção, e servem para nos mostrar o seu profundo envolvimento com o seu dizer-se e em nos dizer na totalidade de nossos sentimentos. Os seus signos, a nível da preocupação com suas raízes, não utilizam diretamente essa carga de palavras que nos indicam racialmente; [...] Ficam subjacentes, na sua poesia de angústia, a indagação de uma mulher negra consciente que se procura num mundo de valores brancos e onde sua identidade mais interior está ligada ao sadismo e à violência sexual dos nossos antigos senhores.[3]

Jamu Minka, no prefácio a seu segundo livro, definiu sua poesia, Miriam, como "uma proposta de atuação e interferência na produção cultural situada no tempo e no espaço".[4] E se referiu a uma temática que posteriormente continuará presente tanto em seus poemas como em sua prosa e hoje em dia de forma muito explícita, engajada e instigante, em suas entrevistas nos meios de comunicação eletrônicos, as chamadas "laives": você processa permanentemente uma revisão da História, enfatizando uma outra narrativa, e

> recusa a ordem enraizada no preconceito e [...] nas entrelinhas da consciência crítica, o discurso oprimido expresso em poesia atinge seu significado libertário na fronteira entre as aspirações inadiáveis de justiça e as seculares estruturas de dominação.[5]

Fico grata a você por essa oportunidade que me levou a colocar em cima da mesa os seus onze livros, além de manuscritos e muitas cartas e cópias de e-mails, e ir folheando um a um, relendo trechos sempre atuais e oportunos, admirando e absorvendo a força, a vitalidade que deles reverberam.

Depois desses dois primeiros livros, vindos à luz com o selo da própria autora, seguiu-se por vários anos a sua participação nos *Cadernos Negros*, tanto com poemas nos números ímpares como com a prosa curta nos números pares dessa publicação anual e ininterrupta. De 1980 a 1989 você esteve presente também como membro do Quilombhoje. Separando-se do grupo, você continuou a participar dos *Cadernos Negros*, e marcou sua presença em quase todos os números, com algumas pausas; a última vez até agora foi no número 40, em 2017, com o conto "Herdeiro". Mas penso que ainda veremos você nesse importante coletivo, referência indispensável a qualquer estudo sobre a literatura negro-brasileira. Celebramos o lançamento do número 43 em 2020. A pandemia que assola o país não permitiu que o número 44 aparecesse em 2021; aguardemos como será em 2022.

Ainda dentro daquela fase de grande engajamento/participação dos membros do Quilombhoje, foi publicado, resultante do I Encontro de Poetas e Ficcionistas Negros Brasileiros, realizado em São Paulo, em setembro de 1985, um volume com vinte ensaios dos participantes, com o título *Criação crioula, nu elefante branco*, a cargo da Comissão Nacional daquele evento, constituída por Arnaldo Xavier, Cuti e você, Miriam Alves. A publicação só teve lugar em 1987. Seu texto "Discurso temerário" traz um importante questionamento sobre a ligação entre literatura e comunicação, concluindo que de uma forma ou de outra o ato literário é um ato político "que praticamos, escrevendo-nos em nossa visão de mundo. Quando falo nossa, falo Brasil e toda questão econômico-político-histórico-cultural e relacionamentos plurirraciais que permeiam. Nossa produção reflete isto".[6]

Não foi sempre fácil seguir você e suas atividades literárias. Nós duas, vivendo longe uma da outra, no início somente por cartas, mas sem muito rigor, mantínhamos contato, ou nos raros encontros quando eu, morando na Alemanha, ia ao Brasil e assim a São Paulo também. Mas nunca nos perdemos de vista, sempre procurei me atualizar sobre você e suas publicações. Seguindo a cronologia de seu trajeto literário, relembro a peça teatral em três atos *Terramara*, escrita em parceria com Cuti e Arnaldo Xavier, em edição dos autores, de 1988. Como consta da quarta capa, esta obra

> não é tão somente a linguagem teatral retratando conflitos explícitos, através da verossimilhança, mas a constatação criativa de como a resistência negra se processa a partir dos elementos fundamentais de sua cultura, do seu modo de ser, de pensar e pensar-se hoje no Brasil. É o confronto da ação político-cultural da orixalidade e música negra com o processo de extermínio movido pela aliança capital/igreja.[7]

A igreja, pouco favorável à cultura negra e terminantemente contra as atividades religiosas das comunidades de crenças ancestrais de origem africana, não poupava ocasião para combatê-las.

Terramara foi publicado em 1988, o ano do centenário da chamada abolição da escravatura. Com essa motivação, lançamos na Alemanha a antologia bilíngue *Schwarze Poesie / Poesia negra*, com a participação de dezesseis poetas e quase sessenta poemas pela Edition Diá. A coincidência do ano da publicação certamente contribuiu para o grande e inesperado sucesso desses poemas. Uma segunda edição aconteceu no ano seguinte, e o livro valeu entusiásticos comentários do mais famoso tradutor, na época, da literatura brasileira, Curt Meyer-Clason, que assim se expressou:

> O livro é um feliz achado. [...] Se algum jovem, ou qualquer pessoa que quisesse se aventurar pela primeira vez no campo da literatura brasileira contemporânea, me perguntasse por onde começar, eu lhe recomendaria com muita insistência o presente volume. [...] A coletânea de dezesseis poetas [...] é para mim um livro de leitura e um livro de ensino que, de uma só vez, coloca numa luz mais nítida todos os livros que já li desse país-continente, conferindo-lhes uma dimensão mais ampla.[8]

É difícil de alistar a sua participação em livros, antologias e revistas, tal a quantidade e a diversidade das fontes. Sem contar com os muitos artigos e as entrevistas nas redes sociais. E atualmente também suas atividades na periferia e sua atuação nos saraus culturais junto aos muitos grupos de jovens, de onde estão surgindo verdadeiros talentos para os quais você é importante referência.

Queria me lembrar com você de algumas obras de vulto onde você se destacou com um conto ou com poemas, como em *O negro escrito*,[9] em 1987, organização de Oswaldo de Camargo, que também foi o organizador de *A razão da chama: antologia de poetas negros brasileiros*,[10] em 1986. Relembro ainda vários outros estudos em que sua produção literária foi analisada. Entre outros: de Zilá Bernd, *Poesia negra brasileira*;[11] de Constância Lima Duarte e outros, *Gênero e representação na literatura brasileira*;[12] em Roland Walter, *Afro-América: diálogos literários na diáspora negra das Américas*;[13] na Bahia, você também é bem conhecida, tendo integrado a Coletânea Poética *Ogum's Toques Negros*, em 2014. São apenas alguns poucos exemplos, a sua fortuna crítica tem se ampliado cada vez mais.

Em meio a suas muitas atividades, você ainda se preocupou nessa época em reunir grande número de poemas de mulheres negras de diversas cidades do país, num projeto concebido em

1987, com o apoio do Conselho da Condição Feminina, de São Paulo. Como você mesma informou, a publicação foi suspensa por motivos diversos — mudança de governo, questões de natureza administrativa —, e o projeto do livro lhe foi devolvido. Dois anos depois, um feliz encontro com a professora americana Carolyn Richardson Durham, da Universidade Cristã do Texas (Texas Christian University) que estava no Brasil, justamente em São Paulo, justamente à procura de escritoras negras brasileiras, possibilitou a realização do projeto. Enfim, depois de vários anos de elaboração, tradução dos textos e trabalho editorial, concretizou-se uma antologia bilíngue inglês-português: *Finally Us: Contemporary Black Brazilian Women Writers / Enfim nós... escritoras negras brasileiras contemporâneas.*[14] Foi a primeira vez nos Estados Unidos em que a voz feminina negra brasileira tomou forma de livro. Foi assim documentada e desnudada a falsa ilusão da ausência de mulheres negras fazendo literatura e não ocupando apenas espaços secundários como objeto ou como figurantes em textos falocêntricos e/ou misóginos. Ali foram computadas dezessete mulheres poetas, oriundas de diferentes pontos do país, com um conjunto de 85 poemas escritos em português, selecionados por você, Miriam Alves guerreira, e traduzidos para o inglês pela pesquisadora e professora Carolyn R. Durham.

Depois da coletânea de poemas, era natural e necessária uma "segunda fase", como você se expressou, isto é, uma reunião da prosa curta de autoria feminina. Assim, em 2005, você conseguiu esta outra façanha: sensibilizar editores para uma coedição, desta vez na Inglaterra. Com isso, como você revelou na apresentação do livro, você realizou um segundo sonho; reunir, em um volume, contos de autoras negro-brasileiras com os textos traduzidos por Maria Helena Lima, professora, co-organizadora. Assim surgiu *Women Righting/Mulheres escre-*

-vendo.[15] Em seu prefácio, "Invisibilidade e anonimato", Miriam, você reafirmou o que já tinha postulado na Conferência Internacional de Escritores Caribenhos, realizada em Miami, em 1996, quando você apresentou um extenso texto com o título "Mulheres negras escritoras brasileiras. A magia da força ancestral escrevendo":

> Assumir-se negro antes de tudo é um posicionamento político. A literatura negra, antes de mais nada, é a valorização das relações do anônimo brasileiro, tirando a máscara da invisibilidade onde a existência como massa amorfa, sem rosto, sentimentos e interioridade, confina-o numa diminuição de sua expressão.[16]

Trata-se, neste livro, de um novo-velho desafio, "incorporado literariamente pela cidadã-mulher-escritora, impondo-se na ação de exercer-se". Trata-se aqui de "abrir mais uma pequena, mas eficaz janela no paredão da invisibilidade que nos confina bem longe dos anseios literários".[17] O feliz título em português abre, escancara essa janela, visibilizando, deixando ver e serem conhecidas seis dessas cada vez mais numerosas negro-escritoras, negras mulheres escrevendo, nomeadamente Esmeralda Ribeiro, Lia Vieira, Sônia Fátima Conceição, Geni Guimarães, Miriam Alves, Conceição Evaristo.

Em 2007, você se desligou do dia a dia de São Paulo e foi passar uma temporada de trabalho nos Estados Unidos, primeiro como escritora visitante na Universidade de Novo México, em Albuquerque, depois, em 2010, dando aulas na Escola de Português do Middlebury College, em Vermont, instituição universitária muito respeitada, das mais antigas e seletas da região, com especial ênfase no ensino da língua portuguesa. Concomitantemente a essas obrigações, você fez nesse período um sem-número de palestras, realizou performances poéticas, participando de debates e simpósios em numerosas instituições, em várias cidades americanas. Sempre com ênfase na literatura negro-brasileira e sobretudo na expressão feminina negra.

Um dos frutos dessa estada fora do país e consequência natural da sua intensa preparação para as aulas e palestras em universidades americanas foi seu livro *BrasilAfro autorrevelado.*[18] Concebido para um público estrangeiro, é, entretanto, da maior utilidade também para leitoras e leitores brasileiros. Intencionalmente didático, informativo, conciso e crítico, sem dispensar uma breve antologia com referências biobibliográficas dos autores alistados. Sumamente oportunas são as referências, no início, ao contexto mundial, alargando o campo de visão dos leitores, destacando fatos e acontecimentos relevantes, ocorridos na Europa, nos Estados Unidos, na África e suas repercussões no Brasil. Você se deteve com razão em especial na "autorrevelação", frisando o obscuro tempo da ditadura militar e os movimentos negros que não por acaso recrudesceram nesse período, nas décadas de 1970 e 1980, e redundaram na criação do Movimento Negro Unificado e de outras organizações negras por todo o Brasil, influindo também na efervescência literária negra, seu desenvolvimento e dinamismo crescente, dando finalmente especial ênfase ao feminismo negro, à militância e às atividades político-sociais a isso ligadas.

Fora do país, seus poemas constam em diversas obras, e gostaria de apontar aqui a sua presença na revista *Callaloo*, já em 1995, com uma entrevista e uma seleção de textos seus em números especiais sobre a literatura negra brasileira, tanto no de poemas,[19] em 1995, quanto no de contos,[20] em 2000.

Em 2002, Elzbieta Szoka lançou nos Estados Unidos a coletânea *Fourteen Female Voices from Brazil,*[21] *Interviews and Work*, com catorze escritoras brasileiras, entre as quais, ao lado de Lygia Fagundes Telles, Nélida Piñon, Helena Parente Cunha, entre outras, figuram Miriam Alves, Esmeralda Ribeiro, Conceição Evaristo. Com uma escolha de textos em prosa curta ou em poesia, além de uma entrevista e de uma foto de cada autora. Valeu da crítica americana calorosos aplausos, e o livro foi considerado uma "fascinante introdução à cultura brasileira", apresentando

> catorze histórias de vida de catorze brilhantes mulheres desde as primeiras pioneiras feministas às novas vozes emergentes de jovens afro-brasileiras. Para os leitores de língua inglesa, esse livro exibe uma extraordinária parcela da vida cultural brasileira que convida a conhecer melhor o Brasil.[22]

Ao que parece, teve bastante repercussão a volumosa obra bilíngue, organizada por Niyi Afolabi (Universidade de Massachussetts), em produção conjunta com Márcio Barbosa e Esmeralda Ribeiro, editores dos *Cadernos Negros*, com o título *A mente afro-brasileira/The Afro-Brazilian Mind.*[23] Um ano depois, os três analistas publicaram *Cadernos Negros/Black Notebooks*,[24] volume bilíngue que reúne outra abrangente compilação de literatura afro-brasileira produzida por mais de três décadas pelo grupo Quilombhoje. Críticos literários compararam o Quilombhoje ao Movimento das Artes Negras dos anos 1960 e 1970 nos Estados Unidos, como importante movimento cultural e político no Brasil.

Querida Miriam, você bem sabe da grande dificuldade que os escritores têm de conseguir varar a barreira das editoras, sempre hesitantes em aceitar um autor pouco conhecido. Em relação a autoras negras, essas barreiras sempre foram quase intransponíveis. Tenho na minha estante três pequenos fanzines que você produziu num período, segundo minha impressão, especialmente difícil para você, depois do interregno da experiência de sua temporada nos Estados Unidos. A escritora e intelectual Miriam Alves estava colhendo reconhecimento, tanto no Brasil como no estrangeiro, pelo fruto de seu trabalho e de sua militância, seus poemas sendo citados e estudados, você presente em artigos e livros que se ocupavam com seu trabalho, também no exterior, presença reclamada para palestras do norte ao sul do país. Mas nada disso não era suficiente para editoras se decidirem a publicar seus escritos.

Foi quando, em maio de 2011, cansada de promessas não cumpridas, você resolveu se autoeditar, criando a coleção *Poemas de Ocasião*, produção artesanal e econômica, livretos conhecidos como fanzines, com cerca de trinta páginas, projeto que chegou a lançar três cadernos, com poemas que atestam seu crescente aprimoramento estilístico e seu fiel e coerente posicionamento. A desconstrução, a criativa invenção de neologismos e a liberdade de expressão se anunciam em cada um dos três títulos: *(De)clamando* (primeiro volume), *Partículas Poéticas* (segundo volume), *Feminiz-Ação* (terceiro volume). Por mais lírico que seja o poema, as entrelinhas atestam o olhar atento, pronto a denunciar, a contestar, a resistir. Repito aqui, Miriam, suas próprias palavras, encontradas na última página do último volume, sobre essas criações "que transportam para a escrita o que nos toca a alma mente e coração, que se inquieta perante os fatos do mundo".

Nesta minha incursão pelos seus caminhos, Miriam, tiro da estante este livro singular, *Mulher mat(r)iz.*[25] Você me deu a alegria de me convidar para escrever o prefácio desse livro, reunião de contos escritos ao longo dos seus muitos anos de atividade literária e militante nos *Cadernos Negros*, em outras antologias no Brasil, nos Estados Unidos, na Inglaterra, na Alemanha. São onze contos em que as mulheres são as protagonistas. Mulheres emancipadas, profissionais liberais. Mas não só. Essas histórias, como você mesma, Miriam, se expressou, revelam o universo da mulher afro-brasileira em suas muitas possibilidades vivencial-afetivas.

O original título da coletânea aponta de início para muitas interpretações, ao mesmo tempo que direciona o olhar para um único ponto: as histórias tratam, de uma maneira ou de outra, sempre da mulher, da matriz, fonte, origem, umbigo, raiz. A mulher com suas idiossincrasias, a mulher em seus múltiplos papéis sociais, a mulher eximida da invisibilidade e do anonimato, mulher sujeito em suas diferentes nuances e matizes, que aponta para a ideia subjacente à imagem metafórica, onipresente, direcionando sem alarde para a especificidade afro-brasileira, sem empregar o termo politizado e combativo, bandeira de tantas reivindicações e necessárias tomadas de posição. Essa sutileza transparece por todo o tecido textual, onde o ser-negro-no-Brasil não alardeia sua especificidade, embora esteja subliminarmente onipresente. A questão racial ou étnica dispensa descrições, tampouco a pigmentação da pele é ostensivamente ressaltada; em nenhum momento a tônica recai no fenótipo; pormenores que não avançam para o meio da cena como um recurso ou arma; é óbvia, implícita, registrada sutilmente no meio de uma frase, numa alusão aparentemente casual.

De toda a sua obra, você deve compreender, *Bará: na trilha do vento*[26] é o meu livro preferido, o que está mais perto de mim. Desde que tive nas mãos o manuscrito, isto é, desde 2009, que me envolvi no seu empenho para publicá-lo. Estava convencida de que, pelas qualidades desse romance, não faltariam editores interessados. Doce ilusão, as dificuldades financeiras foram sempre a razão dada para a recusa. Mas provavelmente o tom dessa narrativa não era do agrado, ou do alcance de alguns. Você ousou, Miriam, mais uma vez lutar contra a corrente, agir a contrapelo. Aparentemente se trata de uma história comum, de uma menina travessa, sonhadora, viva, inteligente, mas à primeira vista "comum", numa pequena comunidade de gente trabalhadora, de um sólido núcleo familiar e fortes laços afetivos, protagonistas ligados intensamente às tradições religiosas e à ancestralidade. Aqui não há páthos nem dramas, não há negro coitadinho, não há paixões proibidas, nem mulheres traídas ou seviciadas, nem perigosas gangues de bandidos. Não interessou a linguagem poética de tantas passagens; incomodou, ou talvez constrangeu, o realismo mágico onipresente, desprezaram as "anônimas existências". Passou-lhes despercebido o fio condutor da trama, da trilha daquela filha de Iansã, o papel invisível da tradição, unindo avó, mãe e filha, a força da memória coletiva e da ancestralidade. A potência dos orixás.

Em 2015, *Bará* saiu do longo sono de espera, com uma cuidadosa e bonita apresentação. A cultura branca, hegemônica, epistemicida não compreendeu *Bará*; talvez, pior: não aceitou o brilho, as reverberações de *Bará*. Mas, mesmo assim, urge uma segunda edição. *Bará: na trilha do vento* recupera e resgata a memória africana, cujos símbolos entremeiam, intensificam e ampliam toda a estrutura romanesca. Vai de contrapelo diante dos valores e tradições da Academia.

Miriam, querida amiga, estamos chegando ao fim desta minha carta, que se alongou numa ventania de recordações. Está me fazendo muito bem este desenrolar de lembranças a partir de cada uma de suas criações.

Em 2019, veio à luz *Maréia*,[27] surpreendente, tão outro, tão diverso, mas tão coerentemente fruto de suas perenes e cada vez mais acuradas reflexões. Miriam, se em *Bará* você se embrenhou pela trilha das memórias subterrâneas, em *Maréia* são memórias proibidas, clandestinas, inconfessáveis que estão em jogo. Ou no jogo. É uma nova ótica, em que a memória afetiva tem um papel proeminente, mas ao mesmo tempo se trata de um antigo recurso de confrontar paralelamente o mesmo tema, apresentando antiteticamente dois percursos paralelos, em laborioso contraste. O agora e o muito antes; o visível e o invisível; gritos e sussurros. Duas famílias, origens diversas, passados e existências concomitantes, simétricos destinos que se encontram, num ajuste de contas. Duas famílias enredadas em misteriosa teia sem escapatória. Aqui, o grande sustentáculo da narrativa é a memória ancestral impregnada de fascinantes mergulhos em um passado milenar sempre presente.

Em plena pandemia, você, Miriam, lançou mais um livro cujo manuscrito, se não me engano, já estava praticamente pronto no final de 2019: *Juntar pedaços*.[28] Novamente surpreendente, uma experiência bem-sucedida: ousadia lúdica, narrativa instigante, fruição estética. Pós-moderno é o termo que me ocorreu a cada linha que lia desses chamados contos. Algumas histórias curtas, sim. Alguns breves episódios, instantâneos para um filme que talvez ainda se realize. É uma cisão, um divórcio bem pensado, planejado e executado com maestria, bem consciente de que estava rompendo barreiras, num alvoroço criativo, um libertar-se com alegria de algumas ainda amarras, cadeias que prendiam você a certas regras da Academia.

O primeiro texto de *Juntar pedaços*, introdutório, querida Miriam, não é apenas fala-do-seu-lugar. É o fundamento e, sem dúvida, o fio condutor de todo o livro. É você. Você quis que o eu-narrador se despojasse de fato de toda a roupa, se livrasse de sapatos e casacos, expondo em apoteose a nudez absoluta, a essência, o cerne, o umbigo de sua arte-mulher. E assim foi, como você mesma, numa epifania, se expressou:

> encharcada de palavras, desfazendo os significantes das vestes alheias, coisificando a literatura negra que faço, ficando nua, re-

descobrindo outros símbolos, ressignificando a minha verdadeira nudez.[29]

Juntar pedaços com toda certeza não é, não será seu último livro. O tempo verbal desse título (juntar) aponta para o infinito; não é passado nem presente, é uma conclamação, um convite, uma proposta. Continuará a haver, na sua escrita, na sua voz, cacos e estrelas, gritos e sussurros, questionamentos, transgressão, ressignificações.

Não vou alongar-me, certamente outros e outras que vão compor este volume trarão aportes, pedaços preciosos para enriquecerem sua fortuna crítica. Fico aqui, envolvida por seus escritos e sua sinceridade, enriquecida por sua clarividência e incansável impulso de partilhar os seus valores, abrir as mentes, libertar o espírito.

Aqui de longe, querida Miriam, celebrando a nossa amizade, felicitando o seu duplo jubileu, meu desejo para você: muito sucesso, muito axé, sempre!

NOTAS

1. *Cadernos Negros nº 5*. São Paulo: Quilombhoje, 1982, p. 44.
2. Miriam Alves, *Momentos de busca*. São Paulo: Edição da autora, 1983, pp. 8-9.
3. Id. Ibid.
4. Miriam Alves, *Estrelas no dedo*. São Paulo: Edição da autora, 1985, p. 7.
5. Id. Ibid., pp. 8-9.
6. Miriam Alves, "Discurso temerário". In: Miriam Alves; Cuti (Luiz Silva); Arnaldo Xavier (Orgs.), *Criação crioula, nu elefante branco*. São Paulo: Secretaria de Estado da Cultura, 1987, p. 84.
7. Id., *Terramara*. São Paulo: Edição dos autores, 1988.
8. Curt Meyer-Clason, "Schwarze Poesie. Ein Lesebuch afrobrasilianischer Dichtung der Gegenwart", *Deutsche Volkszeitung*, n. 16, 22 abr. 1988, p. 16.
9. Oswaldo de Camargo (Org.), *O negro escrito: breve antologia temática*. São Paulo: Secretaria Estadual de Cultura/IMESP, 1987.

10. Id. (Sel. e Org.), *A razão da chama: antologia de poetas negros brasileiros*. São Paulo: GRD, 1986.

11. Zilá Bernd (Org.), *Poesia negra brasileira: antologia*. Porto Alegre: AGE; IEL; IGEL, 1992.

12. Constância Lima Duarte; Eduardo de Assis Duarte; Kátia da Costa Bezerra (Orgs.). *Gênero e representação na literatura brasileira*. Belo Horizonte: UFMG, 2002, v. 2.

13. Roland Walter, *Afro-América: diálogos literários na diáspora negra das Américas*. Recife: PPGL-UFPE, Programa de Pós-Graduação em Letras, 2009.

14. Miriam Alves; Carolyn Durham (Orgs.), *Finally Us: Contemporary Black Brazilian Women Writers / Enfim... nós: escritoras negras brasileiras contemporâneas*. Colorado Springs: Three Continental Press, 1995.

15. Id.; Maria Helena M. Lima, *Women Righting: Afro-Brazilian Women's Short Fiction / Mulheres escrevendo: uma antologia bilíngue de escritoras afro--brasileiras contemporâneas*. Londres: Mango, 2005.

16. Miriam Alves, "Invisibilidade e anonimato". In: Miriam Alves, Maria Helena M. Lima, ibid.

17. Id. Ibid., p. 8.

18. Miriam Alves, *BrasilAfro autorrevelado: literatura brasileira contemporânea*. Belo Horizonte: Nandyala, 2010.

19. Id., "Pedaços de mulher". *Callaloo* 18, n. 4, 1995, p. 969.

20. Id.; Rick Santos, "Brincadeira 1 / Just Kidding 1". *Callaloo* 23, n. 4, 2000, pp. 1315-6.

21. Miriam Alves, "Entrevista" e "Alice is dead". In: Elzbieta Szoka, *Fourteen female voices from Brazil: interviews and works*. Austin, Tex: Host Publications, 2002, pp. 251-64.

22. Excerto da sinopse do livro. Tradução própria.

23. Niyi Afolabi; Márcio Barbosa; Esmeralda Ribeiro. *A mente afro-brasileira: crítica literária e cultural afro-brasileira contemporânea / The Afro-Brazilian Mind: Contemporary Afro-Brazilian Literary and Cultural Criticism*. Trenton, NJ: Africa World Press, 2007.

24. Id., *Cadernos Negros/Black Notebooks: Contemporary Afro-Brazilian Literary Movement*. Trenton, NJ: Africa World Press, 2008.

25. Miriam Alves, *Mulher mat(r)iz*. Belo Horizonte: Nandyala, 2011.

26. Id., *Bará: na trilha do vento*. Salvador: Ogum's Toques Negros, 2015.

27. Id., *Maréia*. Rio de Janeiro: Malê, 2019.

28. Id., *Juntar pedaços*. Rio de Janeiro: Malê, 2021.

29. Id. Ibid.

Carta resposta a Moema

MIRIAM ALVES

Querida amiga, o tempo tem nuances interessantes, principalmente quando olho para trás e percebo que se passaram 37 anos de nosso primeiro encontro pessoal. Na época estávamos, Cuti, Arnaldo Xavier[1] e eu, numa ebulição criativa, nos empenhávamos em escrever a peça teatral *Terramara,*[2] nos reunindo às noites e nos fins de semana para darmos conta do que nos propusemos. Hamilton Cardoso[3] entrou em contato telefônico comigo, comunicando que tinha uma pesquisadora da Alemanha interessada em saber da existência de escritores e escritoras negros brasileiros, me passou o número telefônico solicitando que eu entrasse em contato com você. Na casa de Arnaldo, eu entusiasmada, informei a eles sobre seu interesse em nos contatar, em longa conversa eles, Arnaldo e Cuti, com experiências na militância, relembraram alguns episódios ocorridos em reuniões na formação do Movimento Negro Unificado, envolvendo pesquisadores brancos, que eram referidos, na particularidade, como "negrófilos". Termo que simplificava a reprovação de alguns participantes com relação à aproximação desses estudiosos às atividades para nos observar com exotismos, para depois escreverem teses e artigos, nem sempre abonadores, sobre as nossas manifestações culturais e/ou políticas.

Lembro como foi importante ouvir essas histórias, me fez refletir sobre os atos que praticamos e como eles repercutem na nossa trajetória de vida. Recordo-me de ter pensado que, se a sua procura era por escritores e escritoras negras, nós existíamos, a prova de nossa existência eram os livros que publicamos, muitas vezes, usando do próprio dinheiro. Naquela época eu estava reunindo publicações de autores e autoras negras com a pretensão de ter uma biblioteca pessoal, objetivo que até hoje não alcancei. Liguei para você, marcamos um encontro nas escadarias da Biblioteca Municipal Mario de Andrade, em São Paulo, coloquei numa valise os livros que tinha, inclusive alguns volumes de *Cadernos Negros*, que em 1985, ano de nosso primeiro encontro, estava no volume 8. Decidi que alguns livros eu lhe daria, incluindo o *Momentos de busca*, os de outros autores venderia porque os tinha em duplicata, já aqueles que não havia mais disponibilidade para serem adquiridos, se lhe interessasse, colocaria a sua disposição para tirar cópias.

Hoje, revejo as minhas expectativas antes de chegar ao local. Em nossas conversas telefônicas em português, eu havia notado em sua fala um leve sotaque soteropolitano, apesar disso eu concebi a professora pesquisadora alemã, sendo uma mulher loira de pele e olhos claros. Ao chegar nas escadarias da biblioteca me deparo com uma brasileira nascida na Bahia e que pelos padrões raciais do Brasil é considerada branca. Nos primeiros instantes olhamo-nos silentes, provavelmente, tentando adequar a imagem preconcebida que fizemos ao que se materializava a nossa frente. O breve silêncio se rompeu, quando você verbalizou não esperar encontrar alguém jovem como eu. Logo retruquei, meio desenxabida, afirmando que aparências enganavam e falei, cheia de orgulho, dos meus trinta e três anos. Calei as minhas expectativas com relação ao que tinha imaginado de você. Quebrado o gelo inicial, abri a valise ali mesmo e fui expondo um a um, igual a um vendedor ambulante, o material nela contido. Surpresa, você disse que não esperava tantos livros, ao que lhe respondi ser pouco porque podia carregá-los numa pequena mala, eu nutria a esperança de que num futuro próximo se multiplicariam e não caberiam numa sacola, como diz você na sua carta. Sendo necessário um local muito espaçoso para montar a minha tão sonhada biblioteca pessoal. Atualmente, são muitas e diversificadas as publicações de que tenho notícias através das redes sociais, algumas me chegam pelo correio, mesmo assim não é o boom alegado por alguns entusiastas, em comparação ao que existe na chamada literatura brasileira, que eu por várias vezes argumentei com você, na nossa longa amizade, ser literatura brasileira dos brancos.

Não tenho certeza de que essa minha atitude contribuiu para que você encontrasse o que costumo chamar de rio negro, já que no Brasil era, e ainda é (talvez com menos veemência), alardeada a inexistência de uma literatura negra, impedindo que pelos canais oficiais, midiáticos, editoriais, e outros sejam divulgadas e difundidas as manifestações literárias. Apesar de isso dificultar, não impede que nós os cidadãos negros brasileiros criemos literaturas, meios e formas próprias de difundi-las, na contramão da negação da nossa intelectualidade, utilizando e instituindo espaço de discussão e convivência, como o III Encontro de Poetas e Ficcionistas Negros, que foi pontuado por você. Além de publicarmos utilizando dinheiro próprio ou de cooperação mútua, lançávamos mão de recursos oferecidos e/ou reivindicados junto aos órgãos estatais, cito como exemplo o livro *Reflexões sobre a literatura afro-brasileira*[4] e *Criação crioula, nu elefante branco*.[5] Chamo de rio negro, metaforando, todo um caudal de manifestações que a revelia se inicia como um pequeno filete e vai inundando tomando as margens, e avançando, socialmente falando, tenho como exemplo o próprio Movimento de Literatura Negra Brasileira, do qual fiz e faço parte atuante, e o Movimento de Literatura Periférica e o Slam,[6] que ocorreram na cidade de São Paulo e se irradiaram para outros estados.

E por falar nos encontros de literatura, dos quais você participou do terceiro, foi uma iniciativa de dezessete escritores e escritoras negros brasileiros, que ampliaram as articulações realizadas anteriormente, no ano de 1984, pelo Grupo Quilombhoje (São Paulo) e o Negrícia (Rio de Janeiro) quando se propuseram a pensar juntos propostas de perspectivas da Literatura Negra no Brasil.[7] Em uma reunião paralela ao II Perfil da Literatura Negra: Mostra Internacional, em São Paulo no mês de abril/1985, participaram: Arnaldo Xavier, Cuti, Miriam Alves, Zenaide, Valdir Floriano, Abelardo Rodrigues, Oswaldo de Camargo, Oubi Inaê Kibuko e Roseli Nascimento, São Paulo; Selma Maria da Silva, Éle Semog e Hermógenes de Almeida, Rio de Janeiro; Jonatas da Conceição, Edu Omo Oguian, Bahia e Oliveira Silveira e Paulo Ricardo, Rio Grande do Sul. Na ocasião, estabeleceram-se as diretrizes, instituindo-se que o encontro teria caráter fechado, ou seja, sem público ou pesquisadores, que naquele contexto social brasileiro, e até hoje, são de maioria branca. A preocupação dos escritores e das escritoras que participaram da reunião preparatória do primeiro encontro era de tornarmos sujeitos, não objetos, da história e favorecer discussões crítico-reflexivas, para tanto, enfatizaram-se dois eixos temáticos básicos: 1) Intervenção dos Poetas e Ficcionistas Negros no Processo de Participação Política. 2) Avaliação Crítica da Produção Literária dos Últimos Dez Anos.

Diga-se de passagem que, para o segundo e para o terceiro encontro, outros eixos temáticos foram elencados, mantendo o caráter fechado, pois no entender da maioria facilitaria o aprofundamento dos temas, apesar de algumas divergências de postura principalmente do Grupo Quilombhoje, do qual eu fazia parte, que era favorável a manter o caráter fechado das reuniões, contraposto pelo Grupo Negrícia, que considerava a possibilidade de abrir para alguns convidados. Assim, querida amiga, quando você me confidenciou o desejo de participar do III Encontro de Poeta e Ficcionista, que aconteceu em Petrópolis, Rio de Janeiro, 1987, eu lhe coloquei uma posição de grupo, com a veemência com que costumo defender as minhas ideias, que no primeiro momento possa ter lhe intimidado, mas no decorrer dos anos você se acostumou. A sua presença foi discutida na comissão organizadora, e nosso querido amigo Éle Semog, que era um dos organizadores do encontro, defendeu sua participação. Sobre os encontros, primeiro em São Paulo (1985), segundo no Rio de Janeiro (1986) e terceiro em Petrópolis (1987), acrescento que o caráter restrito foi de fundamental importância para aprofundar a reflexão e proporcionar o amadurecimento dos escritores e das escritoras participantes, possibilitando o repensar parâmetros da literatura brasileira, estratégias formais e temática dos textos da literatura negra brasileira, como também estratégias de mercados editoriais, publicação e divulgação dos livros, concretizando o princípio de nos tornarmos sujeitos de nossa história. No entanto, o quarto encontro programado para o ano seguinte (1988), centenário da abolição, não se concretizou, acredito que por divergência de postura e intencionalidades dos autores e das autoras, já que a nossa movimentação começava a chamar a atenção acadêmica e de parte da mídia oficial e muitos de nós nutriam o desejo de reconhecimento, o que é compreensível, numa estrutura social que premia a falsa meritocracia.

Mas, voltando a sua presença no terceiro encontro, ainda bem que fui voto vencido, porque naquela oportunidade travamos longas e frutíferas conversas, diálogos tensos e intensos, que foram significativos. Uma das marcas fortes de nossa amizade se deu ao você me perguntar se seria possível mulheres negras e brancas estarem juntas lutando por um mesmo ideal. Então eu respondi que pela história do Brasil cada uma de nós estávamos em lado oposto de uma ponte, que precisaríamos caminhar e nos encontrar, quem sabe no meio, despirmos preconceitos e preconcepções, abraçarmos sem medos e entender que existem, sem que percebamos, muito disso nas relações de amizade e também nas interpretações da literatura negra. A partir daí nossos laços se estreitaram em telefonemas interurbanos, cartas (quando o tempo era de carta), e-mails, ligações via Skype, acompanhando a evolução e as facilidades da comunicação. Você passou a ser um importante elemento difusor da nossa Literatura Negra Brasileira, organizando o livro de poesia 1988[8] e o livro de prosa 1992,[9] traduzidos para o alemão, com a contribuição do sempre presente Johannes Augel, e publicados na Alemanha. Mas não só isso, nos eventos e congressos de que participava levava a reflexão da presença de escritores negros brasileiros e o Movimento de Literatura Negra Brasileira.

Recordo-me de um episódio, particularmente emocionante, do qual fizemos parte, na ocasião de sua estadia em São Paulo, foi no ano de 1993, quando aconteceu um encontro inesquecível com Toni Morrison,[10] que nesse mesmo ano foi agraciada com o prêmio Nobel de Literatura, tornando-se a primeira mulher negra a receber essa honraria desde o ano de 1901. A editora brasileira que publicava a tradução de suas obras em português no Brasil promoveu, seguindo a prática costumeira da intelectualidade brasileira, coquetéis e eventos com a presença de convidados majoritariamente brancos. Morrison já havia visitado a Bahia na década de 1980, tivera contato com a população negra e ouviu a história de freiras negras que tinham sido assassinadas por praticarem o candomblé, o que a teria inspirado a escrever seu romance *Paradise 1998*,[11] portanto ela tinha uma percepção da complexidade das relações raciais brasileiras, questionando a ausência de escritores negros entre os convivas. A editora então promoveu um encontro da escritora estadunidense com os escritores negros de São Paulo, no bar Brahma, e você querida amiga e Johannes estavam presentes, ainda bem que fotografamos aquela emocionante tarde, pois não saiu nenhuma nota em qualquer veículo de comunicação.

Amiga, nas suas esporádicas vindas à cidade de São Paulo, sempre arrumávamos tempo para tomarmos um café, trocar ideias, tecíamos considerações sobre os textos uma da outra, com respeito e cumplicidade intelectual, que não nos impediam de sermos francas e apontarmos, sem subterfúgios, os resquícios de sinhazismos e de um coitadismo, demonstrando como o racismo e o preconceito estão instaurados e arraigados de tal maneira que, quando escrevemos, nos trai, transparece mesmo contra a nossa vontade. Fomos estreitando nossos laços de amizade, e aos poucos íamos nos encaminhando para o centro daquela ponte a que me referi acima. Após convidá-la para fazer o prefácio de meu livro *Mulher mat(r)iz*, passei a lhe mandar meus originais, como o meu primeiro romance *Bará: na trilha do vento*, que escrevi em sete meses. Você ficou entusiasmada e fez várias tentativas para publicá-lo numa editora de renome. Foram sete anos que esse livro ficou aguardando para vir a público. Ao lhe confidenciar que estava fazendo uma lista de pessoas que pudessem contribuir financeiramente para publicá-lo de forma alternativa, você se predispôs a fazer a intermediação junto a uma instituição alemã e levantar os recursos necessários, assim foi, ele saiu no Brasil pela Ogun's Toques, 2015. Um dos aspectos hilários da feitura desse livro foi quando, você na Alemanha e eu no Brasil, conversávamos, via

Skype, sobre a ilustração de capa que deveria ser impactante, dar ideia do conteúdo do romance, que segundo sua avaliação era forte pela forma como eu abordava as questões ali expressas. Quando notei o quadro pendurado na parede da sua casa, uma pintura do artista baiano Ronaldo Martins, gritei: "Olhe para trás, a capa está logo aí". Rimos muito pelo susto que você levou com o meu berro, e de satisfação por ter encontrado, tão perto, o que procurávamos.

Aproveito para lhe confidenciar que fazem parte desse livro teóricas e teóricos de literatura negra, mas não só isso, com cada um tive vivência e convivência que data de décadas. Foram encontros em universidades, congressos, palestras, no Brasil e nos Estados Unidos, papos em bares e restaurantes, em minha casa, no meu quintal, no meu Ilê, que evoluíram para uma rede de cumplicidade, trocas de conhecimentos e afetividades, pois acredito que sem afeto e respeito não construiríamos a teia de conhecimento que leio emocionada nesse livro, organizado e publicado pela editora Fósforo, que por sinal foi de um zelo, capricho e profissionalismo a cada etapa. Nesse livro de ensaios, artigos, textos reflexivos e depoimentos, é possível encontrar o reflexo desses anos todos de construção de um pensamento crítico literário, principalmente desconstruir as máximas difundidas pela sociedade brasileira de que a população negra não lê e não escreve. E mais, coloca no panorama dos estudos de literatura aspectos importantes sobre um fazer literário específico que ao longo dessas quatro décadas revela um Brasil ocultado, quebrando paradigmas, criando um outro imaginário de nação. Nesse sentido, sou apenas um fio condutor para que se possa trazer para o centro da discussão da literatura brasileira a Literatura Negra Brasileira e o Movimento de Literatura Negra Brasileira, com a contribuição dessas intelectuais e desse intelectual, aqui, na maioria mulheres negras, para romper com a ideia de ser essa literatura um fenômeno passageiro e/ou mesmo sazonal (só acontece em novembro, mês da consciência negra), nessa carta para você, amiga Moema, agradeço a todes.

Ah! Amiga, são tantas histórias, a cada recordação em que vou me detendo um vendaval de lembrança me agita a memória, como no dia do lançamento de *Bará* na Bahia, você, Johannes, minha filha Ayana Dandara e eu procurávamos um restaurante para almoçarmos nas praias de Salvador. Nossos olhares atentos para a discriminação sutil lançada a duas mulheres negras em companhia de um casal branco, em lugares que para nós (minha filha e eu) não seriam próprios, e como falamos sobre isso abertamente. Ao longo desses anos, foram tantas frases em diálogos, às vezes mais ásperos por discordâncias de posição, que tudo isso me faz acreditar que chegamos ao meio daquela ponte que mencionei. E o abraço despido de subterfúgio é essa carta-texto, que você me escreve ao responder ao meu convite de participar deste livro, que marca meus quarenta anos de publicação literária, mais da metade dos meus setenta anos de vida. Espero que essa minha carta resposta seja aquele abraço de encontro dos dois lados da ponte.

Rio de Janeiro, 18 de janeiro de 2022.

NOTAS

1. Cuti, pseudônimo de Luiz Silva, mestre e doutor em literatura brasileira, é um dos criadores da consagrada série *Cadernos Negros* e do grupo Quilombhoje, iniciativas que abriram espaço para a formação de leitores e para o incentivo à produção editorial e à visibilidade de autoras e autores negros brasileiros. Ver mais em https://www.escrevendoofuturo.org.br/blog/literatura-em-movimento/cuti-luiz-silva-por-uma-literatura-negro-brasileira/. Arnaldo França Xavier (Campina Grande, 19/11/1948 - São Paulo, 26/01/2004) foi poeta, escritor e pensador do movimento negro no Brasil. Tem várias publicações,

entre elas *A Roza da Recvsa*, participou de inúmeras coletâneas. Ver mais em: https://tuda-papeleletronico.blogspot.com/2010/08/poesia-arnaldo-xavier.html.

2. Miriam Alves; Cuti (Luiz Silva); Arnaldo França Xavier, *Terramara*. São Paulo: Ed. dos Autores, 1988.

3. Hamilton Cardoso (1954-1999), jornalista e intelectual negro, ativista, participou da criação do Movimento Negro Unificado, em 1978, e escreveu para jornais influentes de sua época. Após sofrer um acidente que encerraria sua carreira como jornalista, Cardoso tentou cometer suicídio diversas vezes. Morreu aos 46 anos, ao jogar-se no Rio Tietê. https://jornal.usp.br/radio-usp/colunista-relembra-vida-e-obra-de-ativista-negro-hamilton-cardoso/

4. Quilombhoje (Org.), *Reflexões sobre a literatura afro-brasileira.* São Paulo: Conselho de Participação e Desenvolvimento da Comunidade Negra do Estado de São Paulo, 1985.

5. Miriam Alves; Cuti (Luiz Silva); Arnaldo Xavier (Org.), *Criação crioula, nu elefante branco*. São Paulo: Secretaria de Estado da Cultura, IMESP, 1987.

6. *Slam* (ou *Poetry Slams)* são batalhas de poesia falada que surgiram nos anos 1980 nos Estados Unidos; a palavra surgiu em Chicago, em 1984. Chegou ao Brasil, em 2008, por intermédio da artista Roberta Estrela D'Alva, através do ZAP! Slam (Zona Autônoma da Palavra), rompe com a linguagem culta, valorizando os termos e as gírias das periferias, e se espalhou pela cidade de São Paulo e pelo Brasil no decorrer da década de 1990.

7. Miriam Alves; Cuti (Luiz Silva); Arnaldo Xavier, op. cit.

8. *Schwarze Poesie / Poesia Negra*. Berlim: Edition Diá, 1988.

9. *Schwarze Prosa / Prosa Negra. Afrobrasilianische Erzählungen der Gegenwart*. 1. ed. St. Gallen/ Berlin/ São Paulo: Edition Diá, 1992.

10. Recebeu o Nobel de Literatura de 1993, por seus romances fortes e pungentes, que relatam as experiências de mulheres negras nos Estados Unidos.

11. Luciana de Mesquita Silva, *Literatura traduzida em foco: Toni Morrison e* Beloved *no contexto cultural brasileiro*. Tese de Doutorado apresentada ao Programa de Pós-graduação em Estudos da Linguagem da PUC-Rio como requisito parcial para obtenção do título de Doutor em Letras/Estudos da Linguagem. Rio de Janeiro, fevereiro de 2015, p. 131.

Sobre os autores

ASSUNÇÃO DE MARIA SOUSA E SILVA é professora adjunta da Universidade Estadual do Piauí (Uespi) e professora titular do Ensino Básico, Técnico e Tecnológico (EBTT/UFPI). É também autora do livro *Nações entrecruzadas: tessitura de resistência na poesia de Conceição Evaristo, Paula Tavares e Conceição Lima* (Editora Letramento, 2019).

BRUNO DUARTE NASCIMENTO é bacharel, licenciado e mestre em Sociologia pela Universidade Federal do Ceará (UFC).

CRISTIAN SALES é doutora em Literatura e Cultura pela Universidade Federal da Bahia (UFBA) e Professora da Universidade do Estado da Bahia (Uneb).

DENISE CARRASCOSA é doutora em crítica literária e cultural, tradutora literária e professora de literatura na Universidade Federal da Bahia, tanto na graduação do Instituto de Letras quanto no Programa de Pós-graduação em Literatura e Cultura. Lidera o projeto de pesquisa Traduzindo no Atlântico Negro e coordena, há doze anos, o projeto de extensão Corpos Indóceis e Mentes Livres: trabalho de produção de oficinas de escrita literária no Conjunto Penal Feminino do Complexo Penitenciário Lemos Brito, na Bahia, onde construiu, junto com mulheres presas sentenciadas, a Biblioteca Mentes Livres (2013), possibilitando remição de pena pela leitura. Autora do livro *Técnicas e Políticas de si nas margens: literatura e prisão no Brasil pós-Carandiru* (2015); coautora de *Cartografias da subalternidade: diálogos no eixo Sul-*

-*Sul* (2014); organizadora de *Traduzindo no Atlântico Negro: cartas náuticas afrodiaspóricas para travessias literárias* (2017). Tradutora literária do livro de poemas *Quilombellas Amefricanas* (2021). Participa do Conselho Editorial da Editora Ogum's, editora negra baseada em Salvador, onde nasceu e vive como Filha de Oyá.

FERNANDA MIRANDA é doutora em Letras (USP); professora adjunta da Unifesspa; autora de *Silêncios prEscritos: estudo de romances de autoras negras brasileiras (1859-2006).*

FLÁVIA SANTOS DE ARAÚJO é doutora em estudos afro-americanos pela Universidade de Massachusetts Amherst, tendo recebido bolsa Fullbright-Capes, e mestre e bacharel em literatura, português e inglês, pela Universidade Federal da Paraíba (UFPB). Pesquisa representações contemporâneas do corpo feminino negro na literatura e na cultura visual de artistas negras das Américas — principalmente artistas dos Estados Unidos, Caribe e Brasil de acordo com abordagens feministas, interdisciplinares e transnacionais/comparativas. É professora afiliada ao Programa de Pós-Graduação em Letras e ao Departamento de Letras Estrangeiras Modernas, ambos da UFPB, e pesquisadora afiliada ao Programa de Africana Studies do Smith College (Massachusetts, EUA).

FRANCIANE CONCEIÇÃO SILVA (FRANCY SILVA) é professora adjunta do Departamento de Letras Clássicas e Vernáculas (DLCV) da Universidade Federal da Paraíba (UFPB). Doutora em Letras (Literaturas de Língua Portuguesa) pela PUC Minas. Coordenadora do Projeto Palavra-Corpo: a Literatura como estratégia de enfrentamento à violência contra a mulher.

GIOVANA XAVIER é historiadora, escritora e dançadeira. Doutora em história social (Unicamp/New York University), mestra em história pela Universidade Federal Fluminense (UFF) e especialista em História da África e Cultura Afro-Brasileira pela Universidade Candido Mendes (Ucam). Teórica feminista negra, professora adjunta na Faculdade de Educação da Univesidade Federal do Rio de Janeiro (UFRJ), atualmente coordena o grupo Intelectuais Negras UFRJ e é tutora do Programa de Educação Tutorial Conexões de Saberes Diversidade UFRJ. É autora dos livros *Você pode substituir Mulheres Negras como objeto de estudo por mulheres negras contando as suas próprias histórias* (Malê, 2020), *Maria de Lourdes Vale Nascimento: uma intelectual negra do pós-abolição*

(Eduff, 2020) e *História Social da Beleza Negra* (Rosa do Tempo, 2021). Organizou o catálogo *Intelectuais Negras Visíveis* (Malê, 2017) e as coletâneas *Histórias da escravidão e do pós-abolição para as escolas* (UFRB, 2016) e *A gente só sabe o final quando se encerra?: novas formas de ensinar e aprender histórias do Brasil republicano* (Eduff, 2021).

HILDÁLIA FERNANDES CUNHA CORDEIRO é professora substituta na Faculdade de Educação da Universidade Federal da Bahia. Responsável pelos componentes curriculares: Educação e Relações Étnico-raciais e Iniciação ao trabalho científico; Doutoranda em Literatura e Cultura pelo PPGLITCULT/UFBA e bolsista Capes.

JULIANA COSTA é escritora e pesquisadora. Ativista antirracismo, pesquisadora de literatura preta brasileira, mestre em estudos literários pela Universidade Federal de Juiz de Fora (UFJF). Além disso, é escritora fundadora da articulação literária nacional Pretas das Letras.

MIRIAN CRISTINA DOS SANTOS é professora adjunta da Universidade Federal do Sul e Sudeste do Pará (Unifesspa), Campus São Félix do Xingu. Autora do livro *Intelectuais negras: prosa negro-brasileira contemporânea* (Malê, 2018).

MOEMA PARENTE AUGEL é graduada em letras neolatinas e mestra em ciências humanas pela Universidade Federal da Bahia (UFBA), além de doutora em Letras pela Universidade Federal do Rio de Janeiro (UFRJ), atuando principalmente nos seguintes temas: literatura e cultura guineenses, literatura afro-brasileira, literatura de viagem (séc. 19). É professora aposentada, tendo lecionado português e cultura brasileira nas universidades de Bielefeld e Hamburgo, Alemanha.

RAFFAELLA FERNANDEZ é pós-doutora em Estudos Culturais pela UFRJ (2020), autora de *A poética de resíduos de Carolina de Jesus*, resultado de sua pesquisa de doutorado em Teoria e História da Literatura pela Universidade de Campinas (Unicamp). Organizou os quatro últimos livros de Carolina intitulados *Onde estaes felicidade?* (2014), *Meu sonho é escrever* (2018), *Clíris* (2019) e *Casa de alvenaria* (2021). Atualmente compõe o conselho editorial da Companhia das Letras que irá publicar a obra completa de Carolina Maria de Jesus.

SARAH OHMER é professora de estudos da diáspora africana e latino-americanos na universidade CUNY, no Bronx, NY, e é especializada em Trauma, Raça e Gênero na literatura contemporânea de mulheres negras no Brasil, Colômbia, Cuba e Estados Unidos. Tem vários ensaios publicados em revistas acadêmicas sobre autoras negras, incluindo Conceição Evaristo, Raquel Almeida e Jenyffer Nascimento. Em 2021, editou o número especial Solidão, sobre a teoria de mulheres negras no Brasil, pela revista acadêmica *Women's Studies Quarterly*. Recebeu o seu doutorado na Universidade de Pittsburgh em 2012 e tem recebido bolsas Fulbright em 2014 e 2021 para fazer pesquisa em São Paulo e em Cali. Ela faz parte da Coletiva de escritores "Nada Es Absurdo" e da Alara (Afro-Latin American Researchers Association).

SELMA MARIA DA SILVA é mulher negra, cis, brasileira, ativista antirracista, feminista, professora de literatura, poeta, leitora e estudiosa da literatura negra brasileira. @selmariaescritora.

ZULA GIBI (ZULEIKA ITABIGI MEDEIROS) publicou o conto "Um bom conselho", em 1985, nos *Cadernos Negros nº 8*, marcando sua estreia literária. Desde então, escreveu contos e poemas para a publicação, assumindo um conteúdo de temática LGBTQIA+. Os contos foram: "Caindo na real" (1999, nº 22); "New York" (2001, nº 24); "O ônibus" (2003, nº 26); "Noites cariocas" (2007, nº 30). Já os poemas publicados nos *Cadernos Negros* foram: "Escondido da noite", "Fêmea", "Natureza", "Amiga amante", "Azul amarelo" e "Testemunha de Safo" (2002, nº 25). Além desses, publicou os poemas "Florescência", "Chuvisco" (*Revista Geni*, 2013), "Bel-Prazer" e "Oxum" (*Pretumel de chama e gozo: antologia da poesia negro-brasileira erótica*, 2015). Em 2022, tais poemas foram republicados em *Poemas reunidos*, de Miriam Alves, pelo Círculo de poemas (Fósforo e Luna Parque).

Lista de obras

LIVROS

Momentos de busca. São Paulo: Edição da autora, 1983.
Estrelas no dedo. São Paulo: Edição da autora, 1985.
BrasilAfro autorrevelado: literatura brasileira contemporânea. Belo Horizonte: Nandyala, 2010.
Mulher mat(r)iz. Belo Horizonte: Nandyala, 2011.
Bará: na trilha do vento. São Paulo: Malê, 2015.
Maréia. São Paulo: Malê, 2019.
Juntar pedaços. São Paulo: Malê, 2021.
Poemas reunidos. São Paulo: Círculo de poemas, 2022.

ZINES

(De)clamar. São Paulo: Coleção Poemas de Ocasião, s/d.
Feminiz-Ação. São Paulo: Coleção Poemas de Ocasião, s/d.
Partículas Poéticas. São Paulo: Coleção Poemas de Ocasião, s/d.

COLETÂNEAS

Axé: antologia contemporânea de poesia negra brasileira. Organização de Paulo Colina. São Paulo: Global, 1982.
A razão da chama: antologia de poetas negros brasileiros. Organização de Oswaldo de Camargo. São Paulo: GRD, 1986.

Criação crioula, nu elefante branco. Organização de Miriam Alves; Cuti (Luiz Silva); Arnaldo Xavier. São Paulo: Secretaria de Estado da Cultura, 1987.

Finally Us: Contemporary Black Brazilian Women Writers. / Enfim... nós: escritoras negras brasileiras contemporâneas. Organização de Miriam Alves e Carolyn R. Durham. Edição bilíngue português/inglês. Colorado: Three Continent Press, 1995.

Pretumel de chama e gozo: antologia da poesia negro-brasileira erótica. Organização de Cuti e Akins Kitê. São Paulo: Ciclo Contínuo, 2015.

Coletânea Ogum's toques negros. Organização de Guellwaar Adún, Mel Adún, Alex Ratts. Salvador: Toques Negros, 2016.

Profundanças 2: antologia literário e fotográfica. Organização de Daniela Galdino, Ipiaú-BA, 2017.

eLyra. Revista eletrônica, nº 16, 2020.

Antologia poética nº 3. Organização de Danielle Magalhães, *Revista Cult*, 2020.

CURADORIA Miriam Alves
EDITORA Juliana de A. Rodrigues
EDIÇÃO Eloah Pina
ASSISTENTE EDITORIAL Mariana Correia Santos
PREPARAÇÃO Bia Nunes de Sousa
REVISÃO Geuid Dib Jardim e Luicy Caetano
CAPA Alles Blau
IMAGEM DE CAPA Laerte Heredia (Ori)
DIRETORA DE ARTE Julia Monteiro
PROJETO GRÁFICO Alles Blau
EDITORAÇÃO ELETRÔNICA Página Viva

Dados Internacionais de Catalogação na Publicação (CIP)
(Câmara Brasileira do Livro, SP, Brasil)

Miriam Alves plural : teoria, ensaios críticos e depoimentos. — São Paulo : Fósforo, 2022.

Vários autores.
ISBN: 978-65-89733-58-4

1. Alves, Miriam, 1952- 2. Depoimentos — Coletâneas 3. Ensaios — História e crítica 4. Literatura brasileira 5. Mulheres negras 6. Mulheres escritoras brasileiras.

22-106225 CDD — B869.09

Índice para catálogo sistemático:
1. Literatura brasileira : Escritoras negras : História e crítica B869.09

Maria Alice Ferreira — Bibliotecária — CRB/8-7964

Editora Fósforo
Rua 24 de Maio, 270/276
10º andar, salas 1 e 2 — República
01041-001 — São Paulo, SP, Brasil
Tel: (11) 3224.2055
contato@fosforoeditora.com.br
www.fosforoeditora.com.br

Este livro foi composto em GT Alpina
e GT Flexa e impresso pela Ipsis em papel
Pólen Soft 80 g/m² da Suzano para
a Editora Fósforo em abril de 2022.

MISTO
Papel produzido a partir de fontes responsáveis
FSC® C011095

A marca FSC® é a garantia de que a madeira utilizada na fabricação do papel deste livro provém de florestas gerenciadas de maneira ambientalmente correta, socialmente justa e economicamente viável e de outras fontes de origem controlada.